Daxue Zuzhi Biange zhong de Boyi Fenxi:
Liyi、Xuanze yu Junheng

大学组织变革中的博弈分析：利益、选择与均衡

张红峰/著

教育科学出版社
·北京·

作 者 简 介

张红峰，男，1973年生，江苏徐州人，澳门理工学院副教授。2010年毕业于华东师范大学高等教育研究所，获教育学博士学位。主要研究领域：博弈论与高等教育政策、高等教育学理论、博彩经济与管理。2008年以来在《高等教育研究》《广东社会科学》《清华大学教育研究》《中国高教研究》《比较教育研究》《Journal of Software》《澳门理工学报》等报刊上发表学术论文近60篇。曾获中国高等教育学会第七届高等教育学优秀博士学位论文奖、江苏省第九届高等教育科学研究成果二等奖。

摘 要

大学组织作为一个复杂、多维的系统,在知识的传承、创造和应用活动中越来越具有不确定性、模糊性等特征。古典组织模型在构建完美结构形式的同时,往往将人或者群体当作分离的甚至孤立的对象,从而导致关系型思维的缺失。本研究从方法论意义上的利益"关系"切入,运用博弈的理论和分析范式,沿着价值、结构、权力政治三个视角中的动态路径,对大学组织变革中的博弈现象进行深入解读。研究力求充分把握价值选择层面、组织内部各利益实体、利益相关者之间所采取的策略选择,利用理论推演或模型分析求得博弈的均衡所在,并在期望均衡的引导下,调整各利益主体的行为策略和行动规则,从而为重构大学组织秩序提供思路,开拓用博弈论研究大学组织的新领域。

大学组织中利益的生成与表达存在着不确定性、被导向性、比较性以及互动性等特征要素,大学组织的特殊性决定了利益本身存在着"超越经济理性"的一面。大学组织的利益结构中既有冲突性和一致性特征,又表现出不同得益之间的共存。所以,用博弈论研究大学组织变革,需要从利益关系、主体策略选择以及均衡出发,形成完整的博弈分析范式。

博弈论思维下的大学组织需要从多个视角进行解读。在价值视角中,大学组织的不同价值选择始终处于矛盾之中,历史和文化是在大学组织价值选择博弈形成"聚点均衡"时赖以说明选择行为动机的参照系。虽然在历史进程中大学组织体现出"依附"的价值倾向,但是这一倾向必须建立在对学术内涵最大的包容和尊重基础之上，必须能体现出大学学术人员"心灵的良知"。组织发展中追求卓越的真实内涵应该建立在长远公平的基础之上，管理文化中的效率思想也应是对自由和创造性探索进行充分思考之后的价值选择。

大学组织需要重新思考传统的理性观点。在结构视角中，工作权利的分配由于大学组织底层厚重的特性而更加值得探讨。权利下放是代理成本和信息成本之间的权衡，同时权利转移的博弈数学模型分析应以基层院系"努力"作为期望均衡下基层院系选择的策略，通过对模型的数学求解洞察博弈的过程与问题根源。在结构视角的横向协作环节，本研究还分析了院系之间围绕资源配置的"囚徒困境"博弈以及围绕"优异经验学习"的主题构成的有限理性进化博弈，通过构建协调博弈矩阵和动态微分方程，揭示了学科组织学习中的困境，同时也指出了跨学科的矩阵结构中利益冲突的成因。

组织政治中的利益是分析任何组织情境的政治维度的出发点，它通过组织中的身份来表达。而权力是组织政治中的一个工具性维度。通过对大学组织权力的语义辨析，本研究认为，当前权力研究话语的批判者借助自我建构的权力体系，试图充实、完善大学组织中的权力理论，但消解以后的重构依然建立在语义不清的基础之上，所以本研究提出了以问题为导向，借助"主语式"权力而形成的大学组织权力结构。权力的体现与联盟的形式密切相关，通过对大学教授评议会中夏普利值的测定，本研究观察到，联盟投票权分配方式导致了参与式民主和授权的幻觉。从大学组织中的各种谈判现象可以发现，无论是价值创造还是价值索取，都可以通过类似于"标杆"或者"可信承诺"的策略，找到彼与此之间的解决办法。

本研究最后通过对个案——P学院组织变革实践中的博弈现象的分析，揭示了这一变革实践在价值、结构、权力政治三个视角下存在难以割裂的联系，并在自然情境下验证了前面的理论分析。依据博弈论分析，本研究提出了大学组织良性运行秩序的一般策略模式：第一，聚点均衡，即期望均衡下博弈聚点的不断调整；第二，走出困境，即遵循制度化的回应以及实现合作理性；第三，亦此亦彼，即利用大学组织变革中的协调策略找出彼与此之间的相互关联。

关键词：博弈；大学组织变革；利益；均衡；价值；结构；权力政治

ABSTRACT

University organization as a complicated, multidimensional system seems to be uncertain and blurry in knowledge's original objectives of transmission, creativity and application. A classical organizational model at the same time of framing perfect structure models, will easily treat an individual or a group as a separated and even an isolated object that cause to a lack of relational thinking eventually. This study is cutting-in from interests "relationship" of methodology angle, using the game theory and game analysis pattern, through three dynamic perspectives of value, structure, power and politics to further study on the game phenomenon during university organization change. To firmly grasp the strategy choices of value, each relevant interest entity and stakeholders within the university organization, and to obtain a final equilibrium of the game by pushing hard the theory deduction or model analysis. And to adjust the behaviour strategy and action rule of each interest party under the guideline of expected equilibrium, to provide a thinking in order to reframe the orders of university organization and also to open up a new field in which game theory will be used for university organization study.

The appearance and expression of interests in university organization still contains essential elements including uncertain, be oriented, comparative and interactive. The specific characteristics of university organization have already determined the interests itself as of "over economic rationality". In the interests structure of university organization not only contains both features of conflict and consistence, but also performs to be coexisting of different payoffs. Therefore, to use game theory as a tool to analyze the problems that come from university organization change, we need to start from relationship of interests, strategy adoptions of the parties and the equilibrium to form a perfect analysis pattern of game theory.

The university organizations which are under the game theory thinking have to be interpreted via different perspectives. In the value perspective, the different value options around the university organization will always be in the status of conflict, in which the history and culture will be a method to be used to explain the motivation of selection. This selection occurs when a "Focal Points" of a game is formed in the process of value selection of the university organization. In a historical process, although the trend of "accreted" value has been shown from university organization, this trend must be built up based on the level that will be at the most tolerance and respectful to the academic implication. And we also need to reflect the "conscience of the mind" of the faculty of the university. To chase an excellent trustable implication during organization development, it must be built up on a long lasting fair basis, an efficient thinking is also a value selection after a detail consideration to the freedom and creativity in the management culture.

University organization should rethink the traditional rationality viewpoint. From the structural perspective, it is worth to discuss the distribution of the rights at work since the bottom level of university organization becomes important. Delegation is the balance between agency costs and information costs, at the same time, the game model analysis of rights transfer should use the "hard-working" aspect of colleges and departments as an expected coordination strategy. Through the model of mathematical solver, it helps to penetrate the process and the source of the game. In the collaboration of structural perspective, this study has analyzed the "prisoner's dilemma" game regarding the resources allocation and the bounded rationality evolutionarily game comprised regarding the theme of "learning excellent experience". Through the coordination games matrix and dynamic differential equations, it reveals the dilemma of organizational learning of discipline. This study also points out the reasons of conflict of many academic interests and resources interests in the matrix structure of interdisciplinary association.

The interest in organizational politics is the starting point to analyze the political dimension in the context of any organizations, it is expressed through an identity in the organization, and power is an instrumental dimension in the organizational politics. From the semantics analysis of power in a university organization, it is believed that the present critics on power study discourse try to enrich and perfect the power theory in the university organization with the help of self-construction of power system. Nevertheless "reconstructing" after "dispelling" is still built on the basis of unclear semantics. As a result, questions are put forward to be the orientation, structure formed by "subjective" university organization power. Power embodiment and coalitions form are closely related. Through measuring Shapley Value in the professor council of university, it shows that the allocation of coalitions' voting rights causes the illusion of participatory democracy and authorization. It can be discovered from different kinds of negotiation phenomena, regardless of value creation or value request which can go through the strategies like "benchmarking" or "credible commitment", finding ways to solve problems of each other.

This study is ended up by a case analysis of the game phenomenon in the practice of P college organization change. It shows an inseparate relation among the three perspectives, moreover, it verifies the above theory analysis under the natural situation. According to the gaming analysis, this study puts forward three general strategy models of the logical university organization order: First, focal point equilibrium—the continuous adjustment of the gaming focal point under the expected equilibrium; Second, getting out of the dilemma—responding adhering the institutionalization and cooperative rationality; Third, both "this" and "that"—finding out the relation between "this" and "that" by using coordination strategy in a university organization change.

Keywords: Game Analysis; University Organization Change; Interest; Equilibrium; Value; Structure; Power and Politics

目　录

序

在高等教育研究中有两种看待大学的方式：其一是将大学看成一个整体，即大学是社会体系中的一部分，它的变化与发展本身就具有学科层面的意义；其二是将大学作为正式组织，并结合教育学与组织学的特征要素，开展相关研究工作。而大学组织研究也大致可分成两个方面：静态研究和动态研究。如大学组织结构的研究即属静态研究，而关于组织中工作任务的分配、权力的运行以及利益的冲突等的研究则可归属于动态研究的范畴，这两方面彼此依托、互相渗透。从高等教育研究近十年的发展来看，大学组织研究已经成为博士研究生论文选题的重要来源。一方面，因为组织社会学、组织行为学已经成为较为成熟的学科，其内部的概念体系、逻辑层次、分析框架都相对完整，以此研究大学组织是水到渠成的事情；另一方面，因为大学本身是一个抽象的概念，对于大学的研究最终要落实到具体的组织实体中，所以大学在细微之处体现出的不同利害关系所交织的互动网络、结构的调整与变化、权力的运行与冲突等，都可以纳入组织的视野当中。由此可见，关于大学组织的研究具有非常重要的理论价值和现实意义。

一直以来，国内学术界在"高等教育学"能否成为一个独立学科的问题上众说纷纭，但有一点可以确定，即高等教育研究是针对高等教育体系和大学本身的研究，它与其他社会科学研究领域相比，确实有着自身的独特性以及与其他学科相互交叉的特征。所以，理论界更倾向于采用多学科的视角研究高等教育，甚至准备以此构建高等教育学科的理论体系。在多学科的研究中，组织学、组织行为学等走在了前面，这些学科理论框架的构成本身就吸取了文化学、管理学、政治学、社会学等学科的观点，最终形成了自洽的逻辑体系。而针对大学组织的研究，也会吸收上述学科的观点和方法，尤其是在大学组织内部动态元素的处理上，采用其他学科或者领域的分析角度，将为更加深入地理解大学组织起到拓展和示范作用。

　　本书就是从博弈论的角度研究大学组织的一种尝试。谈起博弈论，相信没有人会感到陌生，许多人都会在多方存有争议或者关系的时候，使用"博弈"这个词语。但是，大多数人都只是从内心深处感受到了博弈的存在，却没有真正运用博弈论去解决相关研究领域里的问题。其原因在于：第一，关于博弈论的研究总是基于深奥的数学公式、方法，让许多人望而却步；第二，很少有人对博弈论作为跨学科平台的作用给予关注；第三，许多人对于博弈内涵的理解还不够清晰。如很多人将博弈看成冲突，实际上，冲突只是博弈发生以后其中一种性质的表现，而博弈的重点在于策略、关系以及由此形成的均衡。以上原因或多或少限制了博弈论在大学组织研究中的应用。在对大学组织发展变革的研究中，本书从博弈论角度把握住了大学组织内部存在的三种问题：第一，个体理性并不一定能够带来集体理性；第二，顾此失彼，即此与彼的协调问题；第三，组织变革过程中博弈聚点均衡的实现，并不一定遵循所谓逻辑的规律。同时，这些问题的提出也表明，本研究具有重要的理论价值和实践意义。

　　就路径而言，本研究并没有直接沿着博弈分析的架构展开，而是运用整体方法论抽离出组织学中的三个视角——价值、结构、权力政治，并以此作为探讨问题的架构。而在每一个视角下，博弈在表现形式上都有所不同。在价值视角下，博弈主体即为大学本身，其基于文化或者历史所做出的策略选择体现了单一主体博弈的特征。在结构视角下，博弈主体是各个利益相关的实体：大学与院系、院系与院系、跨学科矩阵结构中的学科与中心。而在权力政治视角下，博弈则表现为利益相关个体或群体之间产生的合作或者非合作的情境。视角所阐释的逻辑是一种动态的逻辑，正是在大学组织的发展变革过程中，能充分体现出其中的利益关系、主体策略选择以及博弈均衡。

　　值得强调的是，本书在一般博弈分析架构的基础上，提出了"期望均衡"的概念，以期改变博弈论仅仅注重分析问题，而很少去解决问题的取向，进而提出了期望均衡下的大学组织秩序重构策略。本研究所运用的理论和方法比较有新意，所得出的观点也对现实中大学组织的发展变革具有较好的参考价值。本研究的不足之处在于：针对大学组织变革的研究范围过于广泛，虽然有着自身的研究逻辑体系，但是毕竟无法面面俱到。我也希望在以后的研究中，能够以一个较为具体的问题作为切入点，更为深入地剖析大学组织变革中存在的问题。

　　800多年来，众多中世纪建立的大学历尽沧桑而巍然屹立，正说明了大学有着不同于其他社会组织的典型特征，同时也反映了大学内部的复杂性和独特性。我作为一名研究者，没有止步于高等教育理论的"空中楼阁"，而是借助来澳门从事学术研究的机会，积极采用参与观察、访谈等研究方法，去洞察澳门高校组织内部实践运作过程中的复杂场景。这样的经历也为我研究大学组织变革中的博弈现象提供了很好的帮助。当然，在高等教育和大学组织内部还存在着非常多的亟待解决的问题。如战略规划、质量评价、治理体制、经费投入、课程结构、政策调整、权力冲突等方面，都需要我们有敏感而强烈的问题意识，而正是这些问题引领着我们迈入高等教育研究的神圣殿堂。社会在进步，高等教育也在发展。中国的大学要在世界一流大学行列中占有一席之地，除了需要在每一个学科内部有所作为以外，也需要不断加强高等教育学自身的研究，通过在形而上和经验世界之间找到有力的契合点，形成多样化的高等教育研究范式。希望期冀在明天！是为序。

2015年5月

第一章　导　论

第一节　问题的缘起

大学作为世界文明中的一个社会机构，有着辉煌的地位和持久的生命力。在近千年的风风雨雨中，大学不仅是知识的坚守人与传承者，同时为了满足社会需要，也成功地演进为"轴心机构"。然而，大学的发展并非秉承线性的思维。尤其是在当今高速变迁的社会环境下，大学作为一个复杂的、多维的系统，在知识的传承、创造和应用活动中越来越具有不确定性、模糊性等特征。如果说在相对简单、平稳的管理秩序中，只需要一种非此即彼的思维，那么，在相对复杂的环境下，则需要一种"亦此亦彼"的思维。也就是说，大学组织在运行过程中不可能仅仅受到单一因素的牵制，即使是在对单一因素的纵向分析中，我们依然可以观察到该因素处于错综复杂的关系之中。如果忽视了这一点，就会发现大学中出现的一些乱象，似乎操作过程没有什么问题，但却得不到预想的结果，而运用非关系的思维来加以解释也缺乏力度。

提及大学组织，人们往往会自然地联想到合理的结构形式。无疑，理想的结构是大学得以良性运行的基础，许多研究也致力于大学的组织结构设计，在结构的基础上彰显大学的本质特征、文化性格和管理效率。

这种古典的组织模型虽然也考虑到结构中利益的冲突与融合、资源配置中权力的互动、工作任务的分配与协作以及价值观念之间的影响，但在很大程度上仍将组织中的人或者群体当作分离的甚至孤立的对象。此类因果模型忽视了这样的事实：在大学组织的动态、复杂情境中，"亦此亦彼"的关系型思维方式是非常重要的。无论是组织中的人还是类属，都不是孤立存在的。在任何组织中，人的行为策略都必然受到他者决定的影响，是基于利益的"局中人"相互博弈的结果。这也正是美好的单方意愿从某个角度而言是完美无缺的，而从结局或者另一个侧面去观察却又问题重重的缘由。

任何组织都需要发展和变革，大学组织当然也不例外。人们常常将组织的变革描述为组织赖以生存的动力，而大学组织变革无疑也是一种基于大学自身逻辑设定的不断更新的力量，是一所大学富有活力的表现。如果我们深入地考虑大学组织中的利益关系，就不难发现大学组织变革的内涵。大学组织变革可以指一种动态的活动过程或功能，即在组织中利益关系的基础上对组织的价值观念、工作、权力等要素，在一定的时间和空间范围内有目的地、系统地加以安排和调整，促成各要素协调运行、有效发挥功用，以适应环境、任务等方面的变化。

基于以上理解，我们来考虑这样一个事例：大学组织在谋求发展和变革的时候，经常会采取一些创新性的策略，如，某大学通过实施"干部轮岗"制度促使大学的行政管理更有效率（在此，我们先不讨论这一举措能否达成提高效率的初衷）。仅从表面上看，一个能理性看待管理过程的人能够感受到这一举措的积极意义。但是轮岗的结果却在人员安排上制造了一个奇妙的现象，那就是原本写进学校工作报告中的另一个重大举措——"机关人员精简"变得难以落实了：不仅机关人员没有减少，而且连原本空缺的位置也被一一填满，反倒是一些基层院系的行政岗位空了下来，变得无人问津。这究竟是为什么呢？答案很简单：现实中，每一个行政管理人员在等级森严的官僚体系中，都有进一步提升自我的需求。而一个理性面对"干部轮岗"策略选择的管理组织，在实现组织目标的过程中，往往只考虑到组织某一个方面的策略，却没有思考实施这种策略会激发出管理人员的何种利益诉求。如果组织的利益目标和管理人员的利益诉求一致，变革的目标就很容易达成；反之，则会出现意想不到的结果。如果该校在机关工作的管理人员更容易得到升迁机遇，就不难想象在院系工作的管理人员有可能借助"干部轮岗"，千方百计地争相进入机关岗位。这种目标上的偏差所带来的策略均衡，自然会使"机关人员精简"沦为空谈。

这个事例涉及管理的两个方面："干部轮岗"和"机关人员精简"。如果决策者只考虑到一个方面而没有考虑到另一个方面的影响，那么就可能出现上面这种行政管理人员与学校博弈以后所形成的"均衡"。之所以会出现这样的均衡，原因是学校组织割裂地看待各种期望目标，仅仅在一种目标中寻求均衡的实现，而忽视了在更大的范围内用关系型思维的方式去平衡各种力量。

组织发展和变革是一个复杂的过程，从上面的例子可以看出，组织中的"软因素"和"硬结构"同等重要。大学组织就是一个由利益相关者构成的集合体，建立在需求和利益基础之上的大学要求我们跃出单一的、封闭的视野去重新审视它的存在。在动态的、利益的视野下，我们常常会发现另外一些奇怪的现象。其一，虽然我们认识到一些问题的最优结果，但是经过各利益主体选择以后，却并不一定能够达到理想的效果。例如，几乎所有的教师都能够明白教学的重要性，也都清楚急功近利的科研存在弊端，但是几经变迁的制度体系却无法有力地支撑这样一个明确的道理。其二，在组织变革过程中，许多问题的解决方式未必遵循逻辑的规律，一些看似被普遍认可的行为结果本身也值得我们深思：实际上，内部隐藏的利益选择才是解决问题的直接动因。例如：大学中设立一个新的学科，学术的逻辑往往并不能令人信服，学科的设立可能是参与者利益选择的结果；而这一结果或许并没有我们想象的那样复杂，它可能仅仅是借鉴了一些"标杆"大学的做法，然后被变革者采用。细究起来，选择背后隐藏的利益与表现出来的利益并不一致。

　　以上所提到的现象为本研究提出研究问题做了很好的铺垫。如果根据博弈的主题将大学组织按照不同的层次、空间分解成不同的利益主体，那么本研究提出的研究问题可以概括为"大学组织内部利益主体博弈中的均衡失范"。这一问题可以分解成以下三个方面：

　　第一，为什么要根据不同的层次、空间分解出不同的利益主体。因为大学作为一个庞大而复杂的组织，在价值取向的选择、任务的安排与协调以及权力政治的视角下，都需要考虑各种各样的关系，所以本研究首先要关注视角的问题。大学具有多维性，单从一个视角观察组织变革中的博弈现象会失之偏颇。如何较为准确地把握大学组织的发展、变革？采取哪种视角对大学组织进行分析？这些视角之间的相互联系是什么？对这些方面的梳理会带给我们一种整体的、耳目一新的感觉。在每个视角的分析中，有单一主体的博弈（单一主体的博弈问题在本章第三节中有详细介绍），如在价值视角下，大学组织在进行价值选择的时候，其本身就是博弈主体；也有两个主体之间的博弈，如在结构视角下，大学管理中心和基层院系之间的博弈、院系与院系之间的博弈；还有多个主体之间的博弈，如在权力政治视角下，不同学科的利益代表所产生的合作博弈（根据夏普利值①求解）。虽然本研究选择以不同视角展开分析，但最终都是为了探寻大学组织的良性运行秩序，即从所有的视角中提炼出大学组织变革中博弈的几种形式，并在期望均衡②的指引下，提出构建大学组织良性运行秩序的一般策略模式，而不是根据某几个主体之间的博弈去发现问题和解决问题。这也是本研究需要着重说明之处。

　　第二，如何确定研究的起点。以往有关大学研究的起点，常常定位在对组织使命、特征或者纯粹理念的思考上，而本研究尝试从利益关系

---

　　①　夏普利值是合作博弈论中的一种权力指数。在各种可能的联盟次序下，参与者对联盟的边际贡献之和除以各种可能的联盟组合，即为夏普利值。

　　②　期望均衡是指在博弈均衡失范的状态下，对博弈中应有均衡的一种期望。期望均衡的提出需要符合公共理性——对共同遵守的原则、规范或准则的认识，如被普遍认可的价值观念、行为方式。

出发演绎出整个研究的逻辑体系。选择这种思路是基于以下考虑：组织变革的过程并非仅仅遵循一种动态的纵向逻辑规律，它往往受制于相关利益主体间关系的协调，从利益关系的角度出发，能更好地探究一些问题的根源。而大学组织中的利益诉求与其他社会组织有何异同，其利益的生成、表达方式如何，大学组织中利益相关者的结构又是怎样的，等等，这些问题都需要在进一步的研究中去深入地思考。在对利益进行总体分析之后，在每一个视角的分析中，本研究依然以利益关系为出发点，关注利益主体的不同选择，并思考在不同选择的制约下如何达到一种均衡状态。

　　第三，如何运用博弈的分析范式。博弈论同其他理论工具一样，有着固定的专业用语。在应用于社会科学研究的时候，主体的利益、基于利益的各种选择以及选择以后形成的均衡等，都是博弈论独一无二的范式，这些范式都可以用于分析问题。从不同的视角研究大学组织，会发现以下与博弈相关的具体问题：大学组织应有的价值取向的历史追溯及其文化意义是什么？组织价值是否建立在利益基础之上？这些价值取向之间的关系是怎样的？大学主体如何选择这些价值，发生了哪些变化？在抽象意义上，大学组织的价值选择是如何在博弈中寻求均衡的？在结构视角下，基于利益的相关组织实体如何在博弈中实现有效的制衡或者有益的发展？在工作权利的转移中，不同实体的利益是什么，它们怎样相互影响？对于不同取向的选择而言，得益（payoffs）① 怎样表示出来，最终达至怎样的均衡？权利转移、资源配置、学科协作等方面的利益冲突是怎样形成的？大学组织变革中权力的关系模式和结构是怎样的？权力是如何建立在利益基础之上的？如何通过大学组织中的政治现象来透视权力的根源与冲突？人们在冲突中是如何选择并达成默契与均衡的？如何在权力的博弈中寻求一种合理的秩序？这些分解出来的形形色色的

----

　　① 得益是博弈参与方在不同的策略组合下所形成的效用值。一方的得益是其他各方策略选择的函数。

问题都值得我们在研究过程中慢慢体会，进而总结出大学组织良性运行秩序的一般策略模式。

　　总之，大学是一个独特的社会机构，我们理解大学的方式应该是多样化的。而在实际研究过程中，问题和方法并不是完全匹配的。有的问题靠单一的方法即可解决，而有的问题却需要多种方法的互补。如果将问题看作起点的话，那么方法就是一面镜子。（周作宇，2000）[8]在本研究中，解读大学组织变革中存在的问题的一个核心理论和技术工具是博弈论。应该说，博弈论对于分析、解释事物之间的关系而言是一种有力的工具，并且在博弈分析的基础上，能够反映出利益主体均衡失范的问题。但是看出问题是一个方面，解决问题又是另一个方面，博弈论主要被用于发现问题和分析问题，而在解决问题时，运用博弈论不可避免地需要借助其他理论和实验工具。由于发现问题的角度不同，即使借助了其他理论工具，所得出的结论也是一种新的观点。有人说，戴了两只手表的人永远搞不清确切的时间。但是，无论是研究者还是管理者，都不能为了寻求简单而放弃对现象的整体理解。为了使博弈论在解决大学组织内部均衡失范的问题上更加有效，本研究还借助"期望均衡"的概念，来进一步完善将博弈论应用于其他学科的理论体系。运用博弈论这一动态的、相对系统化的理论体系来较为系统地研究大学组织，无疑会扩展我们的视野，帮助我们摆脱"只缘身在此山中"的封闭思维，从而拓宽大学组织研究的领域。同时，博弈论与其他学科的结合，也能引发我们对博弈范式的反思，甚至有可能在理论上产生突破。借助博弈论，我们可以更加深入、清晰地认识以上现实问题的成因，并结合大学组织理论，寻求解决问题的路径。所以，运用博弈论分析大学组织变革，具有积极的理论价值和现实意义。

第二节　视角、切入点的方法论
阐释及选择

人类社会的知识，其实是以"问题意识"为先导而被获取和积累起来的。有了问题，才有了人类思维的全部。也正是因此，不少科学家将问题视为科学的生命。希尔伯特曾指出，只要一门科学分支能提出大量的问题，它就充满着生命力，而问题缺乏则预示着独立发展的衰亡或中止。（杨国荣，1998）[35]有了问题，研究才找到了出发点。始于对"未知"的敬畏，始于"爱智"，始于"天问"，人类知识步入了哲学的殿堂。其后延伸出来两种叙事方式，其一是"科学"——陈述外在感受，其二是"人文"——陈述内在感受。基于来自这两种路径的经验知识和所谓的"自明的前提"，通过源于问题意识的思索，在历时性的维度上，我们从时间秩序中获得启迪，而在共时性的维度上，我们从全部的空间"结构"中发现问题的根源及其解决办法。在这里，研究所指向的并非对问题解决方式的澄清，而是寻求一种可以识别问题的方法。所以我们反躬自问：识别问题的问题究竟是什么？

这里我们需要思考两个问题：其一，在何种路径中，研究可以完成全部的认知过程；其二，研究问题的切入点是什么。这两个问题看似明了，似乎可以摆脱源于问题的发问而直接求解，但是这样做其实恰恰是对问题做无意识的思考。经验论者往往基于经验、感性知觉切入问题，在某种研究范式的帮助下可以得到一些"正确"的结果。而唯理论者认为，人具有一种理智直观的能力，真理恰恰可以归结为这种能力所证实的各种命题以及从这些命题逻辑地推导出来的一切。因此，他们主张发现尽可能少的自明前提，只要对这些前提加以演绎就能产生关于实在（本质与实际存在的东西之统一体）的完整描述。

无论是经验论者还是唯理论者，都可能寻求一种一元的途径去完成观察、解释的过程。而当理论和观察相抵触或看起来相抵触时，通过一种应然的、片面的理解来思考问题似乎成了一条捷径。但是，即使这种思考方式被认为有其合理性，学者仍尖锐地指出："每个被证明合格的观察都使我们的全部信念面临着危险。"（艾耶尔，2005）[12]艾耶尔的论述也许有一些夸张，应当承认，一元的探究已经解决了大量的理论和实际问题：竞争市场的价格理论使我们发现市场中的供求关系，历史的梳理可以重新恢复对于某些逐渐远离的核心理念的信心，组织学中结构的设计可以带来组织运行中的理性和效率……这些都可以看作一元论观点的成功。然而，一元论总是力图采用最简单的证据，涉及最易于处理的范围，因而难以揭示特殊的原因和结果。当然，这种单一的视野还建立在"我们有一小部分思想和其他思想是不相关的"这一假设之上，可是现实中存在真正不相关的思想吗？就连一元论者也在实际的操作中否定了这种不相关。所以，一元论的研究体系往往也隐含着多元的取向。为什么在结构研究中总是渗透着文化、权力等看似不同的要素？这些恐怕都是一元论者无法从哲学层面上自圆其说的。相反，多元论为我们呈现了不同的方法论。我们用不同的概念系统、不同的衡量标准、不同的表达和示范方式能够构造多少个世界，也就有多少个世界。（艾耶尔，2005）[15]

　　在不同的研究图谱中，有些体系可能是完全竞争性的，当两个竞争的体系发生冲突时，任何解决方式都可能无能为力。这时，最好的解决方式就是采用多元论的观点。可见，人类思维具有一种广博性，可以在错综复杂的关系中把握世界，而其劣势则在于否定了从某个思维框架中得出的富有意义的价值。需要澄清的是，以上主要是从方法论角度进行的思考，而非对既存事实和价值的否定。正如有学者所言，存在与认识的差异，实践中长期存在的用已有观念或方法无法解释的问题，经验、感受与现存理论的矛盾，常常引起人们的反思，使人们产生改变观念和视角的需要。（叶澜，1999）[13]上述意义上的问题解决路径体现了一种多元的倾向，它试图摒弃还原式的一元论，转而倡导整体多元论的观点。这一倾向对于我们更为全面地把握社会科学研究中的各种问题，具有一种透视作用。当然，如果我们愿意将路径的改变作为发现问题的先导，就不妨把它看作透视问题存在的问题。

这种多元的方法论意识应用到大学组织研究中，就是通常所说的多视角研究。在对大学组织的研究中，伯顿·克拉克是较早采取这种研究路径的学者。他在《高等教育系统》和《高等教育新论——多学科的研究》中都提到了工作、信念和权力三要素观点，一些学者将之概括为大学组织的内部要素特征，或者将之作为演绎式理论体系的分析框架。而笔者认为克拉克的三要素说，实际上是强调组织研究中侧重的方面，将要素动态化以后，它们就成为组织研究的视角。视角和分析框架的区别在于：对待同一个现象时，分析框架是研究现象的逻辑体系，而视角则是观察现象的不同角度，并且二者得出的结论往往是大相径庭的。有人曾经对一位画家提出这样的批评："您的画看上去根本不像落日。"这位画家立刻反驳道："那只是因为您没有按照我的角度来欣赏落日。"可见，视角就是人们头脑中的一系列思想或假设，我们可以把视角想象成不同的透镜，我们通过每个透镜去观看，经由观察获得对问题的不同理解，或者发现一种有机的、割舍不断的联系。这种有机性可以体现在不同层次的呼应上，也可以反映在同一层次的相互渗透中。伯恩鲍姆在《大学运行模式》一书的中文版序言中指出：大学组织可以采用非学术组织的研究技术，并且对学术机构最综合的理解可以通过几种可选择的——常常也是相互冲突的——概念"框架"来考察获得。（伯恩鲍姆，2003）[2]

由于我们研究的终极目标是提供有实用价值的知识，所以本研究在视角的选择上首先关注的是已有的理论和思想。有关大学组织的研究已经从社会科学，如哲学、管理学、心理学、政治学等中汲取了大量的思想精华，这些为我们解决问题提供了坚实的基础。其次，本研究立足于博弈论，采取博弈的分析范式，因此在视角的选择上也要有意识地靠近这种分析，并且要结合已有的组织理论。所以，本研究提出了观察、理解大学组织的三个视角：价值、结构、权力政治。这三个视角有机地联系在一起：价值视角关注价值信念的追求，具有文化象征的意义，在三种视角中处于最高的层次，不仅是组织发展变革应该考虑的要素，而且也能有效地引导以其他视角看待问题的方式；来源于管理科学的结构视角，强调组织的目标、专业化的角色、工作任务及权利的协调和安排、作为利益实体的组织关系；权力政治视角把大学组织看作一个竞技场，其关注的焦点是权力的结构与运行，冲突与协调，以及利益联盟与谈判。在每一个研究视角下，本研究都将遵循博弈论的研究范式，突出有关利益、选择以及均衡的分析，为提出大学组织良性运行秩序的一般策略模式打好基础。总之，多视角的思考要求超越狭隘、机械的方法，用整体、动态的观点来理解大学组织。

研究问题的切入点是什么？答案并不是唯一的。因为切入点和研究对象有关，它可以是对象的性质、结构，甚至是与对象相关的环境等。正如前面所言，从历时性和共时性出发所得到的时间和空间的秩序，我们称之为"历史"和"结构"，把历史和结构应用于社会科学，可以发现，所谓的"问题"就表现为贯穿社会科学全部历史的结构问题。（金迪斯 等，2005）[2]而无论是就历史还是就结构而言，我们始终无法回避与利益相生相伴的"关系"。实际上，本体和现象之间的关系一直是哲人们争论的焦点。可以这样说，关系的存在使世界变得更加丰富多彩。在社会科学的研究中，无论是从行为学还是从伦理学的角度来审视，关系都具有根本性的意义。现在的许多理论研究趋向于本质、内涵和特征的探讨，而应用研究则专注于现实中存在的问题，并基于理论研究提出操作性的举措。这些研究丰富了人们关于对象的认识，也从应然的角度完善了对象的认知及知识的积累。然而，更为本质的问题却是"为什么"，要回答这个问题，更多地需要对各种关系进行考究。

对关系进行梳理和考究，我们并不陌生，因为关系本身就带有普遍性的意义。无论是在社会研究还是在日常生活中，关系可以说是无处不在。它既可以成为一种目的，也能作为研究的一个切入点。但是，从关系的角度切入并不是研究的唯一途径。"由于判断（诸如条件的正确或符合的精确）是探究的思想和它的对象之间的关系的目的，传统的认识论冲动把对象（物或人）从它的生存的时间的处境中、生活世界的处境中、延异的处境中强行剥夺出来，使之成为一种纯粹而又可共享或可引起同感的在场。"（斯潘诺斯，2006）[23] 也就是说，传统的认识论并不太注重关系，也不太考虑时空范围，而是认为所有对象的差异都分布在统一的整体中，能够同时具有意义，而且能被共享。因此，客体之间的分离以及具有"超脱状态"的对象也会变得富有意义。就此而言，我们以关系为切入点依然是方法论意义上的。

那么，如何才能从关系着手去发现各类现象或者问题的根源？博弈的范式为我们提供了一种解答。在博弈论看来，任何活动中都存在着相关利益者之间的彼此影响，相互作用中的每一个利益主体都有自己的行动选择集合，每一种选择毫无疑问会直接影响到其他主体的利益，也就是说，每一个利益主体在获取一定利益的时候，不仅依赖于自己的行为策略，还依赖于其他利益相关者的行为选择。博弈中的局中人理性地采取或选择自己的策略行为，在这种相互制约、相互影响的依存关系中尽可能地扩大自己的利益所得。大学组织中同样存在着各种利益关系，从利益关系切入，采取博弈的分析范式，有助于我们思考大学组织变革中的种种问题。

第三节　作为理论工具和分析范式的博弈论

博弈论译自英文"game theory"，从字面上看可以直译为"游戏理论"。游戏是一个大的概念，一般指下棋打牌、博彩娱乐、各种体育比赛等。游戏虽然纷繁复杂，但是都有一个共同的特点，那就是对策略的选择，并且这种选择建立在针对对手的选择进行分析的基础上。简单的如赛跑，一个人参加了比赛，就会分析对手的策略，而对手明显只有一种策略，那就是以最快的速度跑到终点，所以这个人的策略无疑是选择比对手跑得更快。当然，素质等多方面复杂的原因，可能会决定其能否取胜，但是这种选择在理性人的心中却是必然的。围棋比赛则是较为复杂的博弈，对弈者会考虑到对方许多步以后的策略，这种思维加上正确的选择最终会决定比赛的结果。

所以，通过分析可以发现游戏有以下一些特征：（1）都有一定规则约束下的得益，在规定游戏的参加者可以做什么、不可以做什么以及按什么次序做的时候，已经将参与者的得益固定下来，并且得益可能是零和的（一方所得是另一方所失），也可能是常和的（各方得益总和等于非零的常数）。（2）策略的选择至关重要，游戏者对不同策略的选择会导致不同的结果，这一点在棋类比赛中体现得尤为明显。策略的选择同时具有相互依存性，有的时候一个差的策略选择未必会导致坏的结果，原因是对手选择了更差的策略。（3）每一个游戏都必然会有一个均衡结果，或者说策略选择上的固定搭配，这也是基于相互依存策略选择的必然结果。

这样的特征并不只是存在于各式各样的游戏中，许多重要的活动同样具有这样的特征。比如，经济决策，市场竞争，政治、军事、社会活动中的联盟与谈判，甚至日常生活中也有类似的体现。古语有云，世事如棋。生活中每个人如同棋手，每个行为就像是在一张看不见的棋盘上布局，棋手们慎重地揣摩，相互牵制，下出许多精彩纷呈、变化多端的棋局。（白波 等，2005）[3] 人类的各种活动中最为重要的一步往往就是策略选择，其根据则是在彼此依赖关系中的得益情况。就如两辆汽车迎面而来，而马路很窄，仅能供一辆汽车行驶，这时汽车司机就会面临一个选择：要么一车进，一车退；要么两辆车相撞。这个看似简单的问题，实际上就是博弈论要考虑的内容。卢梭曾经在《论人与人之间不平等的起因和基础》中描述过博弈的内容：

如果一群猎人出发去猎一头鹿，他们完全可以意识到，为了成功，他们必须都要忠实地坚守自己的位置。然而，如果一只野兔碰巧从他们当中的某个人的眼前跑过，毫无疑问他将毫不迟疑地追逐它，一旦他获

得了自己的猎物，就不会关心他的同伴是否错失了他们的目标。（卢梭，2007）[28]

细细品味上述博弈过程，可以发现其中隐含的推理（假设仅有两个猎人）：如果一个猎人能够耐心地等待，那么另一个猎人最好的办法就是跟着他一起耐心地等待鹿的到来；而当其中一个猎人扑向了兔子，另外一个猎人也会认为抓到兔子更为合适。由此看来，生活中具有策略依存性的选择问题是普遍存在的，任何人都无法回避这样一个博弈的选择过程。很显然，类似的博弈理解与我们平常所说的冲突概念既有联系又有区别：不仅在双方冲突对抗的时候会产生博弈，即使双方目标一致，也能产生博弈行为，这是因为博弈是在彼此互动的行为关系中产生的，与这种关系所表现出的性质无关。所以，博弈从本质上说是一种策略理论或者关系理论，而不是冲突理论。在此，可以给博弈下一个直白的、易于理解的定义：**博弈是利益主体在相互制约、相互影响的依存关系中，面对一定的环境条件，在一定的规则下，理性地选择自己的策略行为，尽可能地扩大利益所得，从而达到相应均衡的过程。**

直到 20 世纪 40 年代，现代意义上的博弈论思想才正式进入人们的视野。在其后一段时间里，博弈论被认为是经济学的一部分，诺贝尔经济学奖也多次被颁发给一些在博弈论方面做出卓越贡献的专家。一方面，博弈论在经济学领域的影响最为深远，而且用经济领域的事例来解释博弈论颇具代表性；另一方面，在基本的理论假设上，博弈论和经济学是相通的，经济学中的人性假设无须过多修饰，就可适用于博弈的环境，而用博弈论分析经济现象也能更方便地采取量化形式。虽然这些方面能够表明两个学科之间的关联性，但是严格来看，博弈论其实是应用数学的一个分支，并且博弈论在晚近的发展中，越来越体现出其在自然科学和社会科学领域中的生命力，如在生物学、政治学、国际关系、计算机科学、军事学、社会学等学科中博弈论都有着广泛的应用。在跨学科研究或者围绕社会问题的研究中，博弈论越来越成为被普遍使用的分析平台和理论工具。

在博弈论的话语体系中，利益主体被赋予一套可供选择的策略集和相应的得益集，有一个关于博弈规则的信息集，其他主体也有一套可行的策略集和得益集。最后，对于参与者的每一个选择策略的组合，博弈同时指定了参与者个体得益的分配。如果博弈中每一个数据都是可测的，并且假设参与者试图最大化偏好函数——包括他们个人的得益、选择的策略、其他参与者的个人得益以及行为，那么博弈分析的作用就是预测主体的行为取向，进而根据这一取向采取相关的对策。

在以上描述中，有一些强制性的假设看起来削弱了博弈的有用性，毕竟在社会科学中，更多的情形是面对一些状况不确定的人，人的情感、道德、冒险性、对于公平的关注，以及具有特质的人群，都是上述假设的障碍。然而，当我们放宽视野时可以发现，甚至经济学家都在试图提升博弈论在行为科学中的价值。

首先，博弈的理性假设已经通过"偏好""效用"等词语，拓展了原先"精于计算"的假设范畴。我们同样可以认为主观上的冒险精神是一种理性的选择，就像"拍脑袋"的决策并不是在任何场合下都违背科学规律一样。在无可选择的状态下，将硬币掷向天空，由正反面来决定怎么做，这也是主体的一种偏好，或者是决策的一个有效办法。

不管在日常直观中还是在哲学意识中，理性并不一定排斥冒险，有时冒险甚至是必要的理性选择。任何人在实际生活中想把任何一件事情做大，就不得不冒险；既然没有一件大事可以不冒险，那么如果想做大事，冒险就反而是一个理性选择。假如为了逻辑一致地坚持风险规避原则而反对做大事，于人类思维又恐怕太失真。事实上政治家和投机家们甚至科学家们都在冒险，任何制度设计和任何经济政策更是冒险。人类不具备无限理性或充分信息——由已有知识不可能推论未来，因此某种程度的冒险是必然的，而必然的就是理性的。（赵汀阳，2003）

其次，博弈论对有限理性也能做出相应的回答。如演化和行为博弈不需要经典博弈论中所要求的认知能力，并且允许"犯错误"的情况在博弈场景中发生，其博弈主体能够像生物进化一样具有缓慢复制或快速学习的能力。

最后，在博弈中常常使用的数学模型看起来不太适用于社会科学领域，因为其中涉及的人的问题总是千变万化，无法用简单的数字形式加以思考。然而，如果我们将重点放在通过一些数学变量在模型中的推演来发现存在的问题以及一些变化趋势上，那么这样的研究本身就具有了非凡的意义。同时，我们可以突破对于数学的确定性理解，深入其不确定性的一面。

以上对于博弈论假设层面的补充，使我们可以在那些不太允许刚性量化存在的学科中使用博弈模型。于是，所有的利益主体，依据对趋势的分析，依然可以做出行为上的判断和预测。

作为理论工具，博弈论有着一套完整的概念体系，所有的概念同时构建了博弈的话语系统。参与人、行动、信息、战略、得益、结果和均衡都是博弈模型中经常使用的概念。严格来说，纯粹的博弈研究需要分清这些基本概念，而在社会科学的应用中，人们也可以将之简化。类比游戏中的典型特征，我们可以将关注点放在利益主体、策略选择、均衡得益等组成博弈的最小要素上，并且将这些要素有机组合，作为研究的理论基础和分析框架。

依据利益主体（博弈方）的数量，可以将博弈分为单人博弈、双人博弈和多人博弈。单人博弈也就是数学上最优化的问题，在确定的状态下，单人博弈也可称为"技能博弈"，比如一个人进行考试，这是一个在当前的环境下可以完全控制所有结果的自主局中人；而在不确定的状态下，单人博弈可以称作"概率博弈"，这是一名局中人与自然的博弈，局中人不能完全控制结果，结果还部分依赖于自然的选择，自然在此充当了第二名局中人。严格来说，单人博弈一般指的是第二种情况，它可以使博弈论的结构更加完整。本研究以价值视角进行的分析中，主要体现的就是这种博弈形式。一般来说，双人、多人博弈的动态阶段博弈，可以转化成多个、多层次的单人博弈来进行分析，因此，单人博弈是博弈分析的基础。（谢识予，2002）[21]双人博弈和多人博弈则是策略依存的双方或者多方进行决策，所以也统称为"策略博弈"。在策略博弈中，每个局中人都部分地控制着结果，他们彼此之间相互依赖，根据利益的依存结果还可以将博弈分为三种情况：局中人的利益完全一致；局中人的利益完全冲突；局中人的利益部分一致，即部分冲突，或者当主体做出不同的选择时得益情况是变化的。很显然，第三种情况在现实生活中最具有普遍性，绝大多数博弈行为都属于这种情况。

在博弈论中常常谈到的非合作博弈，实际上也是在描述策略博弈的情形，当然，非合作博弈的重点还在于不允许有约束力的协议存在。如，为博弈双方事先订立了一个协议，但由于主导主体行为方式的是个体理性，所以这个协议只能在同时满足双方追求个体利益最大化的前提下存在。于是，在一些策略博弈中就会产生这样的问题：明明双方可以看到一些较好的得益结果，可是现实中却无法实现。这个问题很容易让我们联想到博弈论中那个经典的案例——"囚徒困境"。

囚徒困境是1950年数学家塔克（Tucker）在给斯坦福大学心理学家做演讲时提出的。这个经典的案例无疑是20世纪后半叶对社会科学最有影响力的案例之一。它讲述的是这样一个故事：

甲、乙两人合伙作案被逮捕，随后被隔离审问。在不能互通消息的情形下，每个人各自选择认罪或者不认罪。警方机智地做出以下安排：如果两人都不认罪，两人将因携带凶器被判服刑一年；如果两人都认罪，则会因罪名成立各判十年。倘若其中一人招供而另一人不招供，坦白者作为证人将不被起诉，另一个人将被重判十五年。

从表面上看，甲、乙两人应该相互信任和合作，因为这样他们能够得到最好的结果——只被判服刑一年。但他们无法不考虑对方可能采取的选择。问题就这样产生了：给定一个人的选择（认罪或不认罪），另一个人无论从什么方面考虑都会认为招供是上策（对方不招，我招了可以立刻获得自由；对方招了，我更得招供，否则将坐牢十五年）。在这样的背景下，每个人都是理性的，然而对犯案者整体而言结果却非常糟糕。

塔克在以形象化的囚徒故事分析这样一个当时十分热门的困境理论之时，并没有意识到他已经揭示了非合作博弈的冰山一角。其后，天才数学家约翰·纳什利用不动点定理证明了均衡点的存在，为博弈论发展奠定了坚实的基础。纳什的开创性论文《N 人博弈的均衡点》（1950）、《非合作博弈》（1951）等，提出了"纳什均衡"的概念和均衡存在定理（这是非合作博弈理论的奠基性成果）。按照共同知识的拥有程度和行动的先后顺序，可以区分出四种不同类型的非合作博弈：完全信息静态博弈、不完全信息静态博弈、完全信息动态博弈、不完全信息动态博弈。与上述四类博弈相对应的是四个均衡概念：纳什均衡、贝叶斯纳什均衡、子博弈精炼纳什均衡、精炼贝叶斯纳什均衡。同样，在一般性的社会科学研究中，我们应有所甄别地看待这些非合作博弈理论中的均衡概念，不过分拘泥于其精确的界限，而是将其核心实质部分应用于研究。

相比非合作博弈理论，合作博弈理论起步很早，但是发展相对滞后。虽然纳什对非合作博弈理论做出了巨大的贡献，但是一般公认的现代博弈论诞生的标志却是冯·诺依曼和摩根斯坦于 1944 年出版的《博弈论和经济行为》一书。此书提出了合作博弈的基本模型，标志着系统博弈理论的初步形成。其后，合作博弈论在劳埃德·夏普利那里得到了发展，夏普利和舒比克共同提出了权力指数，他还与唐纳德·吉里斯一起揭示了博弈的核的概念，1964 年他定义了多人合作博弈中的"夏普利值"。这些合作博弈理论的概念被应用到社会政治领域，政治学家们借助这些概念探究影响力和加权投票之间的关系。不难看出，合作博弈理论远不如非合作博弈理论成熟，后者是博弈论的主流。但这并不是说合作博弈不重要，而恰恰说明在合作博弈方面存在着更为广阔的研究空间。两类博弈理论在未来的相互融合，可能为博弈论的发展指明新的研究方向。

从上面的分析可以看出，博弈论已经渗透到经济领域之外的其他社会科学领域之中。尽管博弈论在假设层面以及过程应用上还有着这样或者那样的欠缺，还不够成熟，但这并不妨碍我们用它来研究、发现行为关系中的微妙问题。目前，博弈论在社会科学研究中更多地是作为一个理论分析平台，各个社会科学学科可以在这个平台上找到共通之处。进一步说，博弈分析中的利益主体、策略选择以及均衡结果可以作为在一类学科中分析问题的理论范式。所以，我们可以利用博弈论来解决互动决策问题，对问题的发展变化趋势进行预测，通过抽象的博弈模型分析出相应的结果。具体而言，当利益主体互相面对彼此的时候，由于他们之间的利益依存关系，我们不得不将研究指向利益主体在不同的策略选择下会产生什么样的得益组合，而这一点在很多博弈范式中（尤其是在双人博弈中）可以用矩阵结构来表示，其得益的组合数等于利益主体各自策略选择数量的乘积①。在不同的得益组合中，尤其不能忽略的是纳什均衡组合。事实上，有些博弈可能有无数个纳什均衡。我们所关心的是，一旦纳什均衡形成了，这一结果在实践中究竟具有什么样的意义，是否会引发一些"问题"式的思考。

发现均衡仅仅是发现问题，而要解决问题，就必须有基于公共理性的期望均衡。所以，本研究提出期望均衡的概念，即在问题意识的基础上，对博弈理论范式进行反思和拓展，使博弈论在关于大学组织的研究中能够有所突破。沿着利益、选择与均衡的分析范式，所有的利益关系都能够得到较为清晰的解读，同时也能为博弈论应用于社会科学提供有力的依据。

第四节　国内外相关文献综述

通过关键词检索的方式来搜索关于大学组织内部博弈的资料，可能无法找到相关记录。这并不意味着本研究能填补相关领域的空白，因为研究某个问题，可以是多角度、多方面的，研究者不一定直接采取博弈

---

① 比如有两个利益主体，每个利益主体有两个策略选择，那么得益组合数就是 $2 \times 2 = 4$。

的理论范式，但研究过程实际上也能体现博弈的分析方式。此外，一些与博弈论相关的研究事实上已深入到大学组织的细微之处。譬如，目前已有少量关于大学（高校）权力博弈的文献，尽管有些研究者更多地使用了权力博弈这样一个关键词，而缺少对博弈论基本范式的运用，更鲜有技术性的分析，但这些研究至少表明权力关系中的很多现象就是一种博弈。在一定的前提下，研究中常常使用的"冲突"概念也在一定程度上表明了主体之间由于利益不一致而呈现出的状态，而这本身就是博弈所反映出的一类行为特征。所以，本研究拟从观察大学组织的三个视角出发，基于与变革中博弈的相关度，梳理已有的研究文献。

一、关于大学组织价值观、文化信念的研究

早期关于大学组织价值、文化方面的研究，散见于一些学者（如施莱尔马赫、纽曼、加赛特以及雅斯贝尔斯等）关于大学理想、理念的专著中。用存在主义哲学的话来说，大学就是一个通过真正的思考和生活来发现自我的地方，"远离约定俗成的言说方式，远离陈规和傀儡的把戏——远离所有一切只是前景和表面的东西"（雅斯贝尔斯，2007）[12-13]。不难看出，在雅斯贝尔斯的叙述中，始终渗透着一种真理的力量、价值的力量。而社会改造者则认为，这种自由的思想就是一种为知识而知识的思想，它忽略了文化机构服从于统治精英的利益这一事实。一股强大的文化怀疑主义情绪，驱使批评家们公开斥责对独立自主的要求。富里迪将这一改造主义潮流的主要内容概括为"与现实紧密相连"和"向外界开放"，认为这些原则在深层次上决定了政府管理机构与文化教育机构的政策和行为取向。（富里迪，2005）[86-91]提倡社会改造的学者甚至想模糊大学教育区别于其他形式教育的典型特征，以促使外界"更大地参与"。如派瑞认为："高等教育和其他形式教育之间的分界，在稳定性、确定性以及频度等不同方面，不同程度地受到其他参与渠道和参与关系的质疑。"（PARRY，1989）[24]法国社会学家皮埃尔·布迪厄则为"文化生产者"的自由做了辩护：文化生产者能够不屈服于任何外部的利益而行使

自己的职能。他警告说："最大的危险是倾向于取消知识分子独有的权利，即根据他们自己的标准来估价他们自身及其生产的权利。"（BOUR-DIEU，1989）[106]

在人类精神的象牙塔中，始终存在着上述的价值冲突，尽管学者们更多的是对自由、自主和外部控制力量等进行了对比，但从中可以看出，类似的价值问题已经渗透到了大学的方方面面。对于大学组织在变革中追求卓越（一流）价值的现象，比尔·雷丁斯指出："一流"作为一种不确定的提法，试图用一个共同的标准来衡量所有领域中的出色研究。然而，"一流"一词的模糊性引发了判断标准的模糊，从而导致内涵的空洞。（雷丁斯，2008）[22-23]他列举了一流的种种弊端：形式上的好看、对量化指标的重视、对外部评价的强调等。实际上，他已经意识到一流不是偶然的产物，它能够带来比较。当然，雷丁斯并没有深入地探讨追求卓越的价值观念对大学的其他价值取向产生了什么样的冲击。

在国外的大学组织研究中，学者们对管理文化、价值也进行了颇多思考。一方面，在公共管理研究领域，经济学的许多理论观点产生了深刻的影响，如克里斯托弗·波特曾将管理主义描绘成一种信念，这种信念认为通向社会进步的道路是提高生产率，而提高这种生产率的途径是管理人员接受旨在提高效率和生产率的训练，而且，要扮演好这种重要的角色，管理人员必须被赋予各种"管理的权力"。（POLLITT，1988）这些理论无疑会对大学组织产生影响。同时，"管理主义"的影响也在增强，在高等教育大众化的浪潮下，一些受雇担任大学高层管理者的人信奉一种理性化和任务取向的公共行政理念，认为"大学中的管理也应该像企业那样"，其一个表现就是试图证明全面质量管理等方法能在大学中得到广泛的应用。（HITTMAN，1993）上述两个方面的研究使大学管理更加逼近市场化、效率化的原则，这种原则被称为管理专业化。然而，大学组织毕竟有其特殊性，诸如学术自由和大学自治的不朽理念，在博克、克尔、布鲁贝克等学者的著作中都有充分的体现。每一个拥护大学理想的学者总是在小心翼翼地维护它。但是，相关研究并没有关注仅属于大学自己的理念空间与其他价值理念有何相关性，它们彼此之间有着什么样的影响。

关于组织价值方面的研究大多与文化研究有关。托尼·比彻认为，文化能够将共同的思维方式与集体的行为方式联系起来。他总结了斯诺的《两种文化》一书中的文化定义，认为文化可以被称作支配社会和社会群体的行为的一系列价值观念、信仰和信条。同时，他还将高等教育文化的研究文献分成三类：以院校为基础的研究、对教育者及其作用的描述以及各学科领域的研究。在国内，学者阎光才选择以组织文化的视角，对有形的、无形的大学组织进行理解和阐释，其中涉及文化的冲突和融合。"一方面，围绕着大学组织的'知识+学者品格'的核心信念，衍生出频发于大学内部的种种价值冲突，诸如不同群体间的话语权力与地位之争，弱势话语对强势话语的冲击，在自由求索知识过程中不同学科、学术观点相互间的对峙与抗争，价值层面和学术思想领域中的'代沟'现象等……而颇有意味的是这些冲突恰恰来自大学组织的整合机制，这一现象或许是大学所独有的。另一方面，通过对大学与环境间文化冲突发生的根由与整合机制的分析，来解释所谓的'边界'与'底限'的文化意义。"（阎光才，2002）[26-27]以上研究从文化的视角看待大学组织及其行为人的运作过程，其对文化的理解不仅是广义的，而且也渗透到组织的结构、权力等诸多方面，其对大学存在的意义与价值是通过"识读"来领会、理解和认识的。虽然，本研究试图在不同的视角下探究价值、结构以及权力等要素，但是有关文化冲突和融合的思考无疑会为本研究带来启示。李桂荣在《大学组织变革之经济理性》一书中谈到了大学层面组织变革的价值问题。她认为："大学组织变革的价值取向是大学组织变革主体选定的变革活动对大学组织发展的有用性，分为生存性、发展性、战略性以及过程性价值。"（李桂荣，2007）[1-4]这种划分对推动大学组织的发展具有指导意义，但是并没有对价值中所蕴含的属性之间的关系加以说明。国内的许多研究还涉及一些价值关系的梳理，其中最为典型的是关于公平和效率的讨论。有学者认为：公平是一个独立的发展目标，而公平与效率两者之间大致是相互独立的。（杨东平，2004）也有学者持相反意见：公平和效率虽然是属于不同学科范畴的概念，可是两者之间仍然存在相互连接、相互影响、相互促进、相互制约的矛盾关系。（陈德静，2006）在很多时候，两者还体现出一种非线性的复杂关系。（李朝晖，2003）教育理论工作者、政策研究者的任务就是在公平与效率之间寻求"平衡点"，找出公平与效率的"最佳区域"，也就是"适度"。（潘懋元，2003）从对两种价值取向关系的探究中，可以发现很多与大学组织价值相关的背景知识，这些背景知识从宏观层面拓宽了本研究的视野。从问题出发，能够更深、更广地理解和阐释大学组织内部的价值关系。

二、结构视角下的大学组织研究

伯顿·克拉克针对大学组织结构问题提出了按照学科和学院划分教学单位的看法，同时分析了大学横向与纵向结构设置问题。赫钦斯把现代大学描述为由中心供暖系统维系在一起的一系列独立的学院和系。克拉克·克尔进一步认为大学"是一个权力分得很细的复杂实体。对于这种权力有一批竞争者"（克尔，1993）[13]在谈到大学行政机构时，克尔认为："牛津、剑桥的校长主要是通过充当各学院院长理事会主席来起作用，而各个院长仍然保有实际上的权力，法国、意大利、德国亦是如此……现在学院的独立性比过去少得多，从而导致了行政管理中的某些危机……（建议）教师要变为具有支配地位的团体"。（克尔，1993）[83]克尔的主要意图是：大学需要将权力分散到大学内部的各个学术单位，并使教师群体成为参与学校管理的重要力量。约翰·范德格拉夫提到了分析组织层次的两个基本概念：结构的等级性和决策的统一性或内聚性。（范德格拉夫，2001）[2]其对大学组织的介绍则倾向于强调"底部厚重"，即用学院结构来代替过分强化等级制的组织结构。实际上，在克拉克的研究中也有类似分权和集权的分析。克拉克宁愿选择"因权力过度分散和宏观失控而使整个系统陷入四分五裂的境地"，也不愿选择"由于过分强调秩序和组织的统一而导致权力的垄断"，因为在他看来，后者的危害要大于前者。（克拉克，1994）[306]虽然分权的呼声更加符合大学组织的特性，但是对于分权究竟能带来什么样的好结果，并且在不同层次的组织之间应如何进行权利分配，却鲜有学者进行探讨。博德斯顿将研究指向了大学组织结构和运行机制对组织运行过程的影响，他认为组织的规模、形式、状况既可以让大学有能力迅速而轻松地进行变革，也可以成为大学变革的阻力。（博德斯顿，2006）[3]迈克尔·夏托克认为："评估大学组织结构变革的效能是异常困难的，而且运用零散的组织变革去解决某个问题是很危险的。"（夏托克，2006）[80-82]大学组织变革的过程也要考虑关系方面的特征。有学者指出，如今的大学分权制度导致管理不善，无论问题是由缺乏勇气去领导变革的校长造成的，还是由关心橄榄球队更胜于大学目标的董事们造成的，或者是由不愿放弃现状的教师们造成的，事实是这每一种力量都是进步的绊脚石。（杜德斯达，2005）[216]

以上研究表明，国外学者大多以抽象的方式考虑大学组织结构的问题，这些问题主要涉及结构视角中任务的安排、组织层次间权利的分配。而在国内学术界，很多学者关于大学组织结构的研究成果更加具体化。吴志功将传统的组织模型（直线—职能、事业部、矩阵等）应用到大学组织中来进行结构设计。宣勇则在大学分类、分层的基础上，提出了与研究型大学、教学研究型大学以及教学型大学相匹配的结构模式。（宣勇，2005）这些静态的描述使我们对大学组织结构有了一个宏观的、理性的认识。而在对组织设计动态过程的分析中，一些文献也揭示了结构中所蕴含的属性。如季诚钧从组织学的角度出发，探讨了大学的属性与结构问题。其提出的异质结构主要指大学组织内部结构中体现出来的不同群体（如教学科研人员、行政管理人员、后勤服务人员以及学生）的异质性特征，以及群体之间的冲突。（季诚钧，2004）[46-47]但是，以上研究并没有分析矛盾冲突的过程以及组织实体之间的相互关系。胡仁东认为，大学组织研究涉及两个向度，其中使命—分工—冲突—协调的向度体现了大学组织的完整运行机制。（胡仁东，2007）[10-11]王志彦在论述大学学术组织结构要素时指出："各结构要素之间存在着非常密切的关系，一方面的变化也将导致其他方面的相应改变……鉴于大学学术组织的类型不同，其组织要素之间也会存在许多不同的关系。但是无论组织结构要素之间的关系如何，都始终参与大学学术组织的变革，是进行组织变革要考虑的核心要素。"（王志彦，2008）[1-2]在大学学术组织不断横向分化和膨胀的过程中，许多研究也对大学组织的矩阵式结构做了探讨。季诚钧认为这样的结构形式虽然成为高教系统的普遍形式，但是也增加了大学的离散性和管理难度。（季诚钧，2004）[105]关于学科之间的交叉与融合，季诚钧认为矩阵式的组织结构形式是弥补传统组织结构形式的不足、学科制度化的弊端和局限的有效方式。（季诚钧，2004）[107]然而，周朝成强调，跨学科研究组织的最大问题是容易产生利益冲突。（周朝成，2008）[133-135]实际上，在结构视角下，大学纵向或者横向学科组织的协调是一个关键性的话题，大学管理中心与基层院系的协调、院系与院系的协调、跨学科之间的协调都伴随着利益的冲突。上述研究成果都从某个角度反映了本研究所涉及的内容，除此之外，本研究还需要从结构视角进一步思考、整合大学组织内部各个实体之间的利益关系。

三、关于（大学）组织中权力、利益政治的研究

关于组织中利益和权力的问题，相关研究大多集中在组织的政治模式分析上，"（大学）中有很多复杂的组织可以当作政治系统来研究"（克拉克，2001）[51]。有研究集中分析了组织中权力和影响力的分配，以及利益群体之间的协商和谈判。为了寻求特定的政策目标，利益群体之间权力的冲突、联盟的形成在政治的观点看来是自然的，而权力最终会集中在占支配地位的联盟一方，而不是掌握在正式领导者的手中。（布什，1998）[109]要想认识学校这类组织的性质，我们必须了解各种冲突。冲突的来源是利益，从利益切入是研究教育管理的有效方式。"在学术团体中达成一致性意见的背后，利益群体的出现整合了他们彼此的利益，从不同的角度对决策过程施加压力。"（VICTOR，1971）[19-20]对利益和权力的关注离不开政治分析模式。托尼·布什总结了政治分析模式的特征，其中包

括：关注群体活动而不是整体结构，决策往往出现在联盟和谈判之后，以及权力成为政治模式的核心，等等。（布什，1998）[111-115]鲍德里奇在总结组织中利益和权力的基础上，对决策的过程进行了描述："这是一个多种权力和压力撞向决策者，并将这些压力转换成政策的过程"（BALDRIDGE，1971）[71]。罗伯特·伯恩鲍姆（又译为罗伯特·波恩鲍姆）在描述政党组织系统特征时指出："组织的许多个人和团体有时完全自行其是，有时又保持一种相互依赖的关系。如果没有这种相互依赖性，也就不会有政党活动的存在，而且也不会有权力可言。只有当个人必须依靠他人才能获得自身所需要的资源时，个人才会关心他人的活动或行为。"（伯恩鲍姆，2003）[126]所以，为了实现自身的利益，组织中的一些个体或团体很可能结成联盟，通过其他个体或团体的支持获取希望得到的某些结果。汤普森的研究表明，组织自身能够形成连续的、相对稳定的、起支配作用的联盟，这种联盟所拥有的权力能够阻止公开的冲突。（伯恩鲍姆，2003）[130]鲍德里奇等人的研究发现："各团体都是围绕与自身有关的问题建立自己的势力范围的。而当联盟团体出现僵持对峙的局面时，团体的代表将通过谈判解决问题，谈判外在地体现为可以达到的最有利的结果或折中手段。"（BALDRIDGE，1971）[131-137]组织的政治分析模式的主要特点是：利益集团往往为了争取自身的利益，通过诡辩的方式达成不合理的方案。（伯恩鲍姆，2003）[132-133]

此外，大量的研究文献没有采用政治学研究的范式，而是直接探讨大学（高校）内部权力，主要包括权力的类型、来源、特征、作用、限度以及相互之间的冲突和协调等方面。其中最多的是有关行政权力和学术权力的论述。有学者指出，学术权力与行政权力是大学组织所具有的两种性质不同的权力，分别以学术自由和学术自治为合理性基础以及任命、授权为合法性来源，两者是一种相互补充的关系。（宣勇，2005）张德祥认为高等学校的学术权力与行政权力都具有合理性与局限性。两种权力的性质、运行方式决定了其可能存在冲突的一面，主要涉及行政权力对学术事务过多地介入，排斥学术权力对学术事务的决策。（张德祥，

2002）当然，大学内部权力结构失衡，还在于体制、官本位意识、对大学自身发展规律的认识以及学术权力保障制度的缺失等外部原因。（夏俐，2008）有学者提炼出国外高校三种较典型的权力结构模式，即以学术权力为主的权力结构模式、以行政权力为主的权力结构模式、行政权力和学术权力均衡的权力结构模式。（谢安邦、阎光才，1998）还有学者直接指出，要对大学内部的权力结构做适当的调整，以赋予学术权力参与学校管理的合法地位。（眭依凡，2011）学术权力与行政权力要形成各司其职的格局，这是我国高校学术权力与行政权力协调的根本。（吴坚，2005）也有学者从基本属性、来源要素、价值取向、运行范围以及实效性等多个方面，对两种权力的特性和差异进行了详尽的分析。（王燕华，2005）

　　一些学者从语义内涵上对行政权力和学术权力进行了分析。如周光礼指出："这种两元划分的边界模糊不清，主客体交叉重叠，两种权力在实际中是很难区分的。"（周光礼，2005）在扩大了高校内部权力的划分范围后，许多学者还谈到了学生权力，如让教师和学生拥有参与决策的权力，以及学术力量参与到干部队伍建设中。陈玉琨、戚业国、刘岚等都在这些方面进行了研究。为了明确权力上的划分，林荣日认为："判别权力属性应该从两个方面着手，一是权力的来源；二是权力作用对象的性质，或说事务或活动的性质"（林荣日，2007）[330]。在此基础上，他提出了僭越式权力的概念，如学术性行政权力和行政性学术权力。僭越式权力在多中心的权力结构体系中，由于权力主体的载体和利益不同，相互之间容易产生矛盾和冲突。（林荣日，2007）[330]谈到大学权力与博弈，有论者认为，博弈总是在一定的大学权力关系和权力结构中进行的，同时大学权力的博弈又会影响权力关系和权力结构的变迁。（吴国娟 等，2007）"大学权力博弈要在尊重知识、因循大学的发展逻辑、给以权力自由选择的前提下，才能有效促进大学组织的变革发展。通过对整个博弈格局进行修正，使各种权力的博弈达到均衡。"（章晓莉，2008）虽然以上这些研究在对博弈内涵的理解上可能有失偏颇，但是从中我们能够看出研究者已经开始借助博弈的语境去分析高校中的权力现象。

四、对已有研究的思考

由于大学组织的独特性和复杂性，已有研究可谓汗牛充栋。无论哪一个视角的研究，都加深了我们对于大学组织的理解。思想的力量是伟大的，思想的范围也是无穷的。我们不能草率地说现有的研究只是关注了大学组织的一个侧面，这样的理解难免会坠入"片面"的视野。事实上，很多从结构、文化价值、权力政治等视角进行的研究也同时包含了其他视角所要研究的要素，并将这些不同的要素转化为其研究结构体系中的有力证明，或者逻辑叙述中的重要组成部分，只是这些研究大多没有直接采取多视角研究的路径。但是，这两种方法论之间依然有区别。从一元走向整合的视野是将其他视角视为一种"工具"。如，在高校内部资源配置中提倡学术权力的回归，是看到了资源安排中所蕴藏的权力属性和影响，我们在安排资源的时候当然需要关注权力的冲突与调适，而研究大学组织结构也需要分析利益、价值、权力等组织结构中所蕴含的影响因素，可是，当针对大学组织整体的发展和变革进行分析时，这样的思维容易使我们看不到其余视角所包含的更多属性。更何况源自社会科学理论的几种视角各有其独特的分析方式，所以，从多元走向整合的思维能帮助我们更为全面地理解大学组织的发展变革。

在已有研究中，用博弈的分析范式解读大学组织的文献较少，更不用说采取一种博弈论的技术性分析的路径了。虽然一些研究已经关注到大学组织内部的利益群体之间存在着密切的关系，但是真正对这种关系进行分析的研究很少。正如谈论集权和分权的问题一样，研究者更多的是从大学组织的特殊性入手，应然地得出大学需要分权的结论。而基于博弈数理模型的分析，或许能够带来另外的观点和看法。实际上，无论是分权还是集权，其根本目的都是促进大学组织的健康发展以及调动组织实体、群体的积极性。如果我们换一个角度思考，也许会有耳目一新的感觉。此外，当前的研究对冲突的理解也存在一些问题。不少研究者片面地将冲突等同为博弈，利益冲突、权力冲突也就变成了利益博弈、权力博弈。实际上，博弈是指相互影响的行为主体进行策略选择及达到均衡的过程，而冲突指的是这种过程的其中一种性质表现。行为主体的利益目标可以一致也可以不一致，还可以一致与不一致共存，在这几种情况下，主体之间都可能存在博弈的行为。

从各个视角对大学组织进行研究现状探讨、文献梳理，似乎因为关注博弈的研究者较少而变得"无用"，并且从博弈理论推演出来的结论很可能与现有研究观点有差异。然而，正如前面所说，博弈论在解释"为什么"的时候是有力的，而在其他方面（如采取相应的对策）则不可避免地需要借助其他学科领域的研究。此外，博弈论的分析结构往往不能产生唯一的均衡解，它的均衡依赖于混合策略选择，即策略选择通常根据局中人对其他局中人的预测来确定。"因此策略选择并不必然是理性的（或者说理性面临着重新理解），它可能是基于博弈的约定俗成的聚点，即抉择倾向的焦点。这些聚点对局中人而言是行动的指南，因而最终的结果是均衡的。这与其说是理性的，不如说是实证的或是文化的。"（凯利，2007）[166]在研究综述中，来自其他学科的相关研究成果为本研究提供了大量有用的信息，而且很多研究已经或多或少地体现了博弈的思想和力量。

第五节　研究思路与研究方法

一、研究思路

文献梳理的目的是让思维清晰。从对相关文献的分析来看，多数关于大学组织的理论和实践研究依然趋向于应然的理解，而鲜有技术性的分析。此外，组织变革是一个多样化的过程，某一个角度的研究无法使我们获得对组织变革整体的理解。所以，本研究试图从利益关系出发，从价值、结构和权力政治三个视角对大学组织变革中的博弈现象进行分析，力求充分把握价值选择层面、组织内部各利益实体、利益相关者之间所采取的策略选择，利用理论推演或模型分析求得博弈的均衡所在，并在期望均衡的引导下，调整各利益主体的行为策略和行动规则，从而为重构大学组织秩序打下坚实的基础。

本研究的整体思路大体遵循如下路线图（图1）：

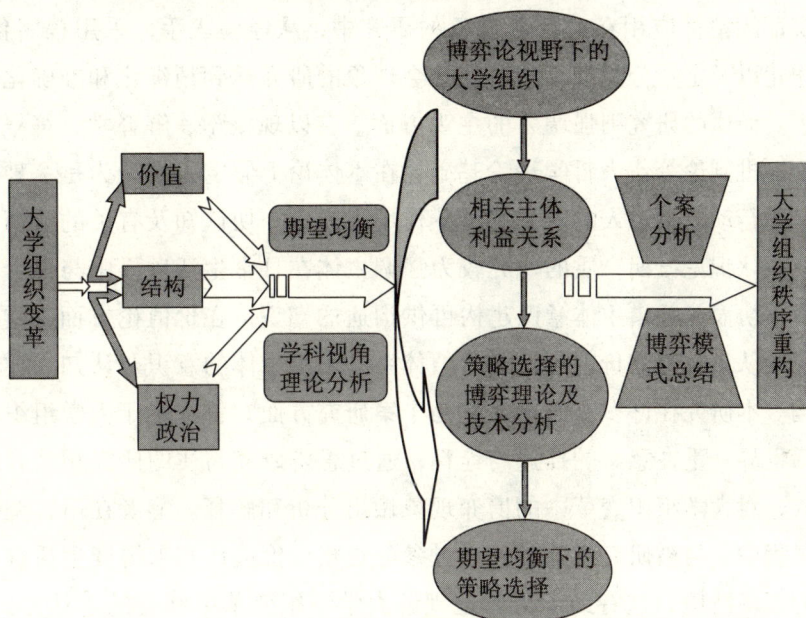

图1 研究路线

二、方法论与方法

在社会科学研究中，人们常常模糊了方法论和方法，以及方法在不同层次范围内的使用等问题。方法论以人类认识活动中不同层次的对象与方法的关系为研究对象（叶澜，1999）[14]。通俗地讲，方法论旨在探讨研究方法与研究对象之间是否合适，人们在认识过程中思维范式的各种转变等。方法则是具体的范畴，它是为了完成"方法论任务"而采取的一系列手段、方式。例如，我们经常探讨的实证研究和质的研究就是方法论范畴的研究范式，而问卷调查或者访谈则是方法意义上的概念。在不同的研究范式中，实际使用的方法既可以是相同的，也可以是不同的，我们只能说某一种方法根据其属性通常被归于某一类研究范式，而不能将这种归类必然化。

从方法论的角度而言，孔德等哲学家所倡导的实证研究是将自然科学实证的精神应用在对社会现象的研究中，从经验入手，采用程序化、操作化以及定量分析的手段，使社会现象的研究达到精细化和准确化的要求。而质的研究则强调人的主观方面，它以现象学、解释学、符号互动论、批判论等作为哲学理论基础，在本体论上假定人类行为是一种有意义的行动，透过人的意识和情感作用来完成一切认知及有关的价值活动；在认识论方面，质的研究较为强调主体在日常生活世界中与他者的接触、协商，凭借主体意识建构可供沟通的知识；在价值论方面，质的研究则认为人类的价值理性和价值体系必须由主体的意识及认知兴趣来建构。本研究在许多方面（尤其是个案研究方面）都立足于大学组织的生活世界，重在意义的描述与诠释，通过思辨研究与质的研究相结合的方式，对大学组织变革中的博弈现象做出分析和解释。笔者在田野调查的过程中，与被研究者互动，通过参与观察、价值认知来解读生活世界里的诸多情境。这有助于更好地理解大学组织变革中利益的表达方式、博弈模型分析中各个变量的基本假设前提以及构建期望均衡的路径等。

研究方法的使用与方法论有密切的关系，方法论在很大程度上制约着研究方法的取舍。在具体研究中，方法本身也需要分成不同的层次。如果研究将一些内容交叉、重叠的研究方法并列呈现，而不去深入考虑这些研究方法所处的不同层次，就容易导致研究思维出现混乱。为了避免这些问题，本研究在方法使用上主要分为两个层次：资料收集和资料分析。这两个层次中所用到的方法往往相互穿插、互为基础。

（一）资料收集层次

在资料收集层次上，本研究主要采取参与观察（辅以访谈法）、文献检索、利用现有文件资料等方法。

1. 参与观察（辅以访谈法）

参与观察是观察法的一种特殊形式，要求研究者亲自进入现场，在其中生活相当长的一段时间，靠倾听、观察、询问、交谈、感受和领悟，深刻理解研究的现象。一般来说，进入现场是此种方法的难点之一。进入现场包括明确意图地进入、通过关系引见进入、隐蔽进入等。考虑到本研究涉及的主题较为敏感，除了一些较为抽象的价值层面的观点以外，其余大多与利益、权力、政治以及一些矛盾的现象有关，这些现象往往被大学组织生活中"浮于表面的正式规则、富于技巧的话语表述、形式化的外在秩序所掩盖"（郑欣，2005）[3-10]，所以，为了得到可靠的研究结果，笔者选择了隐蔽进入的方式。

在本研究进行期间，笔者正巧有机会赴澳门一所高等院校从事发展规划、院校和课程评审、澳门高等教育史等方面的研究。这是一次很好的工作锻炼机会，也为笔者隐蔽进入大学组织现场提供了便利条件。在工作进程中，笔者随同所在学校走访了国外、我国港澳台地区以及广东省的近30所高校和部分政府机构，访谈了学校内部各学术机构、行政机构负责人、教师、学生代表等。虽然工作研究的主题似乎和本研究没有直接的相关性，但是这恰恰符合了隐蔽进入现场开展本研究的目的。实际上，笔者所从事的院校研究本身就包含了组织变革，如院校发展规划必然涉及组织结构和制度的调整，其间林林总总的感性体验、对话场景使笔者无时无刻不在获取直接经验，工作中的有些访谈内容竟然与笔者的研究"不谋而合"。这种"无意识"的参与观察将笔者带入组织变革的过程之中，此过程看起来杂乱无章，但实际上是理性建构与发展的温床——正如胡塞尔笔下的生活世界：不是平面的生活而是有深度的存在，也不是静态的利益人之间的关系，而是在复杂的动态过程中编织的意义之网。身临场景之中，有时能够神奇地感受到与研究主题相关的一切内容。平时工作中不经意的一句话、一个动作、一个神态，所展现的思想意涵都能够成为研究中的点睛之笔。当然，为了"回归事物的本质"，还

第
一
章
导
论

要以主体的立场重新认识客观世界，使思想意涵在我们的意识结构中构成真正的客观知识。

　　另外一个隐蔽进入方式源于笔者近 15 年在内地大学的工作经历。很多人也许都是带着类似的经历投入高等教育研究的，但是很少有人将这种经历看作走进"现场"的一类素材。实际上，质的研究所要求的恰恰是那种极其自然的生活状态。十余年的大学工作生涯，其间经历了欢喜和忧愁、忙碌与休闲、激情萌发或娴静如水，正是因为与大学组织中及周边的人和事有了广泛接触，我们才能感受和发现所经历的客观生活的意义。如果没有开展本研究，笔者倒是几乎快要忘却了过去这段丰富的经历与体验，此时许多颇具"临场感"的情境又重新回到了笔者的意识之中，大量能反映组织生活真实一面的非正式言谈也重新体现了它们的价值。为了达到本研究的目标，笔者在赴澳门之前又专程返回原工作学校，对其中的部分教师、管理干部做了非结构式访谈，主要针对大学组织内部各行为主体的利益诉求、价值层面的观点、工作任务的安排与协调、大学内部的权力关系以及现实中的冲突与合作等现象。这些都以零散的方式成为理解某些人或者群体的行为意义的"工具"。笔者将某些体验和理解记录下来，以自己的专业判断加以诠释。

　　2. 文献检索

　　文献检索的作用在于：一方面，通过文献检索可以发现需要研究的问题，启发研究思维；另一方面，可以在前人文献的基础上更深入地思考。因为本研究所采取的视角涉及社会科学的诸多学科，所以需要对相关学科（哲学、经济学、政治学、管理学等）中有关大学组织理论的文献以及与分析工具博弈论相关的文献进行充分检索，目的是了解和分析大学组织变革和博弈理论的研究现状，批判地吸收过去的研究范式和成果，为本研究打下基础。

　　3. 利用现有文件资料

　　严格来说，利用现有文件资料不能算作资料收集的方法。之所以这样提，主要是因为任何一种收集资料的方法最终都要将资料转化为文本的形式，同时这一文本要能呈现出主体的经验，所以我们可以针对文本所具有的丰富的内涵进行分析。这些文本通过自身的被使用，不仅具有意义解释的作用，而且具有改变特定社会规范的潜能。（陈向明，2000）[257] 现有的文件资料是一种较为正式的文本，来自个人价值体验和组织价值体验的结合，其所呈现的内容与观点往往可以反映出组织环境中的文化特征，同时以文本的形式折射出有价值的信息。

（二）资料分析层次

在资料分析层次上，本研究主要采取博弈范式中的技术性—非技术性理论分析以及个案分析。

1. 博弈的技术性—非技术性理论分析

博弈的非技术性理论分析指运用由博弈论典型的概念要素所形成的分析框架，在理论逻辑层面进行推演，以博弈基本范式为指引形成结论、获取结果的过程。以这种分析作为博弈研究手段的专家有 2005 年获得诺贝尔经济学奖的托马斯·谢林。谢林的获奖令学术界多少有些意外，主要是因为诺贝尔经济学奖通常被颁发给那些在基础理论方面做出巨大贡献的人，一般认为，这些基础研究必须是高技术性的，整个研究过程应该充斥着复杂的数学模型。然而，谢林的研究并不属于这一类型，他关于冲突和谈判过程中可信承诺的论述，完全通过思想的魅力和逻辑的力量展现出来，而这一论述竟与舍尔顿数十年后运用严格的数学模型提出子博弈精炼纳什均衡概念的论证如出一辙。"思想一旦借助了数学模型就会插上翅膀，展翅高飞。"（谢林，2006）[3]

博弈的技术性分析主要指博弈的模型分析法。这种方法是博弈论研究中常用的分析方法。对于参与者为 2—3 人的博弈，还可以简单化为得益矩阵的形式。而在一般的博弈论中，可以用两种方式来表述，一种是战略式表述，另一种是扩展式表述。（张维迎，2004）[31] 矩阵模型的建立本身就体现出博弈的研究范式：一方面，得益矩阵会明确体现出博弈参与者的策略选择和每种选择之下的具体得益；另一方面，基于利益最大化以后的选择，会达成一种或几种可能的策略组合，即均衡状态。在本研究中，整个博弈过程借助数学中的概率论、微分方程、微分极值等的演算、推导，可以揭示大学组织变革中均衡失范的成因，利益主体博弈的机理、特征，以及实现期望均衡的途径。由于期望均衡的提出可能借助于其他理论或者分析方式，所以历史分析和多学科的理论分析也会贯穿在博弈分析的过程中。

2. 个案分析

本研究希望形成一个既有逻辑分析和模型设计，又有案例支撑的理论与实践相结合的研究成果，所以笔者将利用"隐蔽进入现场"的机会对个案学校进行解剖。严格来说，本研究所使用的个案分析并不等同于质性研究中的个案研究法，后者是一个统整的过程，包括了资料的收集、分析，并且有相应的理论基础。而笔者进行的个案分析主要沿着多视角研究的路径，探讨个案学校在特定的情境脉络下，其组织变革的性质和内容是怎样的，并通过一般性和独特性反映大学组织博弈中形成的问题。这中间既有叙事性的推演，也有经验的佐证，希望凭借研究的发现和理解将各个视角整合起来，验证大学组织秩序重构的一般策略模式。

第六节　研究范围与研究内容

本研究的对象是大学组织变革中的博弈现象。时间范围限定在当代；从空间范围看，因为研究对象在大学的组织和人群中具有相通的性质，所以没有限定对某一国家或者地区的大学进行研究。在此需要说明的是，本研究对颇有争议的"大学"概念的理解较为宽泛。无论是从古至今，还是从外到中，许多学者对大学的理解更多的是抒发自我的价值情怀，如亨利·纽曼认为大学是"一个追求光明、自由和学问的地方"，霍尔丹勋爵说"大学是民族灵魂的反映"，雅斯贝尔斯提出"大学是一个由学者与学生组成的，致力于追求真理之事业的共同体"，克尔认为大学是一个"多元化巨型机构"等。如果我们把这些定义的内涵抽取出来，就能发现大学的内在本质是教育性、研究性以及多科性。所以，基于以上内涵的高等学校，无论其称谓如何，都称得上是本书所要研究的大学。具体而言，大学可以被界定为：**实施学士及以上学位教育且具有研究功能的综合性（多科性）普通高等学校。**

本书主要由以下六个部分组成：

第一章"导论"。本研究以问题意识为先导指出了研究的意义、价值。鉴于大学组织的整体性特征，本研究深入探讨了多元方法论的成因和可行性，在对还原式的一元论进行批判的基础上，选择采取多视角的研究路径，并从方法论的角度阐释了从利益关系切入的哲学意义。博弈论是本研究的主要理论工具和分析范式，将其应用于大学组织的发展和变革是一次尝试。本研究通过利益、选择和均衡的分析架构，在价值、结构、权力政治三个视角中充分展现博弈的分析范式。在文献梳理、总结的基础上，本研究明确了研究思路和研究方法，并确定了研究的范围。

第二章"博弈论视野下的大学组织"。大学功能的历史定位是大学与环境相互博弈的结果，大学的理念和功能也是其发展变革的信念源泉。大学组织变革中博弈的出发点是利益主体之间的关系，所以，对利益需求进行解读至关重要。在利益的生成与表达中存在着不确定性、被导向性、比较性以及互动性等特征，大学组织的特殊性决定了其利益存在着"超越经济理性"的一面，这一性质也是以下研究的假设前提。大学组织的利益结构中既有冲突性特征，也有一致性特征，更多的则是介于两者之间：利益主体各自拥有不同的得益，其关系既非冲突，也非一致，只是呈现出一种均衡状态。最后，着重介绍大学组织变革中的博弈分析范式。以前的组织变革模型重在强调变革中的驱动力和阻力的对抗，而缺少对行为过程中利益关系的分析。本研究认为，大学组织变革中无论是利益关系一致的范畴，还是不一致的范畴，都可能产生博弈行为，博弈的过程也就是利益互动、策略选择的过程，而博弈均衡则是利益主体考虑到彼此影响的因素以后的最优策略组合。均衡有着一定的主题范围，同时均衡没有好坏之分，在一般情况下，均衡的出现能帮助我们找到大学组织变革中出现问题的根源。

　　第三章"大学组织价值选择的博弈"。从本章开始，本研究具体从三个视角解读大学组织。在价值视角下，价值首先是一个关系范畴，大学组织的价值可以分为生存价值和发展价值。生存价值阐述了大学组织存在的意义，从形而上的层面启迪着人的思维；发展价值则是在大学组织变化、更新的过程中体现出来的一种维护内在群体利益的尺度。就生存价值而言，我们在关系范畴中能够理解利益与价值之间的一致性，利益的彰显是大学组织价值选择活动的直接的、自觉的目的性基础，而围绕大学组织的两种不同的价值选择始终存在矛盾。从博弈聚点①的分析来看，历史分析和文化分析是大学组织在价值选择过程中形成博弈聚点时用以说明选择行为动机的重要方式。大学组织的功用利益倾向表现为一种与"自为"相对的"依附"价值。但是，如果"依附"的价值成为大学生存的目的所在，那么大学外部的要求势必会左右大学的学术标准。当外界需要大学做出浅显的回应时，大学必须去迎合这样的标准，此时高深学术完全变成一种工具，学术精英机构中的创造性也会大打折扣。此外，没有一种相对恒定的标准去衡量学术，对于所谓"优秀"的判断，只不过是看在功用的范畴内哪一种学术更令外部满意。以上结果实际上助长了真理和知识的价值相对主义。所以，大学组织的"依附"价值必须建立在对学术内涵最大的包容和尊重基础上，必须体现出大学学术人员"心灵的良知"，这也是大学组织两种生存价值选择——"自为"与"依附"的期望均衡。

　　大学组织的发展包括卓越与公平、效率与自由等价值取向。现实语境所形塑的文化就是追求卓越和效率为先。在此，大学组织发展价值的博弈同样有一个博弈聚点的参照系——文化的形成和安排。虽然卓越与效率的价值取向无可厚非，但是追求卓越与效率的过程中所带来的公平与自由的缺失仍然值得我们深思。所以，追求卓越的真实内涵应该建立

---

　　①　博弈聚点是指博弈方对于策略的默契选择所形成的均衡。

在长远公平的基础之上，管理文化中的效率思想也应是对自由和创造性探索充分思考以后的价值选择。

　　第四章"大学组织结构视角：博弈中的思考"。结构视角的假设体现在结构与结构设计的方法中，这一方法反映了理性的信仰或理念：恰当的正式安排支持合理的角色与关系，可以使问题最小，同时使效用最大。传统的理性观点在大学组织内部需要被重新认识，学术特性使大学组织不可能完全遵从科层的理性化，那些依据一定的标准所做出的主观选择都应该被视为理性的抉择。理性观念的发展具有延续性，从古典组织理论开始，组织中的理性就与组织群体、个体的利益密切相关，人们对于理性的关注也从寻求特定目标转移到关注组织本身和参与者行为之间的关系。在大学组织变革中，组织内部不同利益实体之间的博弈，随着院校机构的不同和外在因素的变化而存在多个纳什均衡，正是均衡的结果决定了大学组织结构的形态。

　　在结构视角的纵向关系中，首先需要考虑大学组织工作权利的安排与分配。由于大学组织底层厚重的特性，工作权利是否转移的问题更加值得探讨。权利转移的过程应该是责、权、利相统一的过程，大学管理中心将权利下放给院系，需要兼顾双方的利益，主要考虑代理成本和信息成本之间的权衡。在大学组织权利转移的博弈模型分析中，本研究考察了大学管理中心在权利转移过程中对基层院系学术组织是否有进取心的影响。模型中没有特别强调集权或分权的优势，而是以基层院系"努力"作为期望均衡下基层院系选择的策略，洞察博弈的过程与问题根源，通过模型发现权利转移中的"囚徒困境"。在混合策略的数学求解中，本研究发现：集权时信息系统的建立可以使院系"努力"工作；分权时为了使大学管理中心和院系的利益趋向一致而导致成本增加，但基层院系会更有工作积极性；集权状态下"不努力"工作的效用增加时，能够促使大学管理中心为了避免这种现象的发生而趋向于分权。

　　在结构视角的横向关系中，院系实体之间在资源配置过程中的博弈并非利益冲突，相反各院系的利益目标是一致的，但是积极争取资源的结果却往往造成不理性的结局。此外，由于大学组织松散无序、学术自治、信息沟通不畅等原因，院系与院系之间围绕"优异经验学习"的主题构成有限理性进化博弈。本研究通过协调博弈矩阵和构造"借鉴"类型院系的比例变化速度的动态微分方程，得出选择"借鉴"或者"不借鉴"的区域范围，以揭示学科组织明知学习有益却并没有选择学习的原因。结构视角中的另外一个核心问题涉及工作、权利分配以后学科之间如何协作的问题。虽然矩阵结构是学科协作的有效结构模式，但是却隐藏着许多学术和资源利益上的冲突。类似的冲突隐含了博弈论所表达的深刻道理：当双方利益不在同一个范畴时，我们要兼顾两方面的利益诉求；当利益出现矛盾时，我们需要跳出矛盾之外予以协调，而不是片面地追求统合。

第五章"大学组织权力政治中的博弈"。政治意味着利益之间的影响与调节。组织政治中的交换行为指每一个参与方在表达、选择自己行动策略的同时，实际上已经在默式谈判中交换了彼此的想法。政治视角的假设是：利益相关者，持久的差异，权力，以及联盟、谈判等实现权力影响的方式。组织政治中的利益是分析任何组织情境政治维度的出发点，可以分为工作的利益、事业的利益以及个人的利益。这些利益通过组织中主体的身份来表达。作为组织政治中的工具性维度——权力源自利益的存在并影响着利益的分配，它说明谁得到了什么、何时得到和怎样得到，在组织政治视域中处于核心地位。权力的可能性来自相互作用的不平衡，并在利益主体的身份表达中体现出来。首先，身份表达提供一种"依赖性"的暗示；其次，身份表达具有前瞻性；最后，权力关系双方身份的确立并不是一成不变的。从对大学组织权力的语义辨析中可以发现：当前权力研究的批判者借助自我建构的权力话语和体系，试图充实、完善大学组织的权力理论，然而批判以后的权力理论重构依然建立在语义不清的基础之上。所以，权力概念的语义阐释必须从相互平行的定义方式出发，以问题为导向，形成"主语式"的大学组织权力。

在大学组织权力主体的博弈中，摆脱"囚徒困境"的纳什均衡可以通过权力主体无限次重复博弈的形式实现合作（帕累托最优）的结局。大多数利益的获得或者权力的体现都与联盟的形式密切相关，联盟作为组织政治生活的一种形式，是利益主体为了追求个体效用最大化而采取的手段。在大学组织政治生活中，"关键成员"不仅仅指高层管理人员，在有些情况下，所有参与的局中人都可能成为关键成员。这一思想在委员会的决策机制中得到充分的体现。大学中各个委员会经常采用的投票权分配方式忽视了关键成员的作用，导致参与式民主和授权的幻觉，而恰恰是这样的幻觉掩盖了更深层次组织变革的需求。经过对案例中大学教授评议会里夏普利值的测定，本研究得出两个结论：第一，评议会中某个学院的教授席位不是根据该学院的教授数量设置的，而是根据权力指数做出适当安排；第二，制度设计不是告诉某一方要"尊重"另一方，而是利用隐蔽的博弈规则达到"尊重"的目的。

谈判是大学组织权力政治视角下的另一类现象。谈判中的价值创造指理性的双方通过关注彼此的核心利益，可以找到使双方达成默契的解决办法。大学组织变革中常常提到的"核心利益""标杆思想"作为博弈的聚点，在学术逻辑中的生命力远不如在博弈分析中的生命力。谈判中的价值索取关注讨价还价的过程，利益主体一方限制了自己的选择，反而可以在谈判中获得先机，或者通过"反向制约"的策略，使利益主体的另一方无法拥有这种先机。在大学组织中，经常出现一个主题范畴下的博弈引发了另一个主题范畴下的博弈现象，这是"不虞效应"的延伸，我们需要用更宏观的视野审视组织中各种"谈判"的博弈过程，从中找到相应的解决问题的方式。

第六章"多维视角下的大学组织重构"。多元论思维意味着从不同的视角可能得到各具特色的见解。本研究中的三个视角既从各个学科的精华中汲取营养，又与博弈的分析范式紧密联系在一起，沿着利益、选择、均衡的路径解读大学组织变革中的博弈现象。本研究中的 P 学院位于具有多元文化色彩、有"东方拉斯维加斯"之称的小城澳门。通过个案分析可以发现，P 学院的组织变革实践在价值、结构、权力政治三个视角下存在难以割裂的联系。P 学院依附于政府和社会的价值取向，决定了其按照政府模式采用公共行政的管理制度，这种价值取向对学院内部的工作任务和权利的分配具有指向性。P 学院之所以一直采取"集权"的模式，跟澳门社会的整体特征有着很大的关系。如果将期望均衡定位在基层学术组织的努力进取上，那么无论是在集权还是在分权状态下，学院和基层学术组织的策略选择都能做出适当的调适。从实体权利的分配转向群体互动，笔者发现 P 学院中的群体利益在许多方面存在着一致和冲突。在教学与研究人员针对晋升问题产生的矛盾中，以及学科结构调整、院系设置等具体组织变革的场景中，都反映了利益之间的博弈，而"标杆思想""核心利益"等俨然成为博弈的聚点。

博弈的分析范式能够发现大学组织实践中许许多多"均衡失范"的成因。观察到"均衡"可能只是发现了问题，而提出"期望均衡"才为解决问题指明了方向，在"期望"的指引下，经由理念、行为策略、得益的调整，最终形成大学组织的良性运行秩序。按照博弈的思路，基于前面对研究问题的分析和解决，本研究最后总结了形成大学组织良性运行秩序的一般策略模式。第一，聚点均衡。大学组织实践过程中聚点的形成主要通过一种动态的过程来完成：一方面，利益主体在期望均衡的指引下不断调整聚点；另一方面，利益主体在连续的动作与反应中，最终形成"核心利益"或"标杆思想"这样的稳定聚点。第二，走出困境。走出大学组织变革中的困境，利益主体需要遵循制度化的过程——根据博弈均衡结果在自我维系和帕累托改进中形成完整思考，或者通过重复博弈实现合作理性。第三，亦此亦彼。面对博弈中的协调问题，利益主体不能非此即彼，而要亦"此"亦"彼"，通过大学组织变革中的协调策略，找出彼与此之间的关联，依据博弈的机理构建合乎逻辑的秩序。

第二章 博弈论视野下的大学组织

第一节 大学功能的历史寻根：
一种博弈的分析

具有现代意义的大学起源于西方中世纪，迄今为止已经有800余年的历史。让人感到惊奇的是，在其他组织几度消沉兴起之际，意大利的博洛尼亚大学、法国的巴黎大学、英国的牛津大学和剑桥大学等中世纪最早出现的大学，历经无数王朝、政府的变更，仍旧屹然存在并彰显出巨大的生命力。即使在美国这样的后生国家，哈佛、耶鲁等大学也已存在了几百年。这不由得使我们产生疑问：大学基业缘何长青？同样作为组织，为什么大学没有被历史的潮流吞没或者被其他组织取代？回答这个问题可以从大学的功能、理念入手。正是因为大学拥有学术的根基，以及由此而保持的学术自主的特性、价值的永恒，大学才能够屹立于历史的长河之中，经久不衰。诚然，大学是一个极具生命力的组织，然而大学的生命及发展与环境息息相关。如果把历史作为大学功能演变的载体，那么我们将不难发现，大学功能的历史定位是大学与环境之间相互博弈的结果。

中世纪以来的大学曾经被红衣大主教纽曼定义为提供博雅教育、培养绅士的场所，他认为大学的目的在于"传授"学问，而不在于"发展"知识。他所说的"如果大学的目的在于科学与哲学的发明，那么，我看不出为什么大学应该有学生"至今意义深远。纽曼把整个论述的逻辑起点定位在他对大学的性质所做的解释，以及对知识整体的抽象认识的基础之上。他认为，"知识是一种心智状态和条件"，对知识的追求必然是一种精神追求，"知识本身即为目的"，而精神追求的最大目的正在于精神本身。事实上，从大学诞生之时起，人们就能感受到纽曼所说的大学"育人为本"的理想。中世纪的大学在诞生之初"不是一块土地、一群建筑甚至不是一个章程，而是教师和学生的社团和协会（行会）"（贺国庆等，2003）[46]，它与拉丁文中的"universitas"相对应，常常用于表示一些合作性的团体，如手艺人行会、自治团体以及教师或学生行会。作为行会的大学组织在开办之初就采取教师给学生传道授业的方式，由于没有固定的地产，大学在这一时期极富流动性，可以通过迁移、交涉等形式抵制外界的压力。此外，行会的构成缘自教师的自觉意识，教师努力结成自主行会，所以行会属于"自发"诞生的机构，加上后期教皇、国王以及公社授予大学的特许状，中世纪的大学享有高度的自治和学术自由。"大学行会能够掌控人员录用、有权确定其内部机构的章程、有权要求其成员做遵守其章程的宣誓……拥有选举官员的权利，保证其章程的落实，并代表行会面对外部权利或为大学进行诉讼。同时，每一个行会应当持有一枚印章，作为其自治的象征，确认其行为。"（韦尔热，2007）[27]此时，尽管大学仍是教会的机构，大学的利益相对内向。当时的教皇乌尔班五世（Urbain V）对于接受教廷资助的学生具有清醒的认识："我相信，不是所有我培养的人都会成为教士。许多人会做教士或世俗教士，其他一些人将留在尘世，成为家庭之父。然而，无论他们选择什么，甚至从事体力劳动的职业，学习对他们来说总是有用的。"（韦尔热，2007）[87]由此可见，中世纪大学受到的世俗干扰相对较小，因此大学建立之初所具有的"培育"人的功能才得以凸显。更何况纽曼主教一直对"牛桥模式"中的学院制鼎力推崇，认为大学的目的在于对人的"性格塑造"，大学是一个"教学"的场所，是一个"培育"人才的机构，也是一个保存文化传统的地方。大学的这一人才培养功能至今仍是大学功能之根本。

　　进入 19 世纪，在德意志，大学的功能又有了进一步的发展，这要归功于当时的文化、政治背景。一方面，法国大革命的榜样启迪了德国的民族意识，德意志民族的共同文化逐渐形成；另一方面，1806 年普鲁士军队在耶拿战场上大败于法国，使得文化的民族主义转化成政治上的民族主义。（贺国庆 等，2003）[190] 有志之士开始反思德意志在政治、军事、社会等方面存在的问题，其中大学教育也是重要的一环。从大学与环境互动的角度来说，当时的大学适应外界诸多变化的能力明显不足，已经不能满足国家民族在军事、科技等方面的利益需要。耶拿之败只是导火索，大学的变革还源于大学对于环境变化的反应。在洪堡及阿尔托夫等人的推动下，柏林大学率先改制，摆脱中世纪的学术传统，倡导大学的新理念——"以大学为研究中心"，教师的首要任务是从事创造性的学术工作。洪堡大学的指导原则同时强调"教学自由""教学与科研相结合"。美国现代大学理念的先驱弗莱克斯纳在《现代大学论》一书中系统阐扬了德国大学的新理念，他肯定研究对于大学的重要性，明确发展知识是大学的重要功能之一。但是，他并没有轻视大学的人才培养功能，因为成功的研究中心不能替代大学。虽然科学研究作为大学的职能在 19 世纪的德国得以确立，但是当时并没有过分强调学术对于环境变化的适应性，相反，当时的一些思想家还提出了"大学完全独立于国家""思想自由和思想独立""大学不能成为风向标"等观念。这又是为什么呢？实际上，这些理念的出现依然与外部环境相联系。德国在环境的触动下体验到的是一种对权威的屈从，教育之所以要变革，不仅是因为科学技术落后，需要将科学研究的职能推到首要的位置上，而且是因为要想从一种被压迫、受欺凌的环境中解放出来，必须培养一种完全自由、不屈不挠的精神气质。大学也要如此，"应不时满足社会的需求，而不是它的欲望"（弗莱克斯纳，2001）[8]，施莱尔马赫、费希特、洪堡、雅斯贝尔斯等思想先驱都在积极贯彻这一信条。

　　大学功能的第三次延伸源于美国赠地学院的出现。赠地学院在美国历史上是随着工业化、城市化的进程而诞生的，并通过《莫里尔法案》得以推行。经济社会的发展对大学提出的需求，与民族性、政治性需求的相关度较小，这种需求容易堂而皇之地直接进入大学的殿堂。政府作为出资者、管控者，也不可能在政权实力变得强大的同时，忽视任何一个可以为社会服务的环节。国家、社会利益的实现需要找到一个真正能够推动变革的机构。在美国实用主义哲学以及科学教育思潮的影响下，赠地运动的先驱人物极力倡导大学为当地农工、商业等服务，在学院中强调实用的知识和技能训练。所以，在这样的环境下，社会服务逐渐成为大学的又一项功能。前加州大学校长克拉克·克尔于 1963 年在《大学的功用》一书中指出，当代大学应该面对新的角色，新的知识是经济与社会成长的最重要的因素。历史上，知识在指导整个社会发展中从未像现在这样居于中心地位，它足以影响到职业甚至社会阶级、区域、国家的升沉。（克尔，1993）[63-64]随着大学和工业界的关系越来越近，教授至少在自然科学和某些社会科学方面具有了企业家的特点。（克尔，1993）[65]社会学者贝尔（Daniel Bell）指出："大学已变成社会上一个有支配力量的重要制度，它已是社会主要的服务机构，不止训练人才，并且也是政策咨询的主要来源。"因此，"社会对大学知识生产的要求是前所未有的，大学也因而成为知识工业的重地，成为社会的主要服务中心。可以说，就因为这个现实，大学的角色和理念都有了变化"（叶至诚，2002）[19]。

　　历史在发展，大学的功能也在演进。经过数百年的历程，大学已经具有了人才培养、科学研究以及社会服务三大功能。这些功能并不是随意的、偶然的产物，而是大学与环境相互博弈的结果。我们看到的不是后一个功能否定前一个功能或者三个功能此消彼长，而是大学功能内涵的不断丰富。如果在大学和环境之间建立一条线段，大学的三大功能会按照从左到右的顺序排列，其中导致功能重心转移的因素则是利益的需要。当利益偏向于大学自身之时，知识的张力会紧绷起来，强调对于人才的培养；当利益在大学与环境之间处于平衡位置或者外界有不同的需要之时，知识的张扬可能处于内敛状态（纯粹的学术研究），也可能发散出去（高深学术成果的转化）；当利益偏向于环境，并且大学的选择也有利于满足环境的利益需求之时，大学则会强调一种即时性的社会服务。今日的大学已不是纽曼心中的"书院式大学"，也不再是弗莱克斯纳笔下的"现代大学"。当然，它是不是克尔所说的"多元化巨型大学"（multi-university），我们也未敢下定论。大学的多元化所指向的绝非单纯地理意义上或物质属性上的多元，而更多的是指大学功能的综合性和互动性，大学是"边缘"和"中心"的结合体。

第二节　大学组织中的利益界说

大学是一类独特的组织，它与其他社会组织的不同之处，集中表现在理念、功能上，这些理念和功能也是大学组织发展变革的信念源泉。在一般的理论分析中，我们往往只关注大学功能在现实中的实际演进，而从大学与环境互动的角度切入，能使我们深入探究大学功能演进的缘由。在考察大学功能发展的过程中，"利益"一词进入本研究的视野，大学功能的取舍以及大学组织的发展变革，或许能够从利益取向上找到答案。

一、需要与利益

在现实生活中，人们常常将利益与需要等同起来。实际上，按照苏联思想家季利根斯基的理解，需要和利益是分属两个层次的概念，"人们要的是什么……人们关心什么"。他在评价中摆脱了跨学科对于"需要"理解的歧义后，首先提出"存在的外部条件与主体的内部结构成分之间的矛盾是'需要'的基础"，然后把"需要"定义为对行为的刺激，强调"需要主体对外部环境条件的积极的、选择的关系"。（季利根斯基，1987）上述定义表明，需要表现为人与外部世界（客体）的关系，是主体对客体能动关系的内在化。辛敬良则指出："需要包括人自我意识到的需要（明确的愿望、理想等），也包括人尚未明确意识到的需要（本能、意向、习俗等）。"（辛敬良，1988）本研究之所以要介绍以上两种对需要的理解，是为了说明：一方面，需要是矛盾的产物，并非每一种需要都是客观能满足的，在矛盾运动中，需要具有马斯洛所说的层次的递进性；另一方面，季利根斯基所说的需要对外在环境条件是积极的、选择的，这与辛敬良所指的两种意识状态下的需要有矛盾之处。笔者认为，这一分歧完全可以从一般的感性认识中得到解释：需要来源于主观意识，虽然这种意识可能是在一定的社会关系中形成的，也可能是主体的本能反应（先验存在的反应），但是人们主观上未必会对这种意识加以选择，也就不会与外部条件建立一种积极的关系。可以肯定的是，需要是驱使人活动的内在原动力，主体未必会本能地进行选择，但选择的产生却必然源于需要。需要既受现实世界的规定，又对现实世界做出规定，以此推动人们进行各种物质的和精神的活动。

要对"利益"下定义，有着方法论上的困难，除了因为利益和需要一样可以从不同学科的角度加以解读，还由于我们对利益的本质有着模糊的认识。一般认为，利益和需求密切相关，但是利益和需求不同，就像每一个人都有形式不同的冲动和欲望，但是并非所有的欲望都符合他（她）的利益一样。如有人要抽烟，这是一种需求，但是同时他（她）也承认抽烟不符合自己的利益，因为它危害健康。由此可见，利益表现为对人或群体的有益性，而欲望则有好有坏，是一种纯粹的情绪反映。（郝希曼，2003）[35]从词源学的角度来说，"利"和"益"本是两个具有独立意义的词。按照《说文解字》的解释：利，和然后利。也就是说，人与人之间、人与物之间和谐共处才值得称道。此外，古文中常把"益"字解作"富裕"，而富裕即为好事。后来，两个字在长期的日常生活实践中结合起来，形成"利益"一词。在中国古人看来，利益就是人们为了需要，而通过社会生产或者以和谐交往为主所得到的好处或者所拥有的资源。（张江河，2003）[2]

从上面的分析可以看出，关于利益的理解来自两个方面：一方面是纯粹主观上的解析，往往和欲求紧密相连；另一方面则是客观上的理解，把利益看成实际得到的东西，即一种好处或拥有的资源等。实际上，利益和需要一样，应该在关系范畴中加以理解，尤其在跨学科的视野下，我们不需要将简单的冲动和实实在在的东西一起摆在面前加以区分。理解利益的最好方法就是在关系的发展中进行解读。有时，我们可能发现一件符合自身利益的事情，很快就消失了或者能够持久地保留下来，那是因为利益本身没有绝对性，无论是在主观上还是在客观上都会随着时空的转换而发生变化。总之，要在关系中理解利益，包括主客体之间、主体与主体之间、客体与客体之间的关系。本研究认为：**利益是关系范畴中主观上的偏好**。当然，在更深层次上，利益关系和利益的满足还要在过程中加以体会才比较全面，因为"利益关系和利益的满足是一个动态的过程，满足了的利益（或者说获得了的利益）是利益实现的结果和终结"（郝云，2007）[52]。利益的存在性、连续性以及持久性，要求我们必须考虑时空的因素，利益的生成和实现总是离不开一定的时间和空间范围。

二、利益的生成与表达

强调利益的主体、客体、关系范畴以及时空范围并不意味着利益是先天存在的，利益的生成从来不是无缘无故的，总是有一定的来源和背景。由于人永远不可能生活在真空当中，利益的主体性必然体现在与环境的互动中。奥塔·锡克认为："利益是通过环境对主体的一定系统的影响而产生的，并表现主体对这种环境的主动关系。"（锡克，1984）[263]在这样的背景下，人们主动考虑环境对主体的各种影响，然后表达自身的利益。一般情况下，对主体利益影响较大的是制度性的约定。组织建立许多规范化的制度条文是为了实现公共的利益和目标，这同时激发了组织中的个体对自身利益的诉求。无数的实例也说明了这些具有约束力的制度条文对个体利益的生成会起到推动作用。当然，如果这个世界上所有的制度约定都不存在，那么人们的利益将完全依靠个体主观的偏好进行选择。所以，我们依然不能忘记自然需求引导的利益，应该说，主体自然生成的利益和制度推动的利益并不矛盾，它们共同交织在我们的生存空间里。

　　叶富春总结了利益的五大特点：主体性、客观性、社会性、历史性和多样性。（叶富春，2004）[14-17]如，马克思主义哲学提出，人的本质在其现实性上是一切社会关系的总和。从这一理论出发，主体离开了社会关系，利益也就无从谈起。于是，社会性成为利益的主要特点之一。除叶富春总结的特点之外，我们还需要进一步探讨利益生成、表达过程中的一些关键性特征。

　　其一是利益的不确定性。利益的不确定性不仅仅是指利益的多样性。在人类多种需要的基础上会产生多元化的利益，从而可以区分出利益的不同类别。然而，就个体利益或群体利益而言，不确定性也显而易见。一个人在拥有利益的同时，可能并不会想到利益也会随着时间、空间的变化而改变。向往美好的事物和憧憬美丽的前景可以看作利益的起点，然而一些偶然的因素会把利益引向其他方面。主体本身也是利益不确定性的主要原因，"在其具体个性、细节和形式上不完全同样的各个人的具体利益是不可避免的。这种具体利益将同某个人的多种个人利益一样得到发展，同时在各个细节方面也将发生变化"（锡克，1984）[269]。在客观和主观因素的左右下，利益的不确定性变得愈加明显。

　　其二是利益的被导向性。被导向性也是不确定性的一个原因。因为利益受到导向的驱动比较突出，所以本书在此单独讨论利益的被导向性特征。人类诞生伊始，利益可能并没有现在这么复杂。由于对于食物的需要是每一个人的基本需要，当一个人挨饿的时候，他就会产生"对于食物的利益"。随着社会的文明进步，人类的利益不仅变得多样化，而且会根据需要产生更高层次的利益，如各种文化的利益。但正如前文所说，利益受到的驱动力很强，这种驱动力包括强制性的，也包括自然反应的，两者都有可能使利益变得具有"暂时性"。一个人"对于食物的利益"在饥饿的时候会非常强烈，一旦吃饱了，这种利益立刻就降到了最低点。而到了第二天，利益的转移又会自然地发生。很多大学通过强制性量化考核对教师的科研成果提出要求，一旦量化奖惩的指标确立，教师的利益导向就会集中在发表论文、争取重大项目上。这些利益往往体现了个人或者群体的一些即时利益，当个体长远的利益与即时的利益发生冲突时，现实中更容易表现为即时利益优先，并且常常把这些即时利益作为长远利益的铺垫。虽然我们在理论上能够认识到长远利益的重要性，但是制度的导向性往往使我们仅仅关注当前。整体看来，利益的被导向性主要由自然或者制度引发的即时利益所决定。

其三是利益的比较性。有一种理解利益的方式是：用主观和客观相统一的观点看待利益，即利益的内容是客观的，其表现形式则是主观的。这种方式将利益的主观性和客观性相统一，并且也暗含了主体和客体的关系。利益一方面与主体的需要有关，另一方面又表现出一定的客观属性。利益还有另外一种理解方式："人们实际得到的满足作为利益就会把诸多对主体有用的、有价值的东西看做利益的唯一，而事实上利益的一个重要的关注点应该是人际间的比较。因为判断利益得失，不只以实际占有的物质的多少来衡量，更在于与社会利益和他人利益或利益关系的比较上。"（郝云，2007）[1]利益从生成到表达都离不开比较，尤其在同一个目标范围内，公平、资历等不同的比较要素都可能使主体的利益减少或膨胀。如一个教师在评上教授前，认为教授职称是他（她）的最大利益，然而评上教授以后，他（她）可能又会看到周围还有一些更加值得攀比的教授。

其四是利益的互动性。作为关系要素，利益本身就存在着主体和客体之间的互动。就主体利益而言，主体和环境之间的互动是利益产生的根源。此外，利益具有比较的特征。在利益主体进行比较的过程中，其利益一旦确定就会与其他利益产生互动。主体在利益的驱动下进行选择时，不可避免地要受到其他主体利益的影响，即使在不完全信息的状态下，我们也能够感受到这种影响。

三、大学组织中的利益：超越"经济理性"

利益在生成与表达过程中具有以上几个典型特征，大学组织同样具有这些特征。在组织前面加上"大学"两字，从字面上已经将其与"公司和企业组织""政府组织"等区分开。实际上，大学是一个具有独特内涵的组织，英国著名学者哈罗德·珀金从历史的观点指出："大学是一个独特的既分裂又分权的社会的偶然产物"（克拉克，2001）[27]。虽然大学的产生是偶然的，但是它的生命力却极其顽强。在历史的进程中，大学为了适应文明社会而演进成为培养高级人才、研究高深学问、探求知识奥秘的机构。培训机构可以培养人才，但是它仅仅限于技能的训练，并不像大学那样在思维、品质、文化上强调对人的陶冶，更不将高深知识、文化的传承和保存作为己任；科研机构也追求学术的创新，但是却不把普及人类知识、提高全民素质、创造育人氛围等作为自己的使命；公司和企业中的研发一般是指建立在已有知识基础上的应用与开发，鲜有原创性的科研成果，其本质也与大学的研究有很大的区别。所以，学术性是大学的本质属性，并且围绕学术所产生的一系列行为、职能的综合体俨然成为大学区别于其他社会组织的特征。

在大学中讨论利益问题，并非指大学中的利益如同置身于"世外桃源"一般，"不食人间烟火"。相反，大学中的利益和社会中的利益有着同样的特征。大学一旦被戴上"学术"的帽子，总是给人一种遥不可及的感觉，世人赋予大学的期望也就更高。社会上那些被人"看不惯"的事情一旦发生在大学里，往往更加容易让人反感。"神圣""清高""孤芳自赏"等词汇，是建立在大学基本学术价值基础上的对大学的描述，意味着大学向往自由、追求和谐，然而，在社会大众的视野中，现在的大学似乎已经走向了另一面。

《人民日报》调查：大学排行榜真有"潜规则"？

一年一度的高考又要开始了。每年这个时候，各式各样的大学排行榜，总会吸引考生和家长的目光。同时，不断有人对大学排行榜提出质疑，更有大学校长公开表示，曾有排行榜制作机构找上门索要"赞助"，排行榜存在"潜规则"……近日，记者接到一位知情人提供的线索，称某某大学曾于2004年和2006年先后两次邀请中国大学评价课题组负责人某某来校作讲座，随后两次给某某方面汇款数万元。此后，该校在中国大学评价课题组发布的《中国大学排行榜》中名次上升，从2004年的第116名上升至2007年的第92名，此后又逐渐下降至2009年的第103名……（赵亚辉，张炜，2009）

此报道一出，网上立刻掀起了沸沸扬扬的讨论。"中国大学排行榜潜规则解析：排行榜该怎么排？""一流大学不是排出来的""教育部称不支持大学排行榜，反对赞助行为""大学排行榜真没教育部啥事？""大学排行榜可以用钱买""中国需要一个大学排行榜"等标题引人深思，各界人士围绕事件的始末缘由展开激烈的讨论。一位网友的发言引起了笔者进一步的关注。

关于"赞助费"：某某大学在利益斗争中的失败

就在这几天，关于大学排行的讨论在网络上很是热烈。这些讨论，最开始是由《人民日报》的一篇文章引起的，其中报道了某某大学曾于2004年和2006年两次邀请"中国大学评价课题组"负责人某某来校讲座，随后两次给某某方面汇款数万元一事。5日，学校发表声明，称确有向某某汇款，但费用均与"排行榜"无关，而是校外学者的咨询费。而某某本人也拒绝承认收取过"赞助费"。

总之，口型是对上了。但外界的质疑不会因此停止。天大校长龚克公开承认曾经拒绝以"赞助费"的形式提升排名，向众人明示了这一"潜规则"的存在。想必大家早就知道这一事实，只是不愿记起或没有记起。这一次的风波却提醒我们在和谐、温暖的景象背后的事实。

事实事关利益。学校是不是真的向某某交纳"赞助费"，我们并没有得到确切的答案。但是我们越来越相信潜规则的存在了。潜规则曝光是迟早的事，但在它被更深入调查之前，却只有某某一所高校被"知情人士"披露出有这样的行为。不得不说，某某大学是在利益斗争中失败了。

既然是潜规则，那必然是普遍现象。……我的第一反应，不是和教育相关，也不是和大学相关。而是想起了记者分"封口费"的事。（当）其他记者都分到封口费时，如果有几个（人）分到更少或没够数，或者根本没有，那他可能会以正义的名义将封口费想要封住的事情写成新闻。

某某大学的失败，可能就像那些想给封口费的失败者。排行榜的那位负责人说："一旦与大学开始项目合作，合作双方就有了共同的利益。在共同利益的驱使下是很难保持中立的。"这是关于这次事件的报道中，被我认为最透明的一句话。没错，利益，是合作的关键词。

……

很明显，在利益斗争发生的过程中，我们这些普通人得到的信息有太多是被过滤掉了（的）。这让我们时不时产生这个世界很干净的错觉。当我们一旦发现利益斗争的存在，却又看不清的时候，便变得焦急了。于是我们不想让它发生，以影响到我们自身的利益。可是人们有什么力气去让自己的利益变得实在呢——人们只有观望。（佚名，2009）

"利益斗争"一词用在这里显得有些突兀，情况是不是这样，这位网友自己也未敢言明，但笔者隐约地发现了一些与利益特征相关并且我们根本没有必要回避的东西。实际上，这位网友的发言再一次验证了利益具有被导向性、比较性和互动性等特征。如果在大学中我们也能验证利益的这些特征，那么正好可以回应前面的结论——大学中的利益与社会中的利益一样，也具有利益的普遍特征。仅仅如此，我们依然没有概括出大学组织中利益的全部特征。大学本质上是做学问的场所，围绕学术性特征而建构起来的人与人之间、人与组织之间、群体之间的关系具有特殊性。我们在考量大学里的一些急功近利、寻租造假现象的同时，也不能忘记一些个人或群体在似乎本应进行"经济理性"计算的时候却并没有这样做，而是坚持了学术原则，就像当处罚与得益相比微不足道时人们没有选择欺诈偷盗一样。致力于学术真理的探索、在知识的海洋中激流向前的学者比比皆是，"板凳愿坐十年冷""十年磨一剑"的学术精神也并没有像现在有些文章所评价的那样悄然退隐。

面对阻碍却依然去想像、探索，总是能离开中央集权的权威，走向边缘——在边缘你可以看到一些事物，而这些是足迹从未越过传统与舒适范围的心灵通常所失去的。边缘的状态也许看起来不负责或轻率，却能使人解放出来，不再总是小心翼翼行事，害怕搅乱计划，担心使同一集团的成员不悦。当然，没有人能够摆脱牵绊和情感，而且我在这里所想的也不是所谓的独立自由的知识分子，其技术能力完全待价而沽。相反，我说的是：知识分子若要像真正的流亡者那样具有边缘性，不被驯化，就得要有不同寻常的回应：回应的对象是旅人过客，而不是有权有势者；是暂时的、有风险的事，而不是习以为常的事；是创新、实验，而不是以权威方式所赋予的现状。流亡的知识分子回应的不是惯常的逻辑，而是大胆无谓；代表着改变、前进，而不是故步自封。（萨义德，2002）[57]

萨义德在《知识分子论》中用专章描述了一类作为边缘人的知识分子，这类知识分子真正关心的是知识和自由，但并非用抽象的方式，而是依赖于真正的生活体验。他们的利益倾向正是建立在这样的基础之上的，并不需要摆脱全无"居所"的焦虑和边缘感而得到些许短暂的舒缓。所以，"大学已经不再纯洁了""学术人员受到了价值污染"等说法当然不能反映大学的根本。正像我们常常谈论的学术人员的流动一样，作为边缘人意味着能够脱离寻常的职业生涯。所谓"干得不错"和"跟随传统的步伐"是这类寻常职业生涯的立身之本，学术人员在这样的环境里思维受到桎梏，越来越缺少创新精神。流动则意味着学术人员成为一个边缘人，在新的环境中需要重新开始，历练自己。"边缘人"思想也许在非学术人员的身上得不到体现，因为工作的特性决定了他们只需要面对现实功利生活的考验，在一个不需要创新性思维的环境下，类似的磨炼并不会起到事半功倍的效果。但是，对于学术人员而言，如果在体验流动中的那份孤独之时，不把它当成一种损失或者一件悲伤的事情，而是当成一种自由，一个依自己的兴趣取向做学问的发现过程，那么，伴随着吸引自己注意的各种兴趣，伴随着自己设定的特定目标，孤独终将成为属于自己的乐趣，成为一种利益驱动。这样的利益扎根于学术的环境，尽管其处在一种被迫的状态和被激发的热情之中，我们仍然注意到，大学中的这种利益有着超越经济理性的一面。

关于超越经济理性的利益取向，不同学科都有着各自的见解，如新制度经济学的代表人物诺斯就提出要考虑到意识形态、价值观对人们的实际影响和作用。而在高等教育领域，同济大学原校长万钢就坚持认为：大学不谋求自己的私利，大学不谋求成为一个利益集团。他在《百年同济，大学对社会的承诺》中指出："校园是社会进步的思想库，是创新理念的发源地……和而不同是中华文明的哲学精髓，科学进步的灵魂也在于不同思想、不同观点的碰撞。……我们鼓励创新，宽容失败，让平等、自由、和谐的氛围浸润校园的每一个角落。"（万钢，2007）按照利益的定义，可以认为大学具有利益群体的特性，不同的利益群体公平地表达利益诉求，构成了纷繁复杂的利益图谱。大学何为？自然是"独立之思想，自由之精神"，这也是迄今为止已经获得人们共识的大学的最大利益，当然也应成为大学及其内部成员的"共同态度"。不论外界环境如何，大学都会在利益日趋复杂的社会中提出维护大学独立与自由精神的诉求。

由此可见，大学中的利益不仅具有理性经济人追求个体物质、经济等利益最大化的特点，而且也会在价值观和学术信念的引导下呈现出超越经济理性的特征，并且大学中的这种利益特征建立在学术环境的基础上，代表着对学术知识本真价值的憧憬和向往。

实际上，在公共管理领域，也一直存在着几种人性假设。第一种是以追求公共利益为主要行为动机的"公共人"假设。这种假设摒弃了人"自私"的一面，认为公共机构的人员有着崇高的使命和道德责任感，

"公共领域的任何追求个人利益的行为都是不能够自发地走向合乎道德的结果的，即使有着严格的外在性约束机制，也不会有合乎道德的结果"（张康之，2004）。道德的力量在"公共人"假设的论证中起至关重要的作用，尤其是对道德价值功能的重视，有利于净化公共行政领域。第二种是追求自我利益最大化的"理性经济人"假设。1776 年，亚当·斯密在《国富论》一书中谈及人的自利性问题，在整个 20 世纪，经济学越来越依赖于这一核心假设。随着新制度经济学和公共选择理论的发展，"理性经济人"假设逐渐超越了经济学的边界，进入其他社会科学领域。奥尔森和布坎南的公共选择学说都强调类似的话语：即使在公共领域内也不可能有真正的公共利益，每一个官僚体系中的个体总是基于个人的利益进行选择，他们在进行成本—收益的核算后，追求的是个人效用或者偏好的最大化。布坎南认为：在政治领域内的交换行为，是一种非零和的博弈，在一定交换机制的引导下可以找到与市场同样的运行方式，将人们的交换行为锁定在相互有利的范围内。

以上两种"极点式"的人性假设，为公共行政领域的研究带来不同的分析方法和逻辑思路，这两种人性假设也分别代表了"公共理性"和"经济理性"两种思维判断模式。值得关注的是，经济学在使用"理性"这一概念时，正是由于上述理性观念的二重性，所以常常用"效用"来代替所追求的"经济收益"，试图统合"利己"和"利他"、"经济利益"和"非经济利益"等相对立的概念。尽管如此，"理性"一词在本质上还是试图表达决策行为的根本目标是追求个体利益的最大化。

针对两种极端化的观点，陈庆云等提出了一种"线段式"的思维方式——"比较利益人"。在"线段式人性论"看来，人的行为动机是复杂的、多元的、变化的，是自利和他利的结合，是多种利益诉求的比较与整合。（陈庆云，2005）这种人性观表达的是"自然性、社会性、文化性"三性整合下人的多元利益的结合。实际上，"公共理性"的利益和"经济理性"的利益并非简简单单用"整合"即可说明的，任何一种利益表达都有其环境背景。即使是同一个利益主体，在不同的主题范畴内或者在不同的导向下所表现出的利益诉求也是不同的。所以，我们需要"存异"，而不是"求同"，需要认识到利益倾向的复杂性，而不是将利益准确地定位，否则会在操作中遇到更多的困难，也将面临被"驳斥"的危险。

在大学中即是如此，大学有着各种跟社会一样的利益倾向，这一点在任何时候都不能否认，也根本没有必要过分宣扬或强调。在大学中处处"高标准和严要求"，这既不现实，也不公平。所以，我们对那些为追求私益而急功近利甚至丢弃人格、腐败堕落的行为要嗤之以鼻，同时，也要看到一些学者为了追求学术和真理而摒弃唾手可得的物质、经济利益时所体现出的"非经济理性"的一面。退一步说，学者即使追求个体利益的最大化也是无可厚非的，人永远不可能对自身的利益"熟视无睹"。在一般情况下，我们还是要将利益选择定位在自身的"偏好"或者"效用"上。一方面，在大学组织内部依然要强调理性的基础性；另一方面，与其他组织不同的是，大学组织中超越经济理性的一面同样普遍存在。这就好像天平中的两个托盘分别装有两种特性的利益，虽然类型有所不同，也并不一定在同一问题范畴内，但我们依然可以在天平上发现利益的支撑点。

第三节　大学组织的利益结构及利益行为主体

关于利益结构的概念，叶富春在《利益结构、行政发展及其相互关系》中总结得比较详细，大致有以下几种："'利益结构就是利益的内部构成'；'利益结构是诸种社会单元围绕着物质利益的获得而相互作用和相互关联的网络，是把各个社会单元有机地联结成社会整体系统的基本桥梁和中介'；'利益结构即人们之间的经济利益、政治利益与社会声望利益等相互作用所形成的一种多层次的结构或格局'；'利益结构就是利益主体以及利益主体之间所形成的各种利益关系。它主要是因人的社会需要而产生，并因各种需要和利益的不同排列、组合、分布与流动而表现为不同的层次、模式和类型'"（叶富春，2004）[46-47]。大学组织的利益结构通常是指：**由大学利益主体的各种利益诉求在主体之间或主体相互作用下所形成的利益关系网络，并且围绕不同的主题，主体利益的表现形式也会有所不同，从而形成错综复杂的立体式、交叉式的利益网络构架。**

　　近年来，在国内高等教育研究领域逐渐开始采用"利益相关者理论"来分析大学的治理与制度创新等问题。需要指出的是，现在流行的利益相关者理论中的利益相关者，与构成利益结构的利益主体之间既有联系又有区别。联系在于两者都指出了与大学密切相关的利益行为主体，并且利益主体的行为方式和逻辑都具有各自的特点。区别则在于利益相关者理论中的利益相关者概念强调主体各自的"影响"，是"能够影响组织行为、决策过程、目标以及政策的人或群体，或者是受组织行为、决策过程、目标以及政策影响的人或群体"（FREEMAN，1997）[25]。目前，利益相关者理论可以划分成规范性、工具性和描述性三种类型，该理论表明，支撑大学发展的并非只有大学行政管理者、教授，还要同时关注出资人、学生等的作用。如从规范性角度确定利益相关者的依据是他们在该组织中的利益，而不是该组织在他们那里有多少相应的利益。（卢山冰，2008）由此可见，利益相关者理论强调利益主体的"影响"价值，同时要求组织关注所有的利益相关者，体现出一种"平等"的氛围。本研究中的"利益主体"也是利益相关者，也具有前述的利益相关者特性，谈利益主体意在强调利益之间的相互作用和相互关系，通过动态与静态的分析，说明利益主体之间的状态。并且，利益主体相互之间的关系以及不同利益之间所形成的利益结构，也是从利益角度出发的大学组织变革的基础和策动力。

　　在大学组织中，利益结构在不同利益主体的相互作用下呈现出一些复杂的特征，既存在冲突性特征，也有一致性特征，更多的则是介于两者之间：利益主体各自拥有不同的得益，其关系既非冲突，也非一致，只是呈现出一种均衡状态。当这些利益基本稳定以后，也就意味着利益结构处在一种均衡的状态。在外力的推动下，比如观念、制度的调整，利益结构又会发生动态的转换，从而达到新的平衡。作为大学组织发展变革的动力机制，利益结构为组织提供了运动、发展、变化的能源和能量，反过来，每一个身处其中的利益主体也会思考结构的合理性，通过动态循环的过程不断完善利益结构。

与其他组织一样，大学组织的利益主体可以从群体和机构两个角度进行分类。群体是一个模糊的概念，可以指代性质相似的个体的集合。比如，教师就是一类群体，其脱离了单纯的个体属性，集中表现了从事教学、科研工作的群体的特征。同样，教授也可以指代具有较高学术造诣的一类群体，以此类推。胡赤弟借鉴罗索夫斯基对大学利益相关者的分析，提出了一个由三类利益相关者组成的大学模型：教师、学生、出资者、政府等是大学的权威利益相关者；校友、捐赠者和立法机构是潜在的利益相关者；市民、媒体、企业界、银行是第三层利益相关者。（胡赤弟，2005）他同时将大学行政人员（含大学高级管理人员）视为大学政策的具体执行者，并且认为无论上述三类利益相关者中的哪一类掌握了权力，大学行政人员都代表了这一类利益相关者的利益。实际上，公共选择理论已经否定了类似的分析，因为这种分析混淆了公共机构与公共机构中的具体人群，一个机构所应该履行的职责和工作的范围，并不一定也能够适用于内部的人群。大学行政人员同样是大学的利益相关者，而且是重要的利益相关群体，如果说他们代表了某一方的利益，那么只能说那是基于其自身的需求而做出的反应。现实中，大学校长和大学高级管理层是大学很多领域的利益相关者。在美国高校的董事会上，校长被认为是向董事会提供正式材料（包括信息和行动建议）的主要渠道。校长或其他高级管理人员还要向政府和公众提供一系列的报告。（博德斯顿，2006）[34]另外，校长的主要任务之一就是处理好管理层和政府之间的关系，"高级管理人员（executive）在鼓励学者参与共治上能起到关键的作用，也可以在日益复杂的环境下，有效调解和减少治理主体与学术权威之间的冲突"（TAYLOR，2013）。在学校治理上，大学校长依然处于核心地位。

当轴线逐渐转向侧面时，就成了水平状，一个较少权威的结构出现了。人们更多的是依赖咨询、协商、达成一致意见。在这种结构中存在好几个影响中心，但都没有全局影响力。只有达成一致意见，才会出现全局影响力。每个中心形成自己独立的评价标准，决策和执行的技术让位于说服和协商的技术。校长仍然处于这个过程的中心，然而是作为其他影响中心之间的主要交流者、协商者、说服者、协调者，以及更经常的仲裁者。校长经营一个主要的交流中心，像个主要中介者那样活动，是许多平等成员的第一人。决策有时不是制订出来的，而简直就是冒出来的。(科尔，2008)[98]

在我国，大学党委常委会是大学的最高决策机构，校长在行政工作范畴内也和美国的大学校长一样行使着最高权力。除了大学高级管理人员之外，大学一般行政人员和服务人员也是利益相关者，只是他们的利益选择范围相对较窄。在国外的许多大学，一些员工团体有正式的组织地位，不仅能够得到更高一级工会的认可，而且有权组织起来与大学管理层进行协商和谈判。在中国的大学中，一般行政人员处在科层制的行政体系中，利益表达的空间相对较小，经常处在一种"小不忍则乱大谋"的境况之下。在具体而琐碎的事务中，行政人员更多依靠的是公德之心，同时，在等级化的制度下，行政人员会把耐心细致、和颜悦色等态度视为良好的工作作风。当面对与决策相关的事情时，他们似乎表现得比较乖巧，也不愿过多地发表见解，因为"顶层设计"总是最终确定下来的方案，所以，久而久之，许多行政人员被认为"缺少思想"。行政人员在大学内部主要起到服务的作用，他们的利益诉求一般通过具体而微的工作或者一种强烈的进取心表露出来。由此可见，大学行政人员一定是大学的利益相关者，并且与教师、学生、出资者、政府一样是权威的利益相关者。

　　教师是第二类利益主体。教师的地位源自高深知识的拥有，中世纪的大学就起源于教师对聚集在一起的学生进行宣讲。11 世纪，在巴黎的西岱岛上，"圣母院内院"即教堂周围构建的议事司铎住房中已经存在活跃的学校，教师本身通常就是议事司铎。（韦尔热，2007）[20] 所以，教师在大学诞生之初就曾经掌控过大学。及至当代，大学教师虽然领着学校发放的薪水，看起来只是学校的"雇员"，但从人力资本的角度来看，教师握有重要的知识资本，缺少了教师，尤其是学术水平较高的教授群体，大学这部"加工的机器"根本无法正常运转。教师群体就是推动"生产"的加速器，与其他利益主体一样拥有重要的"资本"，也是大学中极为重要的利益主体。

　　学生是第三类利益主体。中世纪的博洛尼亚大学曾经被誉为"学生的大学"，学生掌握着大学行会的重要权力，甚至能够决定教师的任免。虽然在很长一段时间里，学生实际上成为"弱势群体"，但是不可否认，在成本分担理论下，学生（家长）也是出资人，他们的利益同样应该受到重视。近年来，消费者理论的盛行更是强化了这种趋势。

　　有些大学象征性地安排一名学生代表作为有投票权的大学董事，以此表明对学生利益的重视。其他一些学校则让学生代表参加董事会但没有投票权。无论是否参加董事会，学生们如今都可以在诸多的政策问题上发表自己的意见。在 20 世纪 60 年代的大学危机时期，学生团体渗透到各个大学，通过群众运动方式发展分支组织。到了 90 年代，学生游说团在州立法机构中也有了一席之地，他们代表着学生的立场，寻找有利于学生的利益杠杆。在大学内部的参议会上，学生组织和学生报纸对大学诸多管理事务发挥作用，并通过学校管理部门直接或间接地影响董事会。（博德斯顿，2006）[33-34]

　　学生的利益还来源于对知识的渴求。哈佛大学的选修制就源于学生对学习不同领域课程的利益表达。1828 年耶鲁大学发表《耶鲁报告》，反对学生选修自己感兴趣的课程，但在学生的呼吁下，选修课制度被保留下来，学生的利益最终得到了满足。

学生们对于学术问题的影响比通常认为的要远为重大。选修课制度有助于他们决定大学的哪些领域和学科将得到发展，他们的种种选择，像消费者一样，引导着大学的扩展和收缩。这一过程远远优于由生产者决定的更为僵硬的行会系统。（克尔，1993）[14]

实际上，尊重学生的利益表达也是大学教育质量提高的有效途径。伴随着国际化进程，在愈来愈重视以结果为导向的学习过程中，只有提高学生的兴趣，才能有效实现学习目标。

出资者是第四类利益主体。私立大学的经费如果来源于公司、企业、慈善机构、社会团体，那么出资者必然拥有对大学的发言权，其利益也应当受到维护和尊重，大学出资者可以根据自己的喜好而改变权力平衡。当然，政府也属于大学出资者之一。关于政府和大学的关系，国内常常使用"宏观调控"一词，在这样的语境下，可以联想到一种超越个体利益之上的公共利益的表达方式，即在大学组织的发展变革中，政府与大学有着共同的理想和目标。然而，事实上政府从来不会对大学仅仅采取"宏观"的态度。在高等教育资源极为短缺的情况下，政府作为大学（主要指公立大学）的主要出资者，给予大学的每一项资助都附加着自己的利益。"新的现实利益出现了，它们必须加以权衡，甚至是对朋友也是如此。这是管理规则的精华，但是这并不意味着政府可以说谎或者不负责任。……更确切的真相是：政府就是政府，你对它的期望过高或期望它有所不同，只会误读它的特征，给自己带来极度的失望。"（罗森兹威格，2008）[69]清楚了这一点，我们就会知道政府也是大学的重要或权威利益相关者。政府作为利益主体，除了像经济学中分析的那样——"谁付费，谁点唱"，也拥有自身的利益。所以，大学不要总是抱怨政府对大学削减预算，也不要认为政府的慷慨资助就像父母发给子女零花钱一样没有任何附加条件。比如，关于政府应该重视基础科学还是应用科学的问题，我们从理论上可以得出两者同等重要的结论，而美国众议院空间、科学和技术委员会主席乔治·布朗在一次会议中的发言却发人深思：

> 我知道你们成为科学家是因为你们热爱科学，而不是因为你们对技术进步和经济增长感兴趣。这确实应该如此。但是作为一名政治家，我必须告诉你们，联邦对基础研究无限制的资助不会再被认为是科学界与生俱来的权利，我必须要提请你们注意，你们今日享有的慷慨支持是开发核武器的一部分附带的结果，而不是因为科学对建立一个更人道的社会贡献巨大。（罗森兹威格，2008）[70]

到此为止，我们并不能得出政府对大学处处"居心叵测"的结论，因为政府作为大学的利益相关者同样有自己的利益表达渠道。假如当时政府的财政税收不是那么拮据，布朗的发言又会是怎样的呢？或许基础科学和应用科学又可以同等重要了。总之，政府的利益诉求并不是什么坏事情，它既控制着大学的发展，同时也引导着大学的取向。2007 年，我国六所教育部直属师范大学招收免费师范生一度成为新闻的焦点。实际上，这体现出政府对大学的慷慨资助，既能培养全社会尊师重教的氛围，也能解决一部分贫困家庭子女就读大学的需求。当然，教育部通过一系列的制度和宣传措施控制了免费师范生毕业以后的走向。在《教育部直属师范大学师范生免费教育实施办法》第 4 条中就写道：

> 免费师范生入学前与学校和生源所在地省级教育行政部门签订协议，承诺毕业后从事中小学教育十年以上。到城镇学校工作的免费师范毕业生，应先到农村义务教育学校任教服务二年。国家鼓励免费师范毕业生长期从教、终身从教。
>
> 免费师范毕业生未按协议从事中小学教育工作的，要按规定退还已享受的免费教育费用并缴纳违约金。省级教育行政部门负责履约管理，并建立免费师范生的诚信档案。确有特殊原因不能履行协议的，需报经省级教育行政部门批准。

所以，政府制定政策的动机永远依赖于观念、意识形态以及建立在事实依据之上的目的。政府的爱和恨从来不是无缘无故的，只要利益表达符合社会大众的普遍理想，其行为逻辑就无可厚非。况且，政府的最终目标必然是公共利益的实现，只不过其采取的方式是引导而不是直接发布指令。在政府实现自身利益的同时，大学的利益也能获得相应的保障，两者在终极目标上保持一致。

以上分析了作为群体的利益主体，我们也可以从实体的角度划分出不同的利益主体。尽管大学组织内部的实体也是由不同的群体构成的，但是由于实体代表了机构自身的利益，并且这种利益表达与群体、个人的利益表达呈现出不同的特征，所以也值得深入探究。如大学组织作为一个实体单位，不仅与外界发生资源交换，而且在价值取向上也会受到外界环境的影响，大学组织在环境影响下的价值选择就具有概率博弈的特征；又如作为实体的院系与院系之间基于资源配置的相互影响，也体现了不同的利益关系特征。

作为实体的利益主体（或利益相关者）处在大学组织结构中相应的位置上。约翰·范德格拉夫从组织层次的角度将一个国家的高教制度分为六个层次：系或者讲座、学部（欧洲的用法，指进行专业训练或包含一组学科的组织单位）、大学、联合大学、州政府和中央政府。（范德格拉夫，2001）[4]从研究大学组织利益的角度，本研究主要考虑大学与外界以及大学内部组织实体之间的关系。所以，结合我国的实际情况，同时考虑大学内部的不同利益实体之间的纵向与横向关系，本研究将利益主体划分为外部组织（包括政府、社会组织等）、大学、院系（基层组织）以及大学内部的各职能机构。这些利益主体在大学组织结构演变、资源配置的过程中，基于各自的利益驱动体现出不同的行为特征，它们之间的相互博弈形成了每一所大学特有的工作场景。需要说明的是，并不是利益的博弈决定了大学组织的各个方面，而是大学组织变革中出现的许多问题和特征都是利益主体相互博弈的结果。

第四节　大学组织变革中的
博弈分析范式

　　大学发展离不开大学组织变革。内外部环境及价值观念的变化，资源的不断整合和变动，既可能成为大学组织变革的动力，也可能成为组织变革的结果。在任何时候，我们都需要关注大学组织的变革。过去的几十年，大学面临过无数次的机遇和挑战，而正是为了应对这些机遇和挑战，大学走上了变革之路。应该说，组织变革是一个比较难以理解的概念，它可以指小范围的简单的累加，也可能是大范围的剧烈的变化。正因为如此，决策者往往感到难以把握变革。一方面，大学组织变革的原因扑朔迷离。外在环境和内部条件的变化、院校本身成长的需求、同类之间的攀比或者一种新型管理理论的应用都会产生变革的要求；另一方面，大学组织变革的适用方法模糊。组织理论家提出了许多变革模型，这些模型也在企业组织中得到了广泛的推广，但是企业组织的变革模型能否适用于大学，至今尚未有人系统地研究。更为关键的是，假设这些模型也能普遍地应用于大学组织，我们还要考虑实施这些模型究竟会带来哪些问题，以及如何解决这些问题。

一、变革模型的神话

　　最具影响力的组织变革模型之一是 60 年前由社会心理学家莱温提出的变革力场分析模型［又称莱温（Lewin）模型］。这一模型包含解冻（unfreezing）、推动、再冻结（refreezing）三个部分。（图 2）

　　力场分析模型中的动力代表组织朝向未来预测状态的驱动力，可能包括外在环境的导向、新的竞争对手或者技术的出现、发展中良好的愿景和使命等。当这些推动变革的外力未曾出现的时候，决策者本身可能引发变革的驱动力，主要指一些进取心强烈的变革推动者视"永不满足"为己任，设立更高的标准，不断追求卓越和创新，进而形成组织变革的

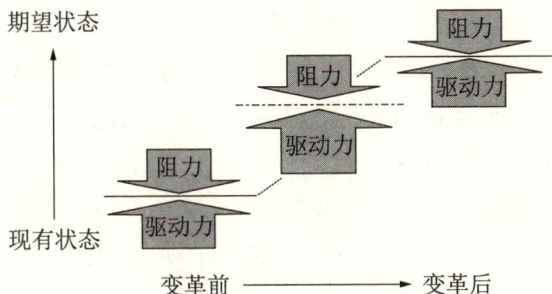

图 2 莱温的变革力场分析模型

驱动力。

　　莱温模型中的另一个方面是代表维持现状的消极抵抗力量。这种阻力在任何组织变革的过程中都有可能出现，通常被称为变革阻力，集中表现为组织中的人或者现时的条件状态对变革产生的自然的或有意识的阻力。而变革的成功则在于两种力量处在不平衡状态，即驱动力大于阻力，这样才会使变革顺利地进行。

　　从过程来说，要想达到有效变革就必须先解冻现有的状态，换句话说，变革者要有意识地造成驱动力与阻力的不平衡，一般来说增加驱动力、减少阻力或者通过两方面共同的调动组合可以导致失衡，进而朝向我们期望的方向发展和改变。（MCSHANE，GLINOW，2009）[315-316] 当组织的期望目标得以实现的时候，即在价值、体制上与期望行为一致的时候，变革者需要导入能够增强及维持期望行为的系统体制及相关条件，也就是进行再冻结。此时必须支持与强化新的角色规范，防止组织退回到原先的状态或者重新强调原有的平衡。

　　从莱温模型可以看出，在半个多世纪前，组织行为学家就已经特别关注到变革的阻力，并把它视为通向变革成功需要解决的关键问题。组织成员采取各种方式抵制变革，包括消极的不服从、抱怨、旷工、离职、共同行动，这些抵制是在变革过程中使问题变得更加恶劣的征兆，所以，领导者需要进行研究调查，消除引起抵制的各种原因。（DENT，GOLD-

BERG，1999）从组织行为的角度来说，组织中的人员有天然的抵制变革的倾向。具体而言，组织成员产生变革阻力主要有以下几个方面的原因：

第一，成本—收益的权衡。与变革的预期和目标相比，组织成员花费的直接成本较高或者未来的收益较低。从他们本身的利益出发，如果变革成功，可能会损及他们的某些资源、个人地位以及生涯发展的机会。

第二，保全颜面。某些人抗拒变革，只是一种组织政治运作上的策略，以证明这样的决定是错误的，或者证明鼓励变革者是不胜任的。变革专家指出，类似"自己不做也看不得别人做"的现象普遍存在。除非形势所迫、变革势在必行，否则某些人绝不会放弃既得利益或做他们不愿意做的事情。

第三，未来的不确定。人们抗拒变革，是担心自己无法适应新的工作规定。这种对未来的不确定和无法把握，增加了个人对损失的风险认知。如大学教师职务晋升制度的制定，势必带来在科研标准上的高要求，这对于一些将大量时间放在教学工作上而科研成果较少的教师无疑是一个挑战。尽管这些教师知道科研对于一所学校未来发展的重要性，但是由于自己无法预知能否胜任，他们可能会抱怨这项变革，甚至会产生直接的抵触情绪。

第四，因循守旧。变革必然会以新代旧，包括观念和行为方式都是如此，这意味着人们不可能再按照原来的思维方式和行为方法来处理问题，原先熟悉的一切将不复存在，他们需要投入大量的时间和精力适应新的环境。所以，组织成员有可能不愿意付出太多去改变现状。

第五，体制上的障碍。奖励方法、信息系统、权力体系、生涯途径、甄选准则，以及其他系统和结构，都既是组织变革的朋友也是敌人。如果安排得当，体制因素与组织成员变革的目标一致，可能使变革更加顺利。但是，如果这些因素与变革的思路不一致，那么将导致原本有热情的人也丧失动力。

以上列举的原因除了最后一个之外，都体现出组织成员基于自身利益而产生对组织变革的抵触。变革者要想减少这些阻力，沿着莱温模型的方向前进，就必须不断地增加驱动力，建立对组织变革的紧迫感。即使组织处在安稳状态，富有创造性的变革者也依然会强调组织变革的迫切性，同时还要减少上面所提到的阻力，其中沟通、学习、员工参与以及压力管理是使用相对成熟的减少阻力的措施。（KOTTER，SCHLESINGER，1979）最后，组织变革需要再冻结变革以后的状态。"人是习惯的产物，所以很容易不知不觉地回到旧有的模式。因此，需要再冻结住新的行为，这需要重新调整组织体制和团队状态，使之符合变革后的期望状态的达成。"（MCSHANE，GLINOW，2009）[322-323]

　　莱温模型具有条理清晰的工作程序，同样适用于大学组织变革。确实，在许多方面（尤其是追求利益的过程中），大学组织与商业组织并没有很多不同，然而，仅仅用莱温模型分析大学组织变革是不够的。

　　首先，变革的参与者被浓缩成了推动者和组织中的成员。大学组织，正如前面所言，是一个由利益相关者构成的结构。组织变革的推动者指的是谁？是校领导、职能部门的领导，还是院长、系主任？一般来说，大学层次的变革推动者可能是指校领导，但是变革毕竟是多层次、多维度的，尤其是在大学这样一个具备特殊逻辑体系的组织中。伯顿·克拉克将大学组织的变革称为"运动中的矩阵"，其特征是：底层厚重，因为大量的思想群体处在基层学科的水平上；权力多样化[①]；在承担知识任务方面，高等教育系统的界限十分模糊；结构的支柱是学科和事业单位的庞大的总体矩阵。正是因为有了这些特征，所以大学组织变革除了采取自上而下的方式之外，还需要采取劝说的、自下而上的、渐进的、边界渗透的或者无形的方式。（克拉克，2001）[124-127]抵制变革的群体可能分布在大学的所有利益主体中。如果要为大学组织设立一个变革模型，其与莱温模型肯定会有许多不同之处，唯一不变的可能就是利益上的抉择。

　　其次，上面提及的变革前提是推动者有意向发动变革，而组织成员

---

　　① 用克拉克的话来说是"多方协调的"，因为各级行政管理层次和基层工作层次上的许多群体都使用不同形式的权力，而且一体化行动的范围很大，从政治命令到市场调节都有。

也具有反抗变革的一面。但是，即使在两者的利益一致的情况下，变革的结果也不一定会令人满意，即利益一致未必能促进高等教育的发展。在一个纵向的变革体系中，即使发动者拿出了一个论证充分的变革计划，也得到了组织成员的拥护，这种变革在利益的驱动下也有可能偏离正确的轨道。对于大学内部高级行政人员提出的变革方案，基层行政人员可能采取各种手段予以抵制，即使他们处在科层体制中。

就单个人来说，某个主管可能不能做任何事去阻止变革，这样对他们个人的潜在处罚太大。然而在一个比较大的团体里，他们就会变成难以对付的敌人，他们能阻止既定计划的进程。很多高校可能有一个工会化的专业组织，这些管理者属于这个组织。这个组织拥有潜在力量，可以成为一个有实力的政治实体，这样的组织能够阻挠他们不喜欢的变革。但是要解雇一个组织的全部管理人员是很困难的，甚至有点疯狂。（若雷，谢尔曼，2006）[151]

组织变革应当被看成一个过程而不是一个事件。因为从本质上说，事物总是处在变化之中，变化才是绝对的。组织理论中还有许多变革模型，如系统变革模型、科特（Kotter）组织变革模型、本尼斯（Bennis）变革模型、卡斯特（Kast）变革模型等，它们在过程表述上可能和莱温模型有所不同，但是其中的程序化思想比较相近。这些模型为组织变革因果关系的论证提供了理论依据，但是变革者如果要抓住变革的实质，使变革的结果更加有效，还需要针对过程中的利益取向进行分析，从而突破模型的神话。

二、大学组织变革中的利益关系

组织的存在有其必要性。无论是群体还是个人都不可能有一个共同的目标，而组织是将这些分散的目标整合在一起的工具。所以奥尔森说，对组织进行一般性的或理论性的研究很有益处。当与组织相比，个人的、没有组织的行动能够同样甚至更好地服务于个人利益时，建立组织显然就毫无意义了。(奥尔森，1995)[6]如果一所大学只是为了使教师发表几篇文章，解决教师的职称问题，或者使每一位教师活得更加体面、对外卓有声望，那么根本不需要一个有形的边界，而仅仅需要外部有一个评审机制、一些可以发表文章的期刊，就足以满足这样的需求。但是，当每一位教师都表现出增进社会服务、引领文化进步、反思和批判等需求，而教师个体却无法达成这一诉求的时候，大学组织自然就成了引导者。当在个体范围内没有能力增进或充分增进个体利益及共同利益的时候，组织与集体的作用就体现出来，此时只有靠集体行动才能解决这个问题。

　　大学在一个国家的范围内有着自身的利益，整个国家也会有维护公共利益的目标。所以，在组织的视野中，既有个体利益又有公共利益，作为组织，大学也可能在维护公共利益的同时拥有自身的利益。就像我们可以假定大学组织或者其中的每一个管理人员、教师、学生拥有共同利益一样，个体显然也拥有不同于组织或其他人的个人利益。这些利益所构成的利益关系结构不断推动着大学组织的变革发展。

　　正如前面所言，组织变革的阻力大多与组织成员的利益需求相关联。变革的推动者与组织中的成员构成了一组利益关系，当彼此需要考虑所采取的策略方法在对方的利益影响下会产生什么结果的时候，就形成了利益的互动。莱温模型告诉我们，推动力和反推动力的相互作用是导致变革产生结果的根本原因。我们还需要进一步考虑这样的问题：大学自身变革的动力何在。这种动力显然也受到一定导向的影响，如政府作为公共利益的代表，希望大学能够在建设高等教育强国的道路上走得更快、更远，所以，政府采取一系列的奖励、激励计划，或者通过分类、重点投入，促进各个大学提高效能。此时，大学自然会产生不断进取的动力，通过各种方式去争取资源，寻求自身的利益。下面的章节针对类似的利益关系还会做进一步的分析。在此需要指出：大学组织发展变革的动力正是在利益关系的互动下不断产生的，组织变革的过程要关注这些利益关系。一项变革可能会鼓舞一部分利益相关者的士气，也有可能损害到一些既得利益者，而变革的推行需要推动者的大无畏气度。然而，仅仅如此仍然不够，如果变革者缺少对利益关系的敏锐把握，那么极有可能导致组织成员持续地抵制变革。试图通过一些说服、沟通的做法来减少抵制，那也仅仅是解决了一些表面矛盾，而有些内在的抵制更容易使变革濒临危险。我们可以从埃特内（Etzioni）对管理人员抵制变革的描述中清楚地看到这一点：

> 管理人员能影响变革进程的另一种方式是：以一种优先权选择的态度和方式对待主管们要求执行的指令。就其所拥有的权力，这些管理者们可能用一种十足的官僚程序来对待这个指令，不是使之拖延就是把它扼杀，然后告诉别人说，他们个人并没有采取扼杀变革的行动，那不过是制度使然。（若雷，谢尔曼，2006）[151]

所以，从本质上说，我们要足够重视利益关系。任何一项变革的实施都要充分考虑主体的利益，即使我们觉得某一部分利益并不重要，利益主体也没有表现出什么不满，但主体潜在的利益驱动可能在变革中造成更大的麻烦。此外，寻求合作是组织的理想，可是要想在合作的道路上走得更远则要兼顾各主体之间的利益关系。

首先，有些利益关系表现为利益冲突。利益关系有时会体现出无法调和的一面，如大学中教师所应承担的责任。鼓励了科研，处在教学第一线的教师会叫苦连天。没有人会否认教学对人才培养的重要性，大学在劝说教师加强科研时，也会从论证科研能促进教学入手。然而，这只是理论上的说明：如果一个教师能够对无法量化的教学持续保持高涨的热情，那么其从事科研的时间必定有限；而只要教师多发表一篇《科学引文索引》（Science Citation Index，SCI）文章就更有可能获得奖励、职称晋升机会及荣誉，那么他又会减少教学上的付出以追逐更大的利益，至于科研促进教学则只是在满足了自己利益以后的副产品。更何况，科研促进教学指的是对学术知识的再思考，并不必然要求学术发表。再如，两个学院为了获得某项资源或者某项荣誉而不惜使用一切办法，实际上这是零和的结局，总有一方一无所得，它们的利益彼此对立。类似这样的冲突在大学组织中比比皆是，面对冲突需要做的首先是正视利益关系，而不能假装利益关系不存在或者不重要，强力地推行变革必定会影响变革的质量。

其次，有些利益关系表现为利益一致。在组织变革中，当看到利益趋于一致时，会有一种万事大吉的感觉。因为利益一致意味着价值观的趋同和矛盾的减少，在这样的状态下，组织变革的目标将会很容易实现。可是，利益一致同样具有危险的一面，在利益一致的情况下，组织目标未必能达到理想的结果。2000年前后，中国大学中掀起了建设"学院"的浪潮。学者们纷纷撰写有关"学院制"的文章，从宏观理念到管理体制、从组织结构形态到权力运行等多个角度都有相关研究。有的研究揭露了"学院制"建设中存在的诸多问题：缺少对学院制内涵的认识；升格以后的学院实际上就是原来的系，而系也即是以前的教研室，实际上是"换汤不换药"；等等。这些研究揭示的问题不可谓不深刻，但究竟是什么动力促使全国这么多大学的系科转变成为学院？实际上就是利益。这些原本的"系"变革成"学院"，无论是系领导还是广大教职员工，对于升格的利益都是基本一致的。在与一位学院院长（原来的系主任）聊天的时候，笔者受到了一些"启发"：

现在从系转变成学院是一种趋势，我们学校已经基本上没有"系"（戏）了，哈哈，全国上上下下哪里还有什么×××系啊，我们只要把专业增加一两个，从已有的学科中再借过去一点师资，成立学院是没有问题的。教师们也会大力支持，成立了学院出去以后说起来多响亮。你想啊，原来的教研室主任也是教授，出去学术交流不是很方便，现在一转头就成系主任了，大家（教研室主任）都搞个"师长""旅长"干干，在学院里面也会避免许多矛盾纠纷，你看我们学院里的有些系主任连名片都已经印好了。

实际上，有些当事人并非不了解"系转院"的内涵。在上面的事例中，学系申请升格学院的报告从促进学科发展、优化管理、提升办学层次以及已具备的条件等角度做出的分析句句在理。可是，在这位院长的内心深处，对于学院制变革却早已有了一套利益关系的考量。本研究不是要评价此类事情的是与非，而是要说明：如果我们在变革中忽视了在更深远的范围内考察利益关系，那么就不能说变革卓有成效。此外，利益关系一致还存在另一类情况：主体的利益趋同，导致其行为在一定程度上会产生默契，这种博弈行为也是在利益互动中经常出现的。

第三种利益关系介于前述两种关系之间：利益主体各自拥有不同的得益，其关系既非冲突，也非一致，只是呈现出一种均衡状态。利益关系和主体采取的策略是紧密相连的，在同一个主题范畴下，一方的选择必然会影响到另一方的选择，双方的利益关系此时只能用"影响"一词才能描述得比较准确，对立或者完全一致仅仅是利益关系的特例。大部分情况下，双方都"看着"对方而行动，其最后的得益也是基于最优策略的选择，并且利益之和是个常数，彼此均有针对自己理性选择的最佳得益。

在大学组织中提到"利益关系"时，我们主要谈论目标、价值、愿望、期望以及其他定位与爱好等倾向，这些利益关系同样反映在价值取向的选择、任务的安排与协调以及政治权力的视角中，并且决定了利益主体的行为方式。在大学组织生活中，我们倾向于以立体的方式思考利益，保留多个维度，扩大一些空间，将利益视为我们希望保留或扩大的利害关系，或者视为我们希望保护或实现的立场。我们"生活在"我们的利益当中，常常认为其他人"侵占"了我们的利益，然后迅速做出防御或反击，以保持或巩固我们的立场。这样的理解虽然"狭隘"，但是很有针对性。利益关系是在利益主体不断互动中表现出来的关系，它同样需要一种立体的观察方式，无论是角度还是关系本身的纵、深、广度，都需要得到深刻的理解。更何况利益主体之间的互动并不简单，"你中有我，我中有你"构成了利益博弈的基础。

三、利益的博弈

组织中的利益容易涉及政治的因素，同时在政治视角下利益也是关键的要素。当我们在更大的范围内思考利益时，可以发现利益不仅涉及政治，也会涉及其他方面。如果我们将利益理解为主观信念和客观因素的结合体，并且以关系为基础考察利益的得失，那么就可以在更大的范围内研究利益的互动和选择。

（一）利益的互动意味着策略的选择

每一个利益主体在获取利益的同时，必须考虑其他主体为了获取利益所采取的策略，反之亦然，我们将这样的过程称为利益主体之间的博弈。在博弈的语境下，有两个值得关注的概念：行动和战略。行动指的是参与人在博弈的某个时点的决策变量；而战略是参与人在给定信息集的情况下的行动规则，它规定了参与人在什么时候选择什么行动。（张维迎，2004）[27-29]当利益主体在行动上没有先后之分时（即静态博弈），战略和行动是相同的，为了避免概念上的混淆，本书将它们统称为策略。

我们在研究大学组织中的利益时，容易忽视利益之间的关系，总是试图单方面地解决问题。莱温模型中也提到了抵制变革的情形。如，在战略规划制定的过程中，难免会有一些涉及组织变革的内容。相关院校价值观念的改变、组织架构的调整、学术项目的削减、教师聘任上岗政策的实施等变革，极有可能对部分教师的职位和利益产生影响。如果不从利益关系出发，仅仅按照政策要求推行变革，那么大学管理中心要么会因为无法取悦教师而放弃变革计划，要么就如上面提到的一样，干脆不考虑过多的利益而强制推行计划，或者通过劝说、解释的方式使教师理解变革。这些做法的假设前提是变革是正确的，而事实上并非如此。许多变革因为忽视了利益关系而遭到群体的联合抵制，或者变革在一定范围内实现了目标，而在另一个范围内又引发了问题。

在组织变革中强调利益关系并不一定能解决问题，但是有可能找到问题出现的原因。如果战略规划的制定者能知晓教师的利益得失，在考虑教师利益的基础上确保交流过程开放、诚恳和双向互动，那么教师的态度可能会趋于温和。因为教师作为"知识"的拥有者，很愿意以专家的身份被人对待，反感别人高人一等的谈话方式，或者只是被人告诉他们应该怎样去做，抑或干脆被人忘掉。所以，规划制定者需要与教师建立一种信任关系，吸纳教师成为规划的参与者，在整个规划制定过程中都与他们保持交流，认真听取他们的意见，并尽可能地在一些关键问题上让他们做出表态。这些做法可能会耗费掉很多时间，但是正如规划制定者与教师之间的关系一样，对时间的把握同样也是一个博弈的过程，要使规划目标顺利实现，就不能轻易放弃和回避这个过程。在上面这个事例中，两个利益主体（有可能是群体）在利益互动时，都需要做出相应的策略选择，如，决策者的策略是开放或不开放、交流或不交流，而教师的策略则是建议或不建议、抵制或不抵制。一般来讲，可以用 t_i 表示第 i 个参与人的一个选择策略，$T_i=\{t_i\}$ 表示可供第 i 个参与人选择的所有策略的集合。在 n 个利益主体的博弈中，n 个参与人的策略的有序集 $t=(t_1, t_2, \cdots, t_i, \cdots, t_n)$ 称为策略组合，其中第 i 个元素 t_i 是第 i 个参与人的特定策略。如，上面这个例子中，规划制定者选择交流，教师选择不抵制，我们就可以得到（交流，不抵制）的策略组合，同理，还存在（交流，抵制）、（不交流，不抵制）以及（不交流，抵制）三种策略组合。在利益互动的过程中，每一个利益主体所选择的策略是其他利益主体所选策略的函数，记为：

$$t_i=f(t_{-i}) \qquad (i=1, \cdots, n)$$

上面已经给出 n 人博弈的策略选择集合，这种 n 人博弈的模型在现实中普遍存在，正因为如此，许多博弈理论家常常用数学方式来求解一个个抽象的模型。实际上，在其他因素不变的情况下，我们在社会科学研究中思考利益主体行为策略时常常关注的是单人策略选择和双人策略选择。单人博弈的策略选择模型实际上表达的是最优化的问题，严格来说，单人博弈不能作为博弈的一种，因为这种博弈失去了博弈中相互影响的主体因素。但是，如果我们将"自然"考虑在内，那么"自然"可以对单人主体产生影响，并能做出相应的选择。自然用一种不可预测的方式影响局中人的博弈进程，从而参与博弈。自然可以给出风险（自然选择的概率是已知的），或者具有不确定性（自然选择的概率是未知的）。双人博弈则是 n 人博弈的一种特例（$n=2$），利益主体之间的互动代表着双方都要做出策略的选择，而每个主体所选择的策略是其他主体策略选择的函数。正如在制定规划时产生的博弈一样，每个利益主体在选择的时候都必须考虑到另一主体在不同策略选择下的得益。所以，局中人尽管有多种策略可以择取，但是并不是每一种策略都可能出现，因为作为一个理性的参与者，总是在考虑对方策略选择的可能得益以后选择使自己得益最高的策略。如果跳出这个策略目标范围，在没有考虑其他主体利益的情况下，这个结论也许并不适用。可是，主体之间一旦存在利益关系，我们就能发现在利益主体的互动中，有些策略组合不可能存在，如上面例子中的（交流，抵制）策略组合，在双方正常的得益下基本上就是一种不可能出现的组合，因为利益主体双方在选择的同时就已经确立了一个纯策略均衡。

（二）大学组织变革中的策略均衡

为了说明大学组织变革中的博弈均衡，我们首先来看一个例子。比尔·雷丁斯在《废墟中的大学》一书中阐述了当代官僚制大学的典型特征，其中"一流"的字样特别惹人注目。"一流"是雷丁斯以独特的方式从大学的功能中总结出来的，他认为现代大学有三种理念：康德的理性概念、洪堡的文化概念以及现在的争创一流的技术—官僚体系观念……有关大学的争论是由各种不同的且并非全是来自当代的话语所构成的，尽管在特定时期，一种话语主导着其他话语。（雷丁斯，2008）[14]雷丁斯笔下的"一流"，同本章一开始对大学功能博弈的描述有相似之处。按照纽曼、弗莱克斯纳和克尔的阐述，大学和环境的相互博弈产生了现代大学的人才培养、科学研究以及社会服务三大功能，而到了雷丁斯这里，则以理性、文化和"一流"来铺陈。现在的大学究竟是什么样的大学并不是本研究需要考虑的问题，可是大学之所以产生变革的要求——正如前面所讲的——很大程度上是环境使然。大学基于变革的力量，在外部环境的影响下，形成了许多均衡。无论是人才培养、科学研究以及社会服务，还是雷丁斯笔下的理性、文化和"一流"，都是适应当时环境的价值均衡点。在大学组织变革中存在着无数的均衡，只要有利益存在就会产生这样或者那样的均衡。利益博弈的均衡可以在制度导向下发生，也可以是自然发生的过程，我们从均衡中能够发现大学组织变革中的问题。

与一般均衡理论不同，博弈中的均衡有特定的含义。一般均衡理论中的均衡不太强调利益主体相互间的作用，仅仅从双方行为优化的角度得出一组结果。而博弈均衡则是所有利益主体在考虑到彼此影响的因素以后的最优策略组合。

这样的均衡点一般记为：

$$t^* = (t_1^*, \cdots, t_i^*, \cdots, t_n^*)$$

其中，t_i^* 是第 i 个参与人在均衡状态下的最优选择策略，即在考虑其他利益主体相应策略时所采取的最适反应。有些时候，在理论分析和计算中，均衡并不唯一。实际上，考虑均衡只是为了帮助我们判断问题，我们在现实中并不需要知道利益主体的博弈能够形成哪些均衡。如雷丁斯所述，当代大学被注入了很多"一流"的理念，这些理念进而成为大学的核心理念。但是，作为一种综合的原则，"一流"唯一的优点是完全没有内在的意义，或者更准确地说，没有所指。（雷丁斯，2008）[21]实际上，"一流"并不空洞，"一流"代表着一种评价体系。美国的大学如此，中国的大学亦如此，在强大的指标（专著论文、学生数、教师结构、馆藏量）导向下，与大学相关的所有评价都紧紧围绕着这样的指标，于是就出现了各式各样的均衡。我国高等教育领域"985工程"中的重点投入即是如此。显然，大学基于自身利益的考虑，采取的策略是"积极争取"，这样（投入，积极争取）就构成了一个均衡，而（投入，不争取）、（不投入，积极争取）、（不投入，不争取）仅仅是三个策略组合，却不是均衡。由此可见，均衡并不隐蔽，它只是提供了一种发现问题的方式，许多大学组织变革中的行为策略组合都可能是均衡。

均衡有主题范围，我们不能将毫不相干的两件事情随便凑到一起就说是均衡。如，教师从事科学研究和大学实施对行政人员岗位的考核就毫无关系。然而，一旦学校实施了一套科研奖励措施，教师和学校之间的博弈就自然产生了，并且均衡会在不同场景中根据不同教师的利益需求呈现出不同的变化。

其次，均衡并无好坏之分，但是存在价值的认同。雷丁斯举了一个非常有趣的例子：

> 康奈尔大学停车服务部最近因为"一流停车服务"而获奖，获奖的原因是在限制机动车进入的管理方面取得了显著的高水平的效率。同样大学中一位同仁指出，一流也可以意味着，通过为教师们增加停车场地使他们的生活变得更容易。这里的好处不是两者任选其一的问题，而是这样一个事实：一流作为一个评价标准用来衡量什么是一流的停车服务的两个方面的任何一方，可以起着同样好的作用。无论是在校园增加停车位（为了雇员高效率的利益——少走几分钟），还是减少停车量（为了保护环境），都无关紧要。（雷丁斯，2008）[23]

此例是为了说明"一流"的空洞。如果把它看成部门与学校在停车问题上的博弈，那么依照学校不同的价值取向，两种均衡都是无可厚非的。正如一方面有人指出，"985 工程"的专项投资造成大学的分化严重，导致严重的不公平，另一方面重点投资确实让中国在迈向高等教育强国的道路上更进了一步。所以，均衡并无好坏之分，但是存在对均衡的价值认同。奥谢认为："在一个民主社会中，阻止一个在智力或性格与体力上属于强者的人取得凭天赋能力所能取得的成绩，其不公正、不民主和犯罪的程度正如阻碍一个弱者在与同伴竞争时最大限度地发挥其能力一样。"（布鲁贝克，2002）[73]如果我们认同奥谢的观点，那么就不会认为（投入，积极争取）是不公平的均衡策略。然而，类似的推论恰恰说明了博弈论在解决社会科学问题时的一个弱点，即我们在运用博弈模型去解决问题的同时，不可避免地会陷入其他解决问题的方式中，如历史的、比较的或者是思辨的。面对不确定的价值判断，博弈论不得不退让到其他解决问题的方法之后。

即便如此，均衡的出现无疑能帮助我们发现问题的根源。尤其当我们确立了一种价值认知以后，博弈论会使研究思路变得更加清晰，不再像从单方面切入或者经验思维那样草率。回到前面论及的"系转院"事例，如果认为学院的建立是基于学科整合和发展的需要，那么为了名声好听而去建院显然是在利益博弈的驱动下偏离了主题。又如，大学中还有一些非常热门的话题：通过辅导员队伍的建设来加强学生工作。我们通过博弈分析可以知道：学校为了建设辅导员队伍采取了许多措施，但即便在就业不景气的状况下，辅导员队伍依然流失严重。因为辅导员基于待遇和身份的需求与学校之间的博弈很可能形成一个不稳定的均衡，并且两者博弈的得益和条件还会受到诸多因素的限制。

博弈的整体分析能帮助我们扩展思维。大学组织变革是一个复杂而又独特的过程，每一个利益主体都涉身其中并做出相应的抉择，假如忽视了这一点，我们就可能在常规的轨道上继续冒着不可预知的风险。

四、博弈范式在不同视角下的应用和解读

用博弈论研究大学组织是本研究的特色和创新之处。本研究的方法论意识源自对"关系"切入点的思考。如何才能从"关系"着手发现各类现象或者问题的根源？博弈分析范式为我们提供了一种解答。博弈论首先分析不同利益主体的得益，然后提出利益主体之间能够相互影响的策略选择，在主体不同的选择状态下形成不同的得益组合。在理性的假设前提下，主体不断追求利益最大化的结果最终形成博弈的均衡组合。在以问题为起点的大学组织研究中，发现均衡可能仅仅是发现了问题，为了解决问题，本研究前瞻性地引入"期望均衡"的概念，以期促进博弈论在社会科学研究中的应用，拓展博弈论的理论研究范式。期望均衡

的提出依据的是公共理性，采取的方法也不属于博弈论的范畴，然而期望均衡的设立对于均衡失范问题的解决却至关重要，也为最终提出大学组织良性运行秩序的一般策略模式提供了方向。

正如导论所言，对大学组织变革中博弈现象的研究需要从几个视角来进行，分别是价值的视角、结构的视角以及权力政治的视角，这几个视角也相当于从不同学科的角度看问题。有关视角选择的方法论前面已经介绍了很多，这里不再赘言。此处着重说明视角的层次、视角中涉及的博弈范式以及视角之间的关联。

组织的价值视角强调对信念的追求，具有文化的意义，在大学组织中发挥着巨大影响。大学组织具有多元价值取向，也有需要实现的目标和愿景，其价值的归属不仅是发展变革的主题之一，而且也影响着组织变革和组织功能的发挥，对大学组织的其他要素特征起引导作用。这一视角主要观察大学组织如何选择不同价值观念、实践怎样被赋予特别的意义以及组织的感知如何被塑造等，是组织得以建构并运行的哲学观。大学组织在选择不同价值的时候并非没有依据，而是基于组织本身的利益。面对不确定的未来，大学组织往往从历史和文化中汲取力量，做出相应的选择，而策略选择的过程也正是博弈论中所说的"单人博弈"中的"概率博弈"，并在环境因素的影响下形成均衡。本研究针对价值博弈中的均衡失范现象，引入"期望均衡"的概念，从而为分析大学组织的价值取向提供新的思路。

本研究中的结构视角并不是从静态的路径分析大学组织结构，而主要采取动态的路径分析，包括：工作任务和信息流的分配（纵向的关系范畴）、横向的协调与重组（横向的关系范畴）。纵向和横向两个部分也构成了结构视角研究中的两个主要方面。在大学组织结构的纵向关系范畴中，常常涉及工作权利的分配，其中大学管理中心与院系之间的博弈是重点；在横向的协调上，实体（学院与学院、学科与学科）之间经常需要通过竞争或协作以获取资源、互相学习、发展知识。实体之间的利益关系形成了围绕不同主题范畴的博弈，这些可以用博弈的主线串联起来。无论是纵向范畴还是横向范畴，都涉及完整博弈范式的运用。以纵向关系中大学管理中心与院系的博弈为例：两个主体都是超越经济理性的主体，它们的选择也建立在利益基础之上。在每个主体策略选择的基础上建立起来的矩阵分析模型，包含主体的得益（数量化的表示）、不同主体各自的选择以及通过分析得出的主体所达到的均衡状态。这样的模型有助于我们进一步分析大学组织如何在集权和分权中进行调整。

权力政治视角关注权力分析、利益联盟以及谈判的过程，不同的利益相关者如何表现不同的偏好、如何介入决策和冲突等。所以，这一视角下的不同要素本身就体现了博弈的分析范式。为了达到最终的结果，不同的利益群体形成联盟的过程也意味着合作博弈的开始，而利益群体选择与谁合作，将通过权力指数的演算形成最后的均衡结果。权力主体内部和不同权力主体之间的博弈，也在不同的模型中体现出得益、选择与均衡，并在期望均衡的指引下走出"困境"。谈判在权力政治视角下是一种抽象的理解方式，两个利益主体之间可能产生显性或者隐性的谈判。主体基于自身利益提出的一些选择是形成均衡的前提，而主体在连续的动作和反应中最终形成稳定的聚点均衡。

应该说，三个视角在组织学研究中早有涉及，许多研究著述也详尽地探讨了三个视角对全面理解组织的作用。伯顿·克拉克在一般组织学的基础上，提出了大学组织中工作、信念、权力三要素说，将三个要素动态化以后就形成研究大学组织的三个有机视角。本研究立足于博弈论的分析范式，借鉴并发展了三个视角下对组织的动态路径分析。在博弈论的视野下，价值视角处于最高的层次，价值博弈后的价值取向影响着结构和权力政治视角下的博弈过程；结构视角关注利益实体（院系、学科、中心）之间的博弈；权力政治视角则关注利益个体或利益群体之间的博弈。三个视角在博弈范围内构成有机的整体。

第三章　大学组织价值选择的博弈

　　大学作为一个古老的名词，其特征就是有一些具有代表性、目的性和丰富意义的理念。这种理念一旦对外界产生影响，就体现出大学的功能。纽曼、弗莱克斯纳、克尔所刻画的功能轨迹是大学与环境相互博弈的结果，而雷丁斯也试图对大学的功能变化做一结构性的诊断。这些研究都试图回答大学组织在纷繁复杂的世界中到底如何定位、大学在社会中究竟扮演什么角色，而这些都是我们必须正视的问题。雷丁斯曾经说过："大学正在逐渐变成一个全然不同的机构，它已不再是民族文化理念的生产者、保护者和传播者，因而无法将自己与民族国家的命运系在一起。"（雷丁斯，2008）[3]在高等教育全球化的进程中，大学已经成为跨国的官僚联合体，正在全球范围内寻求统一的模式，而学习的全球化和目的的民族化之间也呈现出不可调和的矛盾，这些都给向往自由、崇尚学术的大学组织带来很大的挑战。然而，历时的维度提醒我们，大学的发展和变革并非仅仅从现实世界中获取答案，它往往受制于一种信念的安排，这种信念可以称为价值的追求。当大学被当作组织来理解的时候，大学组织的价值成为激发组织活力、维系组织生存、决定组织行为的核心象征，关于大学组织价值的思考也成为组织变革的思想航标。

第一节 基于利益存在的价值

一、价值与大学组织的价值

对于价值，我们并不陌生，在人类的生活世界中处处都有价值的影子。价值既现实又抽象，当人类无数次使用价值一词的时候，似乎已经明白了其潜在的深刻意蕴。但是当价值作为哲学中的一个名词时，它又让人感到扑朔迷离。当我们把视线对准它，想要把思维中的矛盾统一起来，试图看透其中的奥秘之时，我们就走上了一条使自己的深层意识觉醒之路，即开始追求我们人类的"追求之谜"。价值究竟是什么，一种普遍的理解是客体之于主体的效用和意义，即客体是否满足主体的需要，是否同主体的诉求相一致、为主体服务。由此可见，价值是一个关系范畴，它表明了主客体之间的意向性。价值从来不是孤立存在的，它内在的属性只有在关系中才能被把握。当我们面对事物进行好与坏的区分时，主观上就已经被赋予了价值判断，这种主观性判断是价值的一个显著特征，也就是说，价值随着主体的变化而发生改变，因此，人的主观评判才是价值产生的依据。这解释了人们对待同一种事物，会因主体的感知、观察的视角以及情绪等因素的不同而产生价值判断上的差异。

然而，人的价值观念并非完全是主观臆断的，它总是基于一定的标准表现出来。如，书籍带给我们精神上的享受，除了因为有渴望读书的人之外，还因为书籍在一定的标准范畴内让我们感受到它的有用性，这种标准就是价值的客观性——从历史、环境的发展和实践中汲取的客观属性。李连科曾经这样描述价值的本质：来源于客体、取决于主体、产生于实践……客体或者外部世界具有满足人的物质、文化需要的属性，这种属性在实践中和人的需要相联系就产生了价值。（李连科，1999）[3-4]这一关于价值的解释将价值论融入马克思主义的哲学体系之中，首先强调价值的客观属性。但是，无论是偏重主观因素还是强调客观因素，都离不开对关系的把握，正如主体追求的利益都是在关系中体现其内涵的。

大学同样是具有价值信念的组织，大学作为客体单元，其价值表现在对于诸多主体的功用、对于大学本身发展和变革的促进上。从历史进程来看，许多学者对于大学的定义本身也包含着种种价值倾向。纽曼强调"大学是一个重视教学、传授知识的场所"（纽曼，2001）[13]；弗来克斯纳说"大学是批判性估价成就和真正高水平地培养人的机构"，"大学本质上是做学问的场所"（克尔，1993）[3]；克尔则认为"大学是一个不固定的、统一的多元化巨型机构"（克尔，1993）[12]。这些对大学的论述从不同的方面揭示了大学组织所具有的价值。然而，人们对于大学的认识远非如此简单，正如斯坦福大学人文学教授罗素·伯曼所言，今天的文化怀疑论者"无法想象一种不与权力相勾结的知识，一种不依赖于五角大楼的科学，或者不是仅仅由个人利益驱动的教师"（富里迪，2005）[95]。在当今社会，大学除了客观地追求知识之外，还要服务于广泛的经济、政治。政府通过对资源的控制逐渐充当了大学研究的赞助者、促进学生数量增长的推动者、宏观调控者、批评者和同盟者等诸多角色。这恰恰也应验了阿什比的那句话——"大学是遗传和环境的产物"。环境就是对大学产生各种影响的外部力量，大学除了依靠自身学术本质的动力前行之外，还无可避免地接受了外部环境变化所带来的影响。雷丁斯在《废墟中的大学》一书中详细描述了大学所面临的危机，在争创"全球化"的"一流"行动中，美国、加拿大、英国等国家的政府所扮演的角色竟是惊人的相似，即使是被人们普遍认为变革积极性不高的法国政府，在这场运动中也是当仁不让。

我们要努力进行改革，打开以前自我封闭的大学，让它靠近城市。

让大学向城市敞开：它要适应专业的需要。

让大学向知识敞开：它要努力更新研究和认识一流。

大学要融合在城市中：2000年的大学要放在城市规划的重点上，这是与地方组织缔结伙伴关系的方针。

法国大学融合于欧洲整体中：这是欧洲发展的意义所在。（雷丁斯，2008）[36]

这种精神一度成为鼓舞人心的动力。放眼国内，这样的口号式话语更是遍地开花。久而久之，激动的话语已经变成一种信念，进而成为指导人们行动的准则。信念在本质上具有强烈的主观性，不同的信念通过信念所产生的不同行为相互区别。所以，这些话语一旦成为大学赖以生存的依靠，将为我们指明沿着这种信念前进的行为方向。可是，我们究竟要树立什么样的信念？阿什比向我们展示，除了环境，还有遗传的力量——对大学自身民族性文化与自主学术动力的传承。复旦大学校长杨玉良在接受《人民日报》访问时也谈道：

大学是民族性极强的教育和学术机构。国内有人认为，应该把国外一流大学当作我们的参照物。这在总体上是正确的，但绝不能简单地把国外的一流大学当作我们办学的模板，因为这就忽视了大学的民族性特征。比如说，如果要论科研成果、诺贝尔奖等"硬指标"的话，也许北大还算不上世界一流的大学。但如果看一所大学在她的民族文化以及在国家转型过程中所起作用的话，那么全世界可能没有一所大学，能像北大、复旦等国内一流大学这样，曾起到过那么重要的作用。

……

大学是"保守"的。这个"保守"有"坚守"之意，是要坚守道德、坚守学术。也正是大学的"保守性"，要求她在不脱离现实的同时，又与世风俗流保持一定的距离，远离尘嚣，保持一份宁静和清醒。这些年大学有不少失范的地方，根本原因就在于丧失了宁静与清醒，丧失了"精神围墙"。（杨玉良，2009）

大学应该在"自为"和"依附"中保持一种张力。现在的大学似乎已经无法得到一种可靠的信念，因为"一种信念是一种行为规则，但不是由习惯所决定的行为本身。行为的可靠性是其有效性的标准：只要受信念指导的行为方式在实际生活中不招致失败，这种信念则始终不会有问题。一旦一种行为习惯由于遭到现实的抵制，变得不可靠，人们就会怀疑指导行为的导向。习惯的动摇会引起对相应的信念的有效性的怀疑。怀疑促使人们努力寻找使遭致破坏的行为重新稳定的新观念"（哈贝马斯，1999）[116]。然而，大学的各种外在表现仍然处在争论之中，其行为方式受到主体自身利益的驱动而陷入迷惘。面对如此众多的诱惑，大学何去何从，这正是大学组织价值信念中的核心问题。

上面的论述涉及大学组织的生存价值，而大学组织的发展价值也同样值得关注。生存价值阐述了大学组织的存在对于外在的意义，在形而上的层面启迪人的思维；发展价值则是在大学组织变化、更新的过程中体现出来的一种维护内在群体利益的尺度。在世界范围内，随着高等教育的发展，大学的各种发展价值取向都面临着考验，如卓越与平等、自由与效率等都是大学组织发展中所应有的价值取向。随着高等教育步入大众化时代，高教机构的类型也发生了巨大变化，从原先的"精英型"到现在的社区学院、两年制高校、职业技术学院、继续教育学院等形式的出现，体现了高等教育正在迅速发展膨胀以承纳更多入学人数的要求。所以，现在的大学应当如何定位，以及大学的理念、价值、文化等方面都值得我们深入地思考。概而言之，无论是生存还是发展的价值取向，都或多或少会存在冲突或者一致的方面，我们并不能从简单的思考中得出必然的结论。正如现在很多关于大学的研究趋向于借鉴国外其他先进大学模式一样，这样的研究明显忽视了大学组织在不同的历史环境和文化传统中的差异。所以，寻求借鉴模式能够为大学发展变革提供经验，但也容易将我们带入困境当中。克尔的一段描述引人深思："知识分子在很多时代和很多地方具有把他们自己的时代认定为严重地缺乏优秀和在过去的黄金时代与未来的乌托邦前景之间犹豫不决的趋势；把现在存在的东西看做是错误的东西，但是把过去存在的东西看做正确的东西，把可能存在的东西看做将会是正确的东西的趋势。"（克尔，2001）[75]价值的存在归根结底取决于更大范围的利益关系，利益也总是与价值紧密相联。

二、利益：组织中的价值关系

利益和价值的关系很容易遭到人们的误解。关键的原因在于利益一词表示主体的意向，而价值重在强调客体。在日常生活中，利益常常意味着与"私利"相关。即使在更广泛的层面我们承认了利益与价值的一致性，但在内心深处依然觉得利益和价值在某些方面有所不同。如一种观点认为，"马克思主义的观点表明价值反映了主客体之间的关系，说某物有价值，就是指其能够满足主体的需要。主体需要的满足，也就意味着主体利益得到实现。所以，价值和利益具有一致的方面……然而，两者的区别在于价值是从客体的角度出发，是对客体满足主体需要属性的描述；而利益上则是从主体的角度出发，是对主体需要的具体描述"（张学森 等，2003）。另一种观点则认为，利益就是有利于主体自身生存和发展的价值。（郭文龙，2008）也就是说，每当主体考虑自己的利益是什么的时候，实际上就是在进行价值选择。这种观点同样认为，并非所有的价值抉择都是利益。如，选择莫扎特的音乐而不是流行歌曲，这也是一种价值抉择，但不是利益，因为选择莫扎特的音乐并不会影响主体权益的实现。相反，如果主体选择流行歌曲，而流行歌曲又被认为是不健康的，那么这才涉及利益问题。

以上两种解释都能够从自身的逻辑出发阐述利益与价值之间的关系，但是，如果我们撇开一些具体的主客体之间的事实，把利益和价值放在"关系"范畴中去理解，还真看不出它们之间存有多大的区别。譬如上面第二个观点中的例子——选择莫扎特的音乐而不是流行歌曲，难道莫扎特的音乐不符合主体的利益吗？再者，由于利益常常被用在一些钩心斗角的场景中或者专门指向一些经济的利益，使得人们潜意识里认为利益指的就是这些方面，而忘记了利益原本就指代"好处"或"对人有利的事情"。关于利益，前面已经分析了很多，并指出利益具有被导向性、比较性以及不确定性等特点，从而揭示了它和需求之间的紧密联系。可以这样理解："任何有意识和有动机的活动和需求，都包含着与之相一致的利益和价值。换言之，需求、利益和价值不是并列现象，而似乎是互相交织在一起的现象。"（季利根斯基，1987）很多时候，我们甚至不敢言明发现了利益就等于发现了价值。例如，近年来国内高考中发生的一系列民族身份造假事件。对于造假者，改变民族身份可能是他们追求的短期利益，但是没有一个人会承认这是他们的价值理想。这似乎表明，价值比利益更为高尚，实际上并非如此。正如前面所言，不管造假者承认与否，其在追求民族身份造假的利益的同时，已经做好了相应的价值选择，即使这种价值选择给社会带来的是不公正的负价值。所以，价值关系本质上是利益关系。价值评价必须考虑主体的需要和利益，必须把主体的需要和利益作为内在尺度运用于评价的客体。（杨耕，2015）利益和价值的区别在很大程度上与运用主客体关系对它们进行定义的方式有关：价值更多是从客体的角度出发，而利益则习惯于从主体的方面进行表述。正如我们可以说知识存在着价值，同时只能说学者有渴求知识的利益诉求。所以，从根本上说，只有在关系范畴中，利益和价值才能统一起来。也正是因为仅仅从主体的需要和客体的存在角度都不能完整地理解利益，所以组织中的利益需要放在价值关系中来加以理解。

第二节　大学组织价值选择：
博弈中的矛盾性

大学组织中有着普遍的价值关系，即存在着利益。大学是教师、学生、管理人员之间以及其他相关利益主体相互依存的共同体，其利益的彰显是大学组织价值选择的直接的、自觉的基础，也可以作为大学组织价值选择的目的。大学作为主体总是把利益作为衡量自己与他者关系的一个尺度，并以此进行价值选择。存在主义哲学家雅斯贝尔斯希望大学是一个通过真正的思考和生活发现自我的地方。"大学是这样一处所在，在这里，凭着国家和社会的认可，一段特定的时光被专门腾出来尽最大可能地培养最清晰的自我意识。人们出于寻求真理的唯一目的而群居于此。因为这是一项人权：即在某个地方人们可以不受任何限制地探求真理，并且是为真理而真理。"（雅斯贝尔斯，2007）[20]雅斯贝尔斯追求的是一种超越世俗的利益，这种利益是大学"自为"存在下的诉求。雅斯贝尔斯描述的利益是超脱的，他的为真理而真理的利益诉求，就如同人们常常提及的为知识而知识的思想一样，表现出强有力的自由信念。在这一信念的支配下，大学可以奋然不顾任何企图剥夺这项自由的制度与行为。而社会改造的提倡者则对这种利益不以为然，他们认为机构的独立自主并不是一件大事，因为这种自主在现实中几乎不存在。他们有时声称对独立自主的追求代表着既得利益者的政策，并指出：机构独立的思想，同为知识而知识的思想一样，是一种欺骗，忽略了文化机构服从于统治精英的利益这一事实。他们宣称，大学传统上对机构自主性的要求体现了维护特权阶层的特权的要求，不削弱大学的独立性，就不可能让大学服从于社会改造这一外加的要求。（富里迪，2005）[94]概而言之，围绕着大学组织的价值关系始终处在一种矛盾的状态，它与组织内外的各种利益诉求密不可分。

与大学组织的生存价值一样，大学组织的发展价值也值得我们深入思考。大学组织发展变革中常常提到追求卓越、倡导公平、维护自由、讲求效率等。当我们对这些价值观念进行评述时，是否注意到它们之间存在着相关性，并且这些价值同样也建立在大学内外主体利益的基础上。欧洲的"博洛尼亚进程"以及近期欧盟对各成员国教育事业（包括高等教育）量身定制的统一的学习资历架构（European Commission，2008），都似乎说明大学正在走向转型之路和卓越之路。追求质量使得大学将卓越确立为中心理念，然而，追求卓越不能成为"标准"，因为卓越不是一个确定的判断标准，而是一个尺度，它的意义依附于其他事物。用一流飞机的标准评价一只一流的小船，这只小船就称不上卓越。（雷丁斯，2008）[23]于是，卓越被赋予了"美好"的意义。人们不用去理解卓越真正意味着什么，因为内涵的空洞可以代表最大限度的信息输入，抽象模糊了具体，卓越在自我封闭的范围内汇集了大学里所有能者的智慧，进而又变成全球化进程中统一性的导向。正如十几年前我国实施的"985 工程"专项投资一样，这实际上就是国家在大学发展策略上追求卓越的表现。

稻花香里说丰年，惊叹收成一片。当人们漫步在丹桂飘香、金菊累累的校园时，已感受到在"985"工程推动下创建世界一流大学和高水平大学的良好势头，感受到中国高等教育一马当先、万马奔腾的壮观景象，也感受到"985"建设给高等教育带来的深层变革，通过全社会特别是各校师生坚持不懈的艰苦努力，中国的一批大学和一大批学科一定会登上那无限风光的险峰。（焦新，2002）

国家致力于建设世界一流大学的一系列举措，也激发了大学通过争取卓越而获得资源的利益诉求。如果将获取资源看作每一所大学在"985工程"建设中所拥有的即时利益，那么它们的长远利益就是跻身世界一流的价值理想。在"985 工程"一期建设（1999—2002）中，中央专项资金投入累计达140多亿元，与邻近国家和地区对高等教育的专项投入相比是一个相当可观的数字。应该说，资金投入为"985"大学注入了活力，提高了学科、师资等方面的实力和创新能力，但是也带来一些问题，比如高校之间发展的不平衡。

资源配置的等级化，让好学校获得更多办学资源，我国高校中的985工程学校、211工程学校，不但因为列入相应建设的工程而获得专项投资，而且，在学生的毕业就业中，也有对应这一办学层次的打分体系，一些地方引进人才时就明确规定只考虑985高校毕业生。再次，招生录取制度的等级化，让好学校根本不用为自己能否招到好学生担忧，任何一个"一本"高校，招收到的学生肯定比"二本"高校好，这基本上是铁的定律。

在等级化氛围中，对"好学校"而言，学校的地位，不是靠竞争获得，而是靠政府投资、制度保护获得。"好学校"过着好日子，对于一般学校来说，就是难熬的日子，他们即便再努力，也无法获得更好的生源，无法在高等教育领域有话语权，这种挫折感，会导致一般学校更乐意按照制度的"引导"去追求，比如，位于二本招生的学校，争取有部分专业进行一本招生，位列三本招生的学校，想办法纳入二本招生体系，而近年来高职高专为何一心想升本，就是希望能改变自己在高等教育体系中垫底的处境。我国高等教育要健康发展，必须打破这种等级制度，让高校平等竞争，包括生源上的平等竞争，学校办学资源的平等竞争，学校办学地位的平等。（熊丙奇，2008）

　　公平对任何组织和个人都非常重要，它是社会和谐的重要价值保证。作为一种价值取向，公平也表现为一种利益的向往，就像经济学中常常使用"效用"一词一样，为了弥补仅仅关注经济效用导致的分析问题时的片面化，研究也经常将"公平"和"情感"等因素作为"效用"的组成部分，许多学者通过实证研究对此进行了验证。除了直接追求公平之外，还有对公平的间接追求，如在利益驱动下通过跻身"卓越"以获得新的公平。前面所引用的学者熊丙奇的观点就反映了这样的博弈过程，高校通过追求卓越提升了自己的层次，才能实现资源竞争上的公平。实际上，公平只是相对而言。如果政府补贴偏向于地方大学，又会让人感到对追求卓越的重视不够，总之，卓越和公平两种价值在不同的利益范围内总是相互交织在一起的。例如，在澳大利亚，人们对偏远地区大学提出质疑，有人指出澳大利亚地方大学存在学术成果不足、教育质量下降等问题，还有人质疑澳大利亚政府对地方大学的特定补助。后者一度引起广泛的争论，其中涉及的一个核心问题就是：如果这些经费不被用于资助偏远地区良莠不齐的大学，而是拨给一些以学术研究为主、位于经济发达城市的精英大学，是否会取得更好的效果。　（BARNETT，2000）[64-71]这与我国的情形正好相反。如果仅仅对低层次的公平给予关注，而忽视了通过卓越创造更多的资源，缺少更高层次的公平，那么同样可能出现卓越和公平的矛盾。换一个角度来说，"个体的能力应该以有益于整个国家的方式去发展"（布鲁贝克，2002）[70]。再比如，地方大学在困难的办学条件下仍然展示出良好的学术面貌，满足了地方经济社会发展的需求，此时地方大学可以质疑使其陷入困境的学术评价体系：这种体系满足的是都市精英大学的利益，同时，人们对于地方大学普遍抱有的偏见是致使其缺乏社会资源的原因。因此，地方大学也可以追问它们的存在到底有没有价值，能够满足谁的利益，资源的缺乏有无道理。总体而言，在追求卓越和追求公平之间存在着可供选择的方式，这些方式同时也决定了卓越和公平之间的矛盾性。

怀特海曾经说过："栖息于这个关系世界之中的事物是由它们的各种关系构成的——一切存在物都是关系性存在物。此外，'事物'由它们的关系构成，而一切关系又进而被规定为价值关系，即具有某种肯定和否定性质的关系。"（WHITEHEAD，1971）[67]当然，对于价值的选择，除了要在关系中进行认识，还要看到价值本身的择取需要付出"代价"。此处的代价不分好坏，各种各样的利益是产生代价的根本原因，同样也会影响其他的价值取向。

在抽象意义上，相互关联的不同价值取向总是处在博弈之中。注意到组织变革内外环境中的各种价值取向，有助于我们理清思维。正如前面所说，大学的存在和发展面临价值上的选择和冲突。在利益的影响下，大学需要思考如何改变现有的状况以适应环境和自身发展。大学组织具有特殊性，建立在高深知识基础上的学术性彰显着大学的内涵。在此基础上，大学非常注重院校自治和学术自由，然而，管理主义的蔓延正在实践中侵蚀着这样的价值取向。管理主义强调过程管理的效率，一切管理如果丧失了效率也就失去了研究的基础。当前，在工商企业管理领域流行着管理主义的核心信条："让管理者来管理，这是良好管理的基本准则。良好的管理可以消除繁文缛节，为人员提供良好的激励机制，使机构运作良好，有助于减少和消除浪费，有助于清楚地表明资金的花费取向，将资源集中于最有效的领域，为国家的复兴提供钥匙。"（登哈特 J V，登哈特 R B，2004）[3]。这样的思想被用于大学之中并与公共选择理论、交易成本经济学以及委托—代理理论相结合，就构成了"新管理主义"的价值思想。这意味着在大学里企业策略的引进、跨机构的支持性单位的增加，其目标是保证质量、促进教学、提高员工素质等。将新管理主义引入大学的结果是使大学各院系更重视首创性，更加认真管理院系教学文件，更加注重教学实践和政策的制定，并且指定委员会监督学院的科研活动及科研政策，学院和学者必须服从严格的管理，等等。这些变化对大学的权力分配有着重要的影响：一个审计中心的高级官员有权力打开学术机构的"黑匣子"，并有义务监督学校正确执行所制定的政策和按照规定行事（或根本没有任何规章制度）。（比彻 等，2008）[11-12]所有管理的信条都演变成大学管理中心的统治利益。然而，大学的学术属性决定了大学自治和学术自由的特性，这些特性使大学显著区别于公司企业。布鲁贝克认为："按照逻辑推论，教师就应该广泛控制学术活动。由于他们最清楚高深知识的内容，因此他们最有资格决定应该开设哪些科目以及如何讲授。"（布鲁贝克，2002）[31]为了保证知识的准确和正确，学者的活动必须只服从真理的标准，而自由是追求真理的先决条件。（布鲁贝克，2002）[46-47]如果自治和自由也是一种利益，那么它们就是雅斯贝尔斯、费希特等人所倡导的被充分考虑了学术逻辑的利益。管理主义和新管理主义倾向所带来的一般都是管理日趋专业化，从而权力也在悄然地转移到行政人员一边。此外，学术的商业味道也越来越浓，"学术资本主义""知识的商品化和市场化"等时髦观念在学术领域里蔓延就是一个例证。虽然单纯从表象来看，这些价值观念都可以在不同的范围内存在，而非混合在一起，但是当我们在价值关系范畴内深入研究下去，就会发现它们并不能孤立存在，而是常常处在矛盾冲突之中，并且不断相互作用，影响着大学的发展变革。

第三节 大学组织价值选择的博弈聚点[①]

一、历史进程中大学组织的功用利益倾向

主体的利益得到满足是利益实现的最终结果，但是利益本身、利益关系以及利益的满足是一个动态的过程。奥塔·锡克认为，利益是人们满足一定的客观产生的需要的集中的、持续时间较长的目的，或者这种满足并不充分，以至对其满足的要求不断使人谋划和考虑，又或者这种满足（由于所引起的情绪和感情）引起人的特别注意和不断重复的，有时是更加增强的要求。（锡克，1984）[300]因为主体在现实中经常表现为持续不断地、强有力地、坚定而又充满激情地追求一些特定的目标，所以利益更多地体现在主体的活动中，即人们在动态的过程中实现自身的利益。

历史上，大学功能漫长而持续的演变也恰恰说明了利益的这一动态性特征。当大学从追求由学术本质而生成的"自为"利益转向追求"功用"利益时，大学的价值、理念和任务也同时发生转变。20世纪50年代，面对苏联人造卫星上天美国高等教育所做出的转变，以及当前中国大学建设世界一流大学的使命，都属于高等教育的发展与变革，大学在这些动态的变化面前表现为无条件地服从。只是类似的变革都被蒙上功用利益的色彩。19世纪的功利主义哲学家约翰·穆勒曾经强调："承认功用为道德基础的信条，换言之，最大幸福主义，主张行为的是与它增进幸福的倾向为比例；行为的非与它产生不幸福的倾向为比例。幸福是指快乐与免除痛苦；不幸福是指痛苦和丧失掉快乐。"（穆勒，1936）[7]这一伦理学上的定义与其他一些功利主义哲学家所主张的一样，把"绝大多数人的最大幸福"作为关心个人利益发展的标准和目的。穆勒始终坚信

---

① 博弈聚点是在外在或者内在因素的影响下，博弈方对于策略的默契选择所形成的均衡。这种选择往往无法用理论加以解释，也不容易发现其中的规律，但在现实中却存在着。

实用性是社会的理性基础，以实用为准则本身并没有什么过错，而关键在于如何把握和定位。

从历史的进程来看，自中世纪开始，大学就并非完全与世隔绝的"象牙塔"。虽然在 13 世纪，教皇帮助大学摆脱了教会和世俗的地方政权的控制，并核准大学的自由和豁免，这一期间几乎所有古老的大学都得到了教皇授予的特许权。但是，教皇的态度并非毫无私欲的，其一个明显的主导思想就是大学应当保留自己作为教会机构的身份，行使基本的宗教职能，服务于教会。正如 1286 年布尔日大主教对巴黎的教师们所说的："今天我们所处的职位，明天将属于你们。实际上，我不相信今天我们中间哪位高级教士不是出自于大学。"（韦尔热，2007）[64-65]

及至 14—15 世纪，大学开始主要由君主国家创办，在完成其知识使命的基础上，大学的价值取向也相应扩展，要为国家官僚机构的发展提供所需要的服务。同时，大学也试图参与国家层面的政治。"中世纪的大学学者对政治问题最为敏感，无论如何勿需期待他们任何自身革命的态度。他们不否认自身秩序的合法性，相反却认为其使命是帮助这一秩序带至最完善之境界。"（韦尔热，2007）[125]大学对于政治的广泛热情在中世纪末引起了君主国家的惶恐，也间接宣告了大学自治的终结。在巴黎，对于大学来说再也不能指望国王的关照，国家极力限制大学的特许权，或者对这些特许权加以说明，强调其并未超出皇家的共同法律，国王当然乐于将大学特许权与公用及公益联系起来。流行的说法是"巴黎大学是法兰西国王的长女"（韦尔热，2007）[133]，这既体现了皇家的关照，又表示了大学的依附。

18 世纪启蒙运动以后，大学的功用特征则体现为将科学应用到工业革命中来。如苏格兰的大学顺应时势，改革课程设置，增添更现代、更实用的课程，并与制造业建立了联系。大学中的公开讲座主要针对工业中存在的问题，而格拉斯哥大学的公开讲座更是吸引了当地的工厂主。

19 世纪，处于改革时代的柏林大学虽然在洪堡理念的指引下提倡学术自由，反对国家对于大学的干涉，但是这项改革却是 1806 年普鲁士军队在耶拿战场上大败于法国之后，由强烈的政治民族主义所激发的教育改革。所以就初衷而言，大学的利益指向依然是功用性的。另外，洪堡一方面提倡自由，另一方面却使柏林大学与普鲁士邦紧密而牢不可破地结合在一起，坚信办大学是国家的职责。（贺国庆 等，2003）[198]由此可见，洪堡本人在内心也相信完全独立于国家的大学不可能生存。

19世纪中叶，随着实用主义哲学观的盛行，高等教育领域逐渐强调对知识的探索要和实践紧密结合起来。所以，美国高等教育自南北战争以后，在工业化、城市化等社会发展主旋律的影响下，也走上了"销知入行"的实用主义轨道。其中最具影响力的当属《莫里尔法案》的颁布与赠地学院运动。这一时期美国大学的发展不仅拓展了大学的职能，而且使大学的功用利益倾向愈发凸显，大学的利益与国家的利益也牢牢地拴在了一起。

进入20世纪以后，尽管传统自由主义将大学视为带有自主性的领域，人们在大学里还能够拥有自由和对真理的追求、对社会的批判论争，但现实是高等教育正在融入与国家社会利益紧密相连的政治—经济网络之中。"随着整个社会各个层次的合理化，教育制度也进一步扩张以吸收新的物质功能和意识形态功能，创造新的拥护者，以及培养与公司、政府和军队的伙伴关系。大学内部的学术工作、课堂社会关系和权威机构都受到了经济利益集团和官僚利益集团的深刻影响。"（博格斯，2002）[122-123]至此，艾伦·布鲁姆在《走向封闭的美国精神》中所描述的自我封闭的学者团体的理想，以及那种只受制于理性和公正的更高价值观似乎已处在边界之外，大学必须反映那些事关重大的社会发展方面的利益。而克拉克·克尔所强调的"多元化巨型大学"，其知识生产被彻底融入占支配地位的经济、政治和军事结构之中。克尔认为大学处于多元化兴趣网络中心，这一网络要求知识产业为其服务。大学校长的主要任务是调节和培养这些兴趣，目的在于使学院有效地追求自己的利益。20世纪五六十年代的美国大学，无论是从地理上还是从心理上，都正在与外部世界相融合。

现代大学在空间上往往反映了它的历史，校园的中心是图书馆、人文学科与社会科学，扩展到各专业学院和科学实验室，外围是工业，散布着宿舍楼、公寓楼。一个现代大学几近理想的位置是夹在将成为贫民区的中产阶级区和超现代的工业区之间……大学已成为挂在工业面前的"诱饵"，吸引力大于低税收或廉价劳动力。波士顿周围的第 128 号公路以及旧金山湾区和南加州巨大的发展中的工业联合体反映出这些地区存在众多的大学。……大学与工业的各部分越来越像。当大学结合进工厂世界，教授——至少是自然科学以及一些社会科学——就具有企业家的特点。工业有了科学家与技术人员，就不自在地领教了一点儿学术自由以及与知识分子打交道的方式。这两个世界正在从形体上和心理上趋于融合。（克尔，2008）[51-52]

20 世纪中期的美国大学已经体验到大学在功用利益上的渐进性特征。与象牙塔式的学术生活相比，现代大学需要使它的努力与工业制度联合在一起，这种联合是前所未有的。大学不但没有继续保持完全自主，或者脱离它所处的环境，而且注定要成为"一个具有国家目的的主要工具"（博格斯，2002）[122-123]。现实中，大学从政府、公司企业或其他一些途径获得了大量的资助。就科学研究而言，"二战"前的美国大学的科学研究经费总额为 3100 万美元，25 年后，按照可比价格计算，这个数额翻了 25 倍。总的来说，这种资助推动了大学学术研究的进步，尤其在科技领域，使大学对国家福利的各个方面都做出了重大贡献，包括增强了经济的活力，提高了军事的实力，促进了医疗保健事业的发展。（罗森兹威格，2008）[194]当政府成为最大的研究资助者以后，大学与政府打交道也更具策略。

一般来讲，政府部门与公司机构不同，他们的工作安排更像大学的工作安排。政府管理者不需要为每个季度的利润负责，衡量他们成败的标准也不是股票的表现。因此，来自政府的研究项目管理者能够以长远的眼光看待其资助项目的成败——这才是判断基础研究优劣的方式。

此外，大学也从与政府打交道的过程中学到了很多东西。他们学会了如何让政府满足他们的需求，学会了如何抵制附加在研究资助上的专横条件，以及如何反抗政府的干涉。事实上，大学并不会总是无畏地使出这些技能，也不会只是用它们来追求普遍的利益。此时的大学官员和教师，大多已经摒弃了那种认为政府是大学研究的伙伴的浪漫想法，开始老练地评估在大学与政府长达半个世纪的关系中，存在的特殊倾向、危险以及动力。（罗森兹威格，2008）[195]

大学除了跟政府有密切接触以外，也参与了大量的商业活动，主要通过接受企业、公司的资助，或者由大学自己开办公司进行成果转化并进驻商业领域。由此可见，大学的利益诉求始终没有脱离功用，而这种利益作为大学组织运行的动机、动力和目的，对大学组织的价值取向具有决定作用。马克思在对功用进行批判的同时仍然写道："对任何物体来说，如果它没有功用，那么它也就没有价值。"小亨利·刘易斯·盖茨在强调"知识理想是为了其本身的利益"之后，也承认"即使最纯粹的学问也带有政治效果"。（科顿姆，2005）[215] 所以，历史永远是一面镜子，回避历史的分析往往令我们无法看到大学组织价值博弈的均衡。在寻求均衡的路径中，历史无疑是赖以说明选择行为动机的一种方式，它所洞察的功用利益倾向形成了一个博弈聚点——大学组织依附于外界的价值倾向。

二、文化之于大学组织价值的意蕴

大学组织文化是大学组织研究关注的重点之一。研究者习惯上将组织的价值作为文化定义的充分条件，如人类学常常把文化界定在共同的行为习惯、共同的理想和共同的生活方式之中，并称之为支配社会或社会群体行为的一系列价值观念、信仰和信条（克拉克，2001）[137]。托尼·比彻和保罗·特罗勒尔对于文化的定义则比较简洁，认为它"是一系列被认同、接受的价值观、态度以及行为方式"（比彻 等，2008）[24]。以上观点都用价值来定义文化，即使这样的定义还缺少完整性，但至少表明用价值来定义文化有一定的普遍性。然而，如果我们进一步深入地思考文化，就会发现它的形成对价值选择同样具有无比重要的意义，大学组织中的价值博弈往往可以在文化的进程中获取答案。

为了避免陷入循环定义，我们需要通过简单的梳理来对文化形成初步的认识。探讨文化的目的是要发现在大学组织价值选择的过程中文化的意义和作用。人类学家关于文化的讨论异常复杂，20世纪50年代，克罗伯（Kroeber）和克拉克洪（Kluckhohn）对文化给出了一个较为全面的定义：

> 文化包括各种外显或者内隐的行为模式，它借助于一些符号的使用得以学习或传授，并且成为构成人类群体的非凡成就，包括呈现出来的实物形式；文化的基本核心包括在历史中形成的传统习俗及附着在上面的价值，尤其是价值至为重要；文化体系虽然可以被认为是人类活动的产物，但是又可以视为限制人类做进一步活动的因素。（KROEBER，KLUCKHOHN，1952）

这一定义有别于前面两种定义，指出了文化的几个关键词：符号、传统、价值。进一步分析可以发现，文化同时又是上述几个关键词的障碍。形成了的文化在人的信念中占有极其重要的地位，往往左右着人的思维。事实上，在组织中谈论文化，一般分为三个层面，而共享的价值观仅仅是其中的一点，包括有意识的信仰，对好与坏、对与错的判断。其余的在可视范畴内指的是象征性的表征，包括谈论的话题、大型活动的风格、语言、实体结构与标记等；而在不可视的范畴内，除价值观外还有共享的假设，即无意识下的感知和信仰、理想的心智模式等。（SCHEIN，1985）[37] 从以上的分类可以看出：作为组织文化有一个必要条件就是"共享"，无论是呈现在表面的还是不可见的，都必须成为一种"默认"信念，尤其是共享的假设将深植在组织的每一个细微之处，以至于即使采用调查的方式，也常常无法感觉到它的存在。只有通过不断地观察，分析组织中人的决策以及行动才能体验出来。这样的假设在实际行动中反过来将制约新的或者旧的价值观念的形成，从而也有效阐释了康德有关文化实质的论断："在一个理性的存在者里面产生一种达到任何抉择目的的能力，从而也就是产生一种使一个存在者自由地行使抉择其目的的能力，就是文化"（康德，1964）[95]。在经历了启蒙洗礼的康德看来，文化是一个自为的行为者在自由地选择其目的同时，一种无意识的体验所表现出来的能力。这里主要体现出文化的两个关键点：一个是自由的抉择，另一个是潜意识。这也正是所谓民主和自为的结合——文化的真实诉求。

　　寻找文化，一直以来也是大学的意愿。大学是一个清明的世界，时而也会出现混沌，其中的个人和群体在探寻灵魂深处的奥秘的同时也时常会在混乱纷杂的环境中迷失方向。但是，人的精神和信念对困惑混乱的感觉做出了相对抗的反应：人类会努力在密林中寻找"出路"和"方法"（尽管我们的思想和信念也许是非理智的，但是终归是属于这个时代的），在形式上表现为某种认识大学自身和环境的明确的、坚定不移的思想，认识事物本质的、积极的信念。（加赛特，2001）[55]从这个角度而言，或许我们可以解释为什么人们的思维一旦确定下来就很难改变，尤其是那种对自己行为起到导向作用的信念。这些思想或者信念的全部与康德的"文化"概念完全吻合。

　　如果我们将大学看成促进人类发展的自然的栖息地，大学也具有教育和研究的功能——开发智力、发展知识，那么我们可以设定大学的文化是"自由""放权"，大学是管理思想中的"人际关系"品质得到最大提倡和珍惜的地方。但情况并非如此简单，大学在功用利益导向下，在管理体制、学术研究、价值信念等方面都或多或少地发生了转向。卡尔·博格斯指出："随着对科学准确性的追求使甚至最具人文精神的领域也充满了很精确的目标……因为学科的过度分化使抓住社会生活的整体变得困难，所以，对意义和观点的追求不可避免地迷失在专业技能和经验性资料的困境之中。"（博格斯，2002）[141-144]大学内部逐渐形成了专业化、竞争性和依赖关系的封闭世界，这使得大学组织的主流文化正在向这些方面靠拢，依附性特征也极大削弱了大学内广泛的批判性亚文化。

艾伦·布鲁姆曾经认为："大学是容纳探索和思想开放的地方，鼓励人们不是功利性地而是为了理性去思考。大学提供一种氛围使哲学上的怀疑不至被道德风尚和强权势力吓倒，它产生伟大的行为、伟大的人物和伟大的思想，以使对潮流的挑战和置疑能够得到滋养……感觉或者价值承赋并不能给一个人自由，给人以自由的是思想、理性的思想。"（布鲁姆，1994）[268]当然，这其实是一种怀旧的心态，布鲁姆的批判足以激发人们对于过去的回忆。那时，传统的学术人员可以在一个相对封闭、自主的大学环境里开展教育、科研；那时，理性的沉思没有受到太多的社会冲突的侵扰，至少没有像现在这样被冲击得如此全面而剧烈。这种看法是乌托邦式的，没有扎根于影响学术发展的现代性的语境。而在大学组织的行动指向上，毫无疑问，周遭理论和环境包围的现实语境构成了大学的文化。

其实，对于文化的争论从来没有停止过。曾经有人认为文化是一种集权主义和独裁主义的纲领。英国维多利亚时期的著名评论家马修·阿诺德则不断倡导文化的复苏，这个被称为"文化使徒"的学者不断宣扬一种"甜蜜与光明"。在阿诺德看来，文化的最高理想是追求完美。"完美最终应是构成人性之美和价值的所有能力的和谐发展，这是文化以完全不带偏见的态度研究人性和人类经验后所构想的完美；某一种能力过度发展，而其他能力则停滞不前的状况，不符合文化所构想的完美。"（阿诺德，2002）[11]这种完美建立在和谐基础之上，其最终实现的目标是：人性的各个方面和社会的各个组成部分都能得到全面协调的发展。这本身是一种乌托邦式的理想。然而文化的启蒙总是处在历史进程中，美好的文化永远值得我们向往，但是我们依然需要不断地逼近现实。

高等教育已经步入大众化时代，大学的学术生活、课程组织以及管理方式等方面都发生了巨大的变化。仔细观察可以发现：目前大学组织发展变革的主要特征就是管理专业化、科研导向、质量标准以及特色要求。首先，伴随着大学规模不断地扩张，管理机构也变得日趋复杂，管理人员的比例越来越大。不可否认，这确实可以为教学和科研提供更充分的服务。行政和学术逐渐走向分离，要求管理更加专业化，其结果是行政大楼里到处充斥着忙于琐碎事务性工作的行政人员。其次，为了实现"一流""高水平"的目标，几乎每一所大学都为自己定下科研的绩效指标，并且以一种不可抗拒的制度形式体现在每一个学科组织当中，由此而产生的就是学术人员甚至管理人员对于检索期刊、核心期刊、论著以及各级各类课题的高度重视。再次，当大学愈来愈感觉到资源紧缺的时候，所采取的方法是：一方面从政府和社会获取资助，另一方面通过招收学生获得更多的经费。基于此，教学质量的绩效评估也成为大学重要的责任。此外，在市场经济条件下，大学教育的买方市场正在形成，大学必须把人才培养质量放在中心的地位，不断问责质量与效益，方能在日益激烈的竞争环境中立足、生存与发展。（汪庆华 等，2009）最后，如果说重视质量是为了维护对生源的吸引力，那么强调特色则是把重点定位在对市场的分析上。几乎每一所大学都面临着市场带来的压力，尤其是一些地方教学型大学明显在相同类型学科的发展上与研究型大学存有差距，于是"以特色求生存、以特色促发展"就顺理成章地成了这些学校的定位目标，也为学校进一步争取到市场找到了方向。当前，大学组织中的各种变化是真实存在着的，当每一所大学在现实中真正地去体验这些特征时，就已经悄悄地形塑了大学组织的文化。可想而知，这些文化才是真实的，才是真正在大学发展中发挥主导作用的指针。或许大学中的人并不承认这些在思维信念中起到指导作用的潜意识，然而每一个生存在大学之中的学术人员和管理人员都实实在在地处在这样的文化氛围之中，而且管理、学术上的所有行动指向都无意识地附带着这样的文化结果，说它是一种"共享"的文化并不为过。

至此，我们可以从另一个角度看待文化，这样的视野并不把文化作为价值取向的结果，而把它当作价值选择的约束力或者推动力。事实上，文化和价值的分野从来就没有清晰过，文化与价值孰因孰果一直也是未知之谜。当追求"一流"可以带来更大的利益之时，大学还会无动于衷吗？当大学能为社会经济做出贡献并获取大量资源时，它又怎么会仅仅为了自主而放弃资源？学者的学术自由在强大的管理主义和审计文化面前也需要做出必要的让步。所以，文化的形成与安排是大学组织发展价值的博弈聚点的参照系。尽管如此，这种文化毕竟不是大学的应有之意，有关大学使命和大学理想的思考需要通过期望均衡的指引做出调整。

第四节　价值取向：追求期望的均衡

从博弈论的视角来看，价值选择的博弈属于一种概率博弈。这样的博弈形式指的是一个局中人与自然的博弈，但却是一种该局中人在并非确定的条件下做出选择的博弈。换言之，自然用一种不可预测的方式影响着局中人的博弈结果。（凯利，2007）[30]从根本上讲，在价值选择的博弈中自然做出回应的概率是未知的，即使我们已经清晰地了解了自然的选择，在大学组织的价值选择上也不能轻易地应用，而应依据一种聚点式的判断。就像一个上下班步行的人，如果有 n 条同样距离的道路可以选择，那么这个人选择走哪一条道路会根据自己长时间养成的习惯，这种习惯可能是由心理意向或者由文化决定的。所以判断这种博弈的均衡往往要依靠聚点的选择——从历史和文化中汲取的惯性。可是均衡的发生并不都如我们所期望的那样，因为大学组织自有其学术逻辑。所以，构建期望均衡策略成为应然的价值取向。

一、生存的价值取向——自为与依附

历史和现实告诉我们，在大学组织中存在着功用利益的倾向，这是毋庸置疑的，关于大学的功用性应否存在的辩论毫无意义。但是，任何功用的利益都有着巨大的风险，大学组织追求利益的有目的的活动常常彼此冲突，集中反映在"自为"与"依附"的价值取向冲突上。纽曼和雅斯贝尔斯都强调过"知识能够以自己为目的""为真理而真理"的大学

理念，但是这些理念在现实中却很少得到实践。大学和其他机构常常被迫去应对兴趣与实际事务之间的冲突所带来的压力。如何评价知识及如何应用知识也是大学面临的难题。然而，只要社会认可知识的权威，无论是基础研究还是应用研究，无论是抽象理论还是经验理论，都能兴盛。今天的问题不是对实际知识的功用主义需要，而是对知识生产的工具主义压力很少被包容在更大范围的对认知的追求中。（富里迪，2005）[64]大学外部的资助即使是最善意的，也可能与倡导自由的价值观相互冲突。为了获取公共资助，大学首先牺牲了自己的一个传统，即公开和自由地交流研究的方法及其结果，这一传统向来被认为是智力探究获得成功的基本要素。（罗森兹威格，2008）[194]此外，政府对大学的资助必然要体现出自己的利益，通过对经费细节的控制来控制大学的发展走向。大学可以继续提倡自由，但是自由已经被束缚在各种条条框框之中。所以，理论探索者在困惑中始终在寻找将两种利益的满足统合起来的途径——能够在体现大学功用利益的同时将一种"自为"的自由铭记于心的途径。

按照辩证的逻辑，基于布鲁贝克对于"认识论"和"政治论"两种高等教育哲学观的理解，上述两种利益可以结合在一起。"如果大学不可避免地要卷入到复杂的社会中去的话，那么我们就既需要专业方面的高深学问，也需要研究方面的高深学问。经验即历史表明，当这两方面相互结合起来的时候，它们各自都得到繁荣并发展。"（布鲁贝克，2002）[27]也就是说，对知识的评价与对运用知识的兴趣虽然处于紧张关系之中，却可以同时存在。正如现在经常将大学划分为研究型大学和应用型大学，而大学类型的划分并没有统一的标准一样。虽然人们普遍认为研究型代表着学术的原创性，应用型代表着知识的应用性，可是终究没有说清大学在知识的传递、应用和创造上应该如何把握好重心。世界范围内，最先走向产学研结合的大学可能就是研究型大学，很多最先参与到政府发布的重大课题中的大学也是研究型大学，而应用型大学在学术标准上也同样不甘落后。笔者曾经访谈过的一位大学副校长说道：

（香港）政府将我们这所大学定位在应用型的行列，这种定位并无依据可言。如果谈到原因，可能是政府准备将更多的资源投放在港大、中大、科大那里。所以，请了一些英国专家来做了一个研究报告，将这三所定位为研究型。从整体发展的角度来说，我们都能够理解。但是，换个角度看，大学是非常自由的，应该给它充分的竞争空间。政府给我们定位为应用研究，实际上什么是原创性研究，什么又是应用研究，全世界恐怕都没有统一的定义。研究就是研究，有些可能马上就能应用，有些可能需要几十年后才能应用。所谓提倡应用，主要是在头脑里形成一种意识或观念：所做的研究不是天马行空，在不远的将来要想到付诸实践。这也是我们开始时定立的模式。

所以，原创性知识和应用性知识之间的界限依然不是很清晰，但是只要社会认可知识的权威，我们就能在两种价值观中找到平衡。如今的问题并非要摆脱掉大学的功用利益，而是如何在两种利益冲突中发现对大学产生影响的根源以及谋求一种和谐。历史上纽曼、奥尔特加、施莱尔马赫、雅斯贝尔斯、克尔等学者都或多或少地谈及大学的使命，这些使命都成为大学不懈发展的动力。然而，当今时代，对大学使命核心精髓的理解则应该表现在"理性的思考"上。艾伦·布鲁姆曾经说过："大学最需要的就是思想。"（布鲁姆，1994）[334-335]

在所有的机构中，大学是最为依赖于其每个成员内在信仰的一个部门。我们不能把教育领域中目前所出现的问题认真地归咎为：管理者的不佳、意志的薄弱、纪律的缺乏、资金不足、对基本功训练的关注不够；不能归咎为那些一般性的解释之中，好像我们这些教授鼓足了干劲，事情就会顺利起来。所有这一切都是因为大学的教职员们缺乏深刻信仰的缘故。当有人对意味着学术自由的原则提出了认真的质疑时，人们不能说我们必须要去保护学术自由。（布鲁姆，1994）[334]

在柏拉图的《理想国》一书中，苏格拉底把人描写为处在黑暗洞穴中的囚犯，透过洞口的微光看到自己的影子，并认为那是唯一真实的存在。大学如果试图从迷惑中解脱出来，就必须理性地走出"洞穴"，思考周围所发生的一切。我们不能总是说必须坚持自由和真理，那至多不过是一种爱国主义式的姿态，这种姿态对于大学来说无济于事。

大学普遍联系现实和为公众服务的思想是促进国家和社会发展的动力之一，这本身无可挑剔。但是如果大学的这一价值成为大学得以生存的目的，那么衡量大学学术的标准必将依据这种价值判断，学术工作的内容也将随着外界环境的变化而变化。

在这样的环境里，客观知识似乎蒙上了技术的色彩，专家和技术员取代了那些追求更深刻的洞察的人。我们形成了发展微观知识的倾向，来取代首字母大写的知识。（富里迪，2005）[65]

当外界需要大学做出浅显的回应时，大学必须去迎合这样的标准。长此以往，高深学术完全变成了一种工具，而非令人羡慕敬仰的圣地，学术精英机构中的创造性也会大打折扣。此外，没有一种相对恒定的标准去衡量学术，也就无法区分出学术上的优秀者，所谓的"优秀"只不过是在功用的范畴内做得更令外部满意而已。这些结果实际上助长了真理和知识的价值相对主义，大学表面上很是风光体面，实质上学术水平却在不断下降。由此可见，大学真正应该思考的似乎是以何种价值为目的的问题。当然，我们并非一定要做出明确的区分，只要将这种认识论的观点稍加变化，就可以使我们耳目一新。既然大学的功用性始终存在，那么我们根本没有必要回避它。因为功用性的目标过于模糊、复杂和不确定，只有凭借各种各样的间接目标作为中介才能获得，所以我们必须首先思考大学学术本身的事情，这种思考不仅建立在学术本身的自为的特性基础上，而且还要能使大学的功用利益倾向得以更好地实现。事实上，保持一定的距离是学术界为我们这个社会的商业、政治和社会利益服务的最佳方式。（科顿姆，2005）[215]

现在的学术知识分子越来越服从于量化的考核，对外部盲目地顺从，而缺乏更多的创造性。我们经常说学术自由是激发创造性的源泉，如果学者缺乏自由精神，无法创造出对社会更有价值的思想和成果，那么学者存在的价值体现在哪里？社会还有什么理由来保护和推进他们的学术工作？无论是大学还是学术人员，都应该时刻区分何为小利、何为大利。很大程度上，现在的很多学术人员是从思想上陷入了逐小利而舍大利的迷惘之中，并且尚不自知。在价值的博弈中，真正能够主导大学的已经不是那种更为深远的理想，这种理想早已让位于不顾一切地追逐短期利益。所以在终极意义上，简单地盲从和实现真正的功用实际上形成了一种悖论。

本达曾经对知识分子有过这样的描述："他们的活动本质上不是追求实用的目的，而是在艺术、科学或形而上的思索中寻求乐趣，简言之，就是乐于寻求拥有非物质方面的利益，因此以某种方式说：我的国度不属于这个世界。"（BENDA，1969）[43]本达的语言是理想化的，体现出一种气势，而现实是作为知识分子的学术人员应该是个人的和公共的融合，个人的历史、价值、创造、立场以及如何进入外部世界，这是一个辩证的统一。两者互为基础，单纯哪一方都不可能独立存在。实际上，简单地责难大学是错误的，大学通过其学术的观念、成果及其转化，在更大的范围内产生了辐射作用。大学所面临的危机并非缘于其功用利益的彰显，而恰恰是由于知识分子的学术信念出现了危机。萨义德总结了挑战专业知识分子的几种压力：专门化的工具性压力；专业知识和崇拜合格专家的做法；追随者无可避免地流向权力和权威，流向权力的要求和特权，流向被权力直接雇用。（萨义德，2002）[67-69]这些压力都产生了可怕的力量，导致了学术人员信念的危机和目前大学所出现的种种问题。所以在这种情势下，我们谈点本达的理想确实无可厚非。现在的大学并不需要假装外部的冲击不存在或否认它们的影响力，而是要更加强调学术人员"心灵的自主"和良好的学术态度，并以此维护大学的利益和价值取向。萨特关于自身的一段论述为我们构思学术人员所应有的角色形象提供了启发：

首先，我是一位作家，以我的自由意志写作。但是同时我也是别人心目中的作家，也就是说，那个作家必须回应某种要求，必然被赋予某种社会作用。不管他要玩什么新花样，必须根据别人对他的看法而来。他也许要修正在特定社会中别人认为属于作家（或知识分子）的性格，但是为了改变这种性格，他首先必须悄然进入那个特定的社会。这时，所有的公众也属于那个社会，并且带着特定的习俗、世界观、社会观和那个社会的文学观。公众包围着作家，把他团团围住，而公众迫切或诡秘的要求，作家的拒绝和逃避，都是既有的事实，而作品正是以这些事实为基础才能建构出来。（SATRE，1988）[77-78]

我们因外在环境对于思想和知识自由的控制而忧虑，担心大学的功用利益会带来种种不良表征，但却很少考虑这种功用利益的客观性、面对利益冲突怎样加以调试以及目前的环境体系对于学术人员带来的冲击。大学是一个历经长期发展演变的组织，它存在于过去、现在和未来之中。历史是大学组织价值博弈聚点均衡的一个参照系，依据历史的判断我们可以找到均衡：大学为现在的社会服务，也必将为将来的社会服务。然而，这种服务必须建立在对学术内涵最大的包容和尊重之上，必须能体现出大学学术人员"心灵的良知"，这也是拥有自为和依附两种选择的大学组织所应期望的价值取向。

二、变革中的价值取向

歌德曾经说过："不断变革创新，就会充满青春活力；否则，就可能会变得僵化。"这一点在大学组织中得到了充分的体现。透过近千年的发展历史，我们看到了大学的不变性。在西方，1520 年以前建立的机构中大约有 75 个公共机构目前仍然存在，其中有 61 所是大学。这是一件耐人寻味的事情，就像我们经常提到的"大学基业长青"一样，61 所大学在创始之初就已具备的许多特征今天仍然存在。当然，这种不变只是从单一角度阐述的道理。大学也在不断地改变，除了功能的演进之外，更主要的是大学的价值取向也在历史和文化中不断发展变化。

（一）从追求卓越谈起

雷丁斯在《废墟中的大学》一书中使用了"卓越"（excellence）一词，译者在翻译该词语的时候为了使其在中国的文化情境中产生共鸣，采用了"一流"的译法。由此也可以看出，"卓越"一词的内涵具有雷丁斯所描述的空洞之意。"追求一流标志着这样一个事实：不再有大学的概念，或更确切地说，这个概念已经失去了它所有的内容。作为一个完全属于系统内部的没有所指的价值单位，一流只不过标志技术的自我反映的时刻。系统所需的是投入运行，而且空洞无物的一流指的只是最大限度的信息输入、输出率。"（雷丁斯，2008）[37]雷丁斯在这里提到的一流（卓越），建立在全球化视野下民族文化式微的基础之上。卓越虽然没有什么具体的含义，但是却成为大学争先追逐的目标。如果每一所大学都在世界大学排行榜的指引下寻求自身的利益，并力求在一流大学的行列之中占据一席之地，那么博弈的结果必定是颇具竞争力的大学都会争创卓越。不仅如此，大学同样可以敦促所有的院系都努力追求卓越，对卓越的追求大都集中体现在学校的愿景之中。笔者在对我国澳门、香港、台湾地区的大学进行访谈时也经常看到，一些大学会在愿景或者计划中提出追求卓越的口号。

香港中文大学的愿景："努力成为香港、全国及国际公认的第一流研究型综合大学，并使我校建立于双语及跨文化传统的学生教育、学术成果及社会贡献，均保持在卓越水平。"

台湾师范大学的卓越计划："追求卓越、迈向大师。"

澳门理工学院的愿景："建设不断追求卓越的一流高校，服务于澳门和周边地区。"

有些大学尽管并没有在宏大的目标中体现出"卓越"两字，类似"顶尖""卓越""一流"等词汇也经常出现在对教学计划、科研计划、服务计划等方面的介绍之中。然而，这样的词汇确实如雷丁斯所说并没有什么准确的含义，只能代表一种全球化、统一性的导向。可是，并非所有处于卓越文化之中的大学都为了世界大学排行榜争得不亦乐乎，于是"卓越"一词也可以变成简单的"美好""优秀"的意思，进而转变为诸如质量、绩效等方面的标准。基于此，追求卓越似乎已经成为大学组织价值选择的稳定策略。前面所提到的"一流停车服务"的事例，揭示了"一流"标准的模糊和含义的空洞；我国高等教育领域的"985工程"也体现了追求卓越与维护公平两种价值取向之间的矛盾。实际上，卓越本身并没有什么过错，也没有人能举出充分的理由说明卓越不能成为大学的目标。雷丁斯之所以认为卓越让人忧心忡忡，主要还是因为"卓越"这样的词汇一旦成了标语式的口号，很快就会演化成一些数字和符号，进而潜移默化地引导行为主体的利益诉求。大学组织中行为主体采取的种种策略，大体上和声望、资源、权力等相关（这样的利益并不仅仅局限在"经济理性"范畴内）。然而，如果我们进一步观察，就能够发现这些利益都是一种即时的利益诉求。一位工科教师在访谈中谈道：

　　简直不知道现在为什么都是这样？我们学院又开始实行科研考核，如果年度内没有发表相应数量的文章就要被扣发岗位津贴。年轻教师的压力也非常大，被要求四年内必须考取博士，否则就要考虑换岗。在这个问题上，学院领导的意见也是不一致的，有的也认为过分地强调科研量化是高等教育范围内不良的导向，但是同时又说：现在真是没有办法，不这样做，学科竞争力怎么体现？学院如何才能搞上去？

　　这里姑且不谈这样的科研量化能否达成所愿，类似的做法确实是一种无奈之举。领导处在任上，基于对大学声望、资源、权力的渴求，只能采取制度考核、努力争取的策略。而基于即时利益的博弈所产生的结果，却容易导致另一价值——公平的缺失。

　　从整体资源的范围来看，公平意味着将资源这块"蛋糕"尽可能平均地分配，可是在追求卓越的价值取向下能够做到这一点吗？笔者认为，即时利益的影响不仅存在而且巨大，学者的利益完全不像雅斯贝尔斯所描绘的那样，仅仅局限在对真理和知识的向往之中（学者对于真理和知识的向往，与有些即时利益并不在同一个范畴里）。大学的范围如此之大，其中各行为主体的利益诉求也多种多样，为了眼前利益而不顾长远的现象比比皆是。所以，在追求卓越的导向下，利益主体一旦将即时的利益诉求调动起来，其相互之间博弈的结果必然是强弱的分层。卓越和公平的博弈都是围绕着资源分配而产生的，这种对资源的需求带有明显的即时效应，它体现的是对现有利益的分配和调整，能够揭示出即时博弈所带来的卓越与公平之间矛盾的成因。

然而，如果我们视野更开阔一些，就会发现在任何时候都不能放弃对公平的诉求。正如约翰·罗尔斯所说："正义是社会制度的首要价值，就像真理是思想体系的首要价值一样。一种理论，无论它多么精致和简洁，只要它不真实，就必须加以拒绝和修正；同样，某些法律和制度，不管它们如何有效率和有条理，只要它们不正义，就必须加以改造和废除。"（罗尔斯，1988）[3] 虽然笔者并不完全赞同罗尔斯的观点，但是却同意将公平作为终极价值标准。在长远的博弈中，不断追求卓越可以促进公平的实现。

首先，不公平产生的根本原因还是资源的有限性，而不断地追求卓越，增进行为主体的发展动力，才能产出更多的资源，从根本上保证公平的实现。一位理学教授在访谈中说道：

如果一所大学或者一个学科都仅仅停留在"被照顾"的范围，而没有竞争机制和奖赏计划对之加以促进，那么导致的结果就是"饱暖而不思进取"，在信誉和资源上都无法得到提升，这样所导致的是大家都得不到好处。就像吃蛋糕一样，只有买一个或者做一个更大的蛋糕，才能使每一个人分得更多，如果仅仅看着眼前的小蛋糕，再怎么分都是有限的。可是有人却恪守这样的原则，你说这能算是所谓的公平吗？

其次，大学组织变革中所追求的卓越目标总是以质量为核心。现在许多类似的考核指标之所以强调分类分级，根本目的还是保障质量。如，在科研考核中强调成果要发表在国内外各类引文数据库（如 SCI、SSCI、EI、AHCI、CSSCI 等）收录的学术刊物上，对索引期刊还要分出级别，这样做最终是为了保证科研质量。而质量可以分成两个方面：一方面是指追求卓越的举措要符合特定的规范和标准，这正是公平的基本内涵之一；另一方面是指要为不同能力的人或者组织提供相应的服务，使每个人特有的能力得到发展，并且个人的能力应该以有益于整个国家的方式去发展。所以在质量的联结点上，我们对卓越矢志不移的追求正是为了实现更高的公平。

再次，对于公平的长远利益诉求是为了营造一种公正和合作的价值环境，而这正是卓越理想实现的关键。一个缺乏和谐精神基础的环境只会使竞争变得盲目和短视（BECKERMAN，1992），从而导致长远利益的缺失。如果将公平作为一种永恒的价值追求，那么追求卓越在长远的利益诉求中会与追求公平相统一。

在长远的重复博弈中，不断地追求卓越能够促进更高层次的公平。因此，现在的卓越理念应该避免两个倾向。

其一，追求卓越的结果不能够实现对公平的补偿。卓越的终极目的是实现公平，如果通过一系列规范和有效率的措施使大学组织的变革有效，但是同时忽视了博弈中产生的不公平现象，就更容易导致强者愈强、弱者愈弱的恶性循环。所以，可以引导大学内外享受到优质资源的机构或者个人，以各种形式参与到对弱势机构和个人的扶持中，这样才能真正形成良性的循环。当然，由于资源的稀缺，现实环境中的博弈也不可避免地会带来追求卓越与维护公平之间的矛盾。这种矛盾大多是在资源的初次分配中产生的，具有即时性特征。如果无视即时博弈中产生的矛盾和低效率，那么也将无法获得长远博弈的公平结果。正如有人所言，如果初次分配不强调公平，一味强调效率，或者过多地强调效率，巨大的初次分配差距，靠再分配的力量是很难缩小和矫正的。（杨宜勇，2008）更何况无论是信息成本还是实施成本，再次分配都高于初次分配。

（POSNER，1976）[231]

其二，追求卓越的盲目性。在笔者访谈的大学中，虽然多数院校都使用了"卓越"的话语，并且还使用得相当频繁，但是真正能够很好解读"卓越"一词含义的却很少。如果仅仅将卓越当作"美好"或者某个新鲜的事物，那么所产生的策略必然是趋之若鹜，而完全不用理会卓越到底是什么。虽然盲目并非每一所大学主观的愿望，但是大学的潜意识中会包含一些对新奇的向往。

因为每当一个人遇到某种奇怪和新鲜的东西时，特别是当新奇的事物看来也比以前熟悉的东西优越时，唯一明智的反应是对新奇的事物做些什么。一个人可能试图占有这个新东西……把它当成他自己的东西……一个人能够不理睬使人引起不舒服的人和事物，并且希望他们不再出现或者设法凭借暴力把他们赶走。但是要排除一个真正吸引人的新奇的东西，通常需要强有力的地方技能和机构。（克尔，2001）[40]

大学组织也是如此，一旦卓越成为潜意识中追求的信念，那么全球性的大学相互借鉴就会产生趋同的模式，这样的趋同进而演化成为各式各样的指标体系。大学也很少关注这样的博弈取向所引发的附带现象。比如，集中有限的资源投入总是好的，可以集中精力重点突破，所带来的也未必是坏事情。但博弈论告诉我们这样一个道理：我们所看到的范围是有限的，尤其当我们面对即时利益的时候，设定的目标往往受到即时利益的牵引，而不是追随长远利益的诉求。这样就难免出现在追求卓越的过程中以数量代替质量的做法，甚至一切都围绕导向而设定。

"行为习惯是比较容易改变的，思维的习惯是比较不容易改变的。受思维习惯影响更深的行为习惯也是比较不容易改变的。思维的习惯和习惯性思维一起显得特别有力量，外力往往不容易起什么作用。"（张楚廷，2007）[52]追求卓越的趋势正在形成一种习惯性的思维，而我们需要做的恰恰是尽力改变我们的行为习惯。也许行为习惯受到思维的影响，不那么容易改变，但只要我们对于博弈的力量予以充分的认识，对长远的利益予以充分的关注，就可以慢慢地去改变。卓越的真实内涵应该建立在长远的公平基础上，有了这样的目标，就可以将博弈的视野放得更宽、更广，才不会使卓越像雷丁斯所描述得那样草率而空洞。

（二）管理文化中的学术价值取向

在大学组织中，我们不能忽略具有象征意义的学术价值理念——学术自由。在访谈中，几乎所有的学术人员都不约而同地提到在大学里维护学者学术自由的重要性。一位文学教授这样跟笔者谈道：

> 社会上的一些人认为大学里的教师显得比较"尖刻"，说出的话总是酸溜溜的、带刺的，照我看来，这个社会还是需要一些"尖刻"的人存在的。如果大学里的教师没有这样的自由，没有这样的批判精神，社会上恐怕更难找到说真话的人了。但是，不幸的是，这样的"自由"在大学中也越来越少，酸气没有了，只剩下了腐气，附和的声音越来越多。

很多学术人员都表示了对自由缺失的担忧，这些发自内心的言说表达了学者维护学术自由的决心。学术自由的根基是"自由"，自 18 世纪末法国大革命中提出"自由、平等、博爱"的口号以来，自由已经成为世界上使用频率最高的概念和符号之一。关于什么是自由，在西方思想史上人们的看法莫衷一是，自由主义的先驱卢梭和洛克对此也有不同的理解，但是在自由的社会属性方面却存在一致观点。如卢梭虽然强调人生而自由，但是认为这种自由是有限度的，人必须通过订立社会契约以达到公民的自由。从本质上看，卢梭的自由是一种政治意义上的自由。而洛克与卢梭不同，他更多地强调个人的自由权利，并强调要对政府权力进行限制。因为个人无法在自然状态下完全享有这种权利，所以不得不进入社会中来，这样才能从其他成员的劳动和帮助中得到许多便利。存在主义哲学家雅斯贝尔斯则认为："人不仅是一个现存的生命，在其发展过程中，他还有意志自由，能够主宰自己的行动，这使他有可能按照自己的愿望塑造自身。"（雅斯贝尔斯，1988）[209] 萨特更是把自由提升到本体论的高度，他认为"存在先于本质"，而人的存在和人的自由是同一的，人被判定为自由的，所以人性的自由是绝对的。

在人类知识的"象牙塔"中，学者是学术的代言人，本身就有着追求学术的价值取向。大学中的每一位学者都试图通过自由的方式去达到学术目标，这种自由不是外界给予的，而是一种向往学术终极目标的自由。只有在这个前提下，学者才能通过学术理念的有效建构和实施体现自己作为"思想者"的本质。存在主义的观点从本体论的高度赋予学术自由意义，然而，当我们把高深学术视为并非任何人都可以轻松达到的目的之时，就必须给予学者充分自由的权力，过多限制所导致的结果只能是思想的匮乏。此外，高深知识之所以高深，在于追求真理的未知性。真理不是绝对的，没有人能够保证自己发现的是真理，也没有什么办法可以确定哪种知识就是真理的化身。所以，在大学中应该有这样的氛围：每一个学者可以通过不同的途径去发现结果，以思维的多样性体现出成果的多样化，即使产生分歧也是为了实现学术的繁荣。这决定了在探索和发现的过程中必须有自由精神。应该说，学术自由在很多重要方面都有助于丰富和激励学者的生活，这种自由一旦被剥夺，学者也就失去了充分参与智力交流活动的机会，而智力交流恰恰有助于培养人的价值观，有助于认识世界，有助于发挥那些最具人性特点的思维和想象力。（博克，2001）[17]

广义上的学术自由指学者们免于外界的压力，在大学内根据个人的学术旨趣进行思考、选择和行动的自由，如，前面访谈中文学教授的观点就表现了言论上的自由和批判的精神；在狭义的学术范围内，学术自由主要包括只受到同行评议的自由授课和做研究的权利。以上是美国大学教授协会在学术界采用的职业信条。美国大学教授协会自1915年成立以来就反对宗教、政治和经济对教授的束缚，认为学术自由是大学的核心理念，应将大学的自由思想摆在学术生活的首要位置。"（外界）需要对大学持有理想化的看法，把大学作为一个自我管理的学者社区，致力于独立研究，反对各种宗教教条的束缚。科学的独立权证明了这种大学

的管理方法。"（戈德法布，2002）[141]

当然，反对学术自由的声音也不绝于耳。大部分的意见集中在自由容易带来与政治、法律等的冲突以及学术自由的不可靠等方面。"这些危险是大学教学人员和大学外部世界之间形成较为密切的接触和联系所直接造成的结果。"（博克，2001）[24]对于类似的论述，在前面有关大学生存价值的博弈分析中已经涉及了很多，这些外部的控制力量是一种必然的存在，而一些在大学内部看起来"正确"的事情也同样影响着学术自由。如果说大学组织的"自为"和"依附"两种价值取向是大学与自然博弈的结果，那么现在管理主义盛行所带来的"效率"价值与"自由"价值之间，则构成一种内在的、不完全信息的博弈。

价值的博弈本身就带有模糊性。有些近乎零和，如自为和控制。在美国，私立和公立大学由董事会领导。与致力于追求学问的中世纪行会相比，董事会治理更像现代公司的治理模式。董事们及其任命的管理机构有责任从私人和政府那里争取资金、收取学费、聘任教职员工以及支付其他资本支出和办公费用。正如政府给大学拨款一样，"谁付费，谁点唱"。控制的另一层含义是要求被控制者按照控制者的意志行事，所以控制的强弱总是以被控制者丧失相应自由为代价。

价值的博弈也经常出现常和的结果。不管在利益的底线上存在多少分歧，一种价值走在了前面，而另一种价值可以保有制衡的力量。如前面分析的卓越和公平。还有一类价值的博弈则是潜在的，如我们进行价值选择时，某种价值选择被普遍认为是正确的，然而它却潜移默化地影响着另外一种价值选择。效率和自由之间的博弈就属于这种情形。

大学的变革激发着组织中每一个人的热情。虽然大学组织变革因为大学的特殊性而存在很多难处，但是任何一点成绩都是组织成员期望看到的结果。

我期望我所在的学校能够进一步提升，不仅在教学水平、学术能力上，而且在管理方面，只有齐头并进，大学的未来才能充满希望。

　　一位大学校长在开会时平和的结束语让笔者记忆犹新。的确，大学的内涵不能仅仅局限于功能的发挥，功能如何发挥也是大学应该考虑的一个重要问题。迈克尔·夏托克教授在《成功大学的管理之道》一书中认为：尽管环境和历史因素对大学的成功起到很重要的作用，广义上的管理也代表了整个的或者在某种情况下对大学的成功起着决定性作用的因素。（夏托克，2006）[28]管理的重要性不言而喻，就像小孩子走路总是需要父母在旁边照看一样，它所起到的是保障作用。然而，现在人们对管理的理解总是差强人意，一提到管理好像就意味着"强硬的手腕"或"不近人情的理性"。所以，学术界逐渐开始使用"治理"（governance）的概念。可是，在大学的微观层面使用"治理"又不是很合适，管理需要方法和技术，并且每一种方法和技术的背后都有一套盛行的管理哲学，也必定体现在相应的文化范畴内。

　　技术和工具，并非像我们描述的那样，是倾向于扮演一种中立者的角色。技术和工具总是被人们在特定时间、地点、环境、文化和权力关系中所使用。就高等教育而言，创新性的管理技术和工具可能看起来价值无涉，但实际上，它们深刻的意识形态却一直处于两次学术管理革命的核心。（波恩鲍姆，2008）[2]

　　两次学术管理革命，一次是泰勒的科学管理，强调管理过程的有效性，另一次则以评估成本效益的方法为代表，着眼于管理的效果。两次革命形成了管理学界专业主义和（新）管理主义的思想。尤其是新管理主义特别强调管理的市场化取向，这样的方式会带来高效率和低成本，也经常被视为改进管理绩效的可靠战略。具体包括：第一，在达成组织和社会的目标上，通过扩张管理权来追求较大的效率；第二，整理有关组织目标以及达成目标的方法的知识，特别是关于效率的内部计算法（输入与产出），以及在市场关系的领域内各竞争位置的外部计算法；第三，详细描述如何进行管理，以及具体管理什么。（CLARKER，1998）[202-204]

　　在新管理主义看来，完美的大学管理制度应该具有保证学术院系合理、高效、有机运行的各项机制。完善的管理制度能满足管理者的利益，管理者应使其对人们的利益、对服从于这项制度的人们的利益负责。（波恩鲍姆，2008）[24]为了追求以上的利益，大学采纳了一种又一种的管理新技术，如目标管理、标杆管理、全面质量管理、流程再造等，这些被罗伯特·伯恩鲍姆称为"管理时尚"。前一个时尚的作用还没有充分发挥，新的时尚又闪亮登场了。当然，伯恩鲍姆也肯定了时尚所起到的作用，并没有因为它来得快、消失得也快就予以否定。何况时尚之所以被一个组织所采纳，也并不是因为管理的技术有多么先进，而是受制于历史、政治以及其他随机性的因素。"管理时尚通过组织系统进行思想传播的过程，就类似于病毒在宿主中传播。每一种管理时尚最初被采纳，可能是因为它们表现出合理性；一旦开始实施后，即使没有证据证明其能发挥真正的作用，它们也可以不断地传播开，因为它们是无法确定的、复杂的、真实存在的和理想化的。"（波恩鲍姆，2008）[121-122]

至为关键的是，一项新的管理技术被引进总是符合管理主义的主要目的：效率性、以最小的成本达成最大的收益。这些目标一直对大学产生着实质性的影响，并且常常是痛苦的影响。学者们不但没有从中得到更多的权利，而且会感到自己负担过重、没有得到足够的重视、没有足够的资金、精神压力大。高校教师的非专业化倾向显然已经产生，同时高校教师具有特殊地位和学识的传统观点已经过时。（比彻 等，2008）[14]由于管理主义的盛行，公司的经济原则正在控制着大学。三好将夫在《"全球化"、文化与大学》一文中认为：

> 我们目睹的是，只要注册选课人数不够，那么这个课程必定取消，不管那课程教的是基本的数学理论，还是阿贝奇与恩古吉有关语言的用途的争议，还是南美洲的证明，还是德里达对鬼魂的依赖，还是杂交的力量，还是 15 世纪的英国诗歌。反过来也是一样，如果有许多学生感兴趣，那么任何空泛的课程都可以讲授。当然，系和学院能够总是通过要求学生选课来压学生。但是不能够从实质上保证工作安排的大学教育，

也就不能是永远不可挑战的权威。学生的不情愿和抵抗是能够成长起来的。（三好将夫，2004）[173-174]

　　教师的教和学生的学都变成了一套成本效益原则。类似的公司原则还体现在组织的安排上，如，所有的美国大学在组织结构中都存在学术职业的自我管理模式与公司管理模式之间的矛盾。我们必须承认，经济发展确实决定了大学的发展方向。毫无疑问，大学董事会中的商业人士会继续以重视经济的方式影响学术生活。在国内，由于资源的缺乏，大学校长的利益也会不断转变，进而演变成为一种管理的策略和方法，甚至将经济原则带入大学组织的课程发展与学科设置中。

　　管理主义带来的另一个问题是集权化的趋势。效率价值带来的行为方式必然是管理上的相对集中，因为只有这样才能达到管理的最终目标。随着高等教育大众化时代的到来，学生规模不断扩大，为了保持高校的竞争力以适应社会的发展，高等教育必须重视质量。所以，全面质量管理（TQM）在大学应运而生。又因为大学组织结构的松散性，"全面"两字用于大学并不合适，于是全面质量管理转变成持续质量改进（CQI）。即使有些大学没有采用上述两个名词，持续重视质量的提高也是其必然采取的策略。然而，一旦这样的重视成为一种文化，就必然以某种严格的标准体现在大学的各个管理层次中。标准化、流程化、数字化都成为重视质量和绩效的各种表现形式，而这些都需要一个集权、统一的体制予以保障。此外，新管理技术的运用必然要求增加相应的人手，评估、审计等质量保证措施的广泛应用也使管理人员的队伍不断地扩大，加上高等教育大众化进程中管理人员已经增加了很多，所导致的结果必然是管理队伍越来越独立于学术之外运行，进而要求管理走向专业化和集权化。

　　管理主义在发展过程中正在悄然影响着学术上的一种价值取向——学术自由。学者在这样的文化氛围中只会感到一种无奈和压力。实际上，当我们审视这些管理模式时，会有些疑惑：谋取资源有什么问题？专业化有什么问题？重视质量又有什么问题？这些难道不是我们按惯常理解需要不断加强的举措或者思路吗？应该说，虽然这些概念本身没有问题，但是在贯彻这些概念时，人们在对学术机构的特性以及学术人员特性的理解方面出现了问题，或者说没有考虑到管理主义价值取向对学术自由产生的潜移默化的影响。实际上，管理主义思想带来的种种变化已经广泛体现在大学内部。如，专业化、质量绩效等就属于前面所提到的潜在文化，这样的文化在大学里逐渐成为价值选择上的影响因素，也促使大学组织变革过程中价值博弈聚点均衡的形成。如果将管理主义和新管理主义所带来的价值取向看作"效率"，那么它和"自由"之间也存在着相互博弈，只不过这种博弈因为两种价值选择不在同一个层次范围而被忽视，两者的博弈在文化指向下所达到的均衡必然是学术自由的缺失。

以往管理文化存在的价值是给管理者提供更为有效的职权或者更为强大的管理工具，以满足"效率"的初衷。这些管理技术强调数字化模式、经济理性和线性的逻辑、市场行为的导向以及计算的方式。可是，这样的管理使管理者逐渐远离了大学组织的核心——学术价值。实际上，追求效率的模式并不见得在任何情况下都能达到理想的状态，学术管理者要想使管理工作更加有效，还必须"拥有软数据、判断、直觉、模糊逻辑和对混乱的忍受"（波恩鲍姆，2008）[174]。有的时候，学术组织的有效性反而是在基于学术自由的无序状态下才能够体现。

学术自由的价值信念不仅体现在学术生活中，而且会反映在大学的管理理念里。仅仅从学术本身去思考学术自由的价值只能在学者的生活范围内产生启示，倘若大学的管理文化出现了问题，势必会影响学术价值的维护与发展。从学术自由的本质可以看出，大学学术人员在决定如何教学和研究方面应当拥有充分的自主权，我们需要在宽容的管理文化中保障和维护这种权利。在将公司、企业或者政府部门的管理方式应用于大学时，首先必须对学术价值有深刻的理解，才能发挥它们的效用，任何理智的大学学术管理者都不能忽视这一点。自由、探索精神是学术繁荣的根基所在，"由大学教授终身职位制度和学术自由原则所产生的令人快慰的、近乎无政府状态的、完全学术自由的环境，对学术界的行为有着一种重要的影响。如果不能理解这种环境，也就不会充分理解大学在寻求尊重他人利益和在对外部世界存在的问题作出建设性反应方面究竟能够走多远"（博克，2001）[39]。所以，在"效率"与"自由"的价值博弈中，大学组织要在对学术理念进行充分思考以后再做价值选择，这种选择既要体现出管理的利益，也要凸显学术人员的利益，并最终形成大学学术组织管理的文化。

追求期望均衡是本研究将博弈论应用于社会科学领域的终极目标，文化和历史有可能帮助我们认识到价值博弈中的均衡点，然而这样的均衡往往是基于原始选择的均衡，在超越经济理性的模式下，均衡也处在不断的调整之中。正如大学组织中的价值取向一样，最后的均衡总是大学在历史和文化进程中不断重复选择的结果。

第四章　大学组织结构视角：博弈中的思考

第一节　大学组织结构的解读

我们对组织的理解往往从其结构形态开始。组织结构的视角作为历史上最悠久、最为广泛采用的理解组织的方法，已经在人们心中约定俗成。如果有人要求你描述你所在的大学组织，你可能首先会联想到一个类似于金字塔的形状，最上层是大学管理中心，中间有不同的学院——文学院、商学院、医学院、工学院等，学院下面还设有一个个的学系，与学院、学系平行的是一些中心、研究所，还会有与管理职能相关的一些部、处、科室。描述大学组织时还可以超越其基本的结构形式，只强调结构中的学术特性。总体而言，大学组织与其他组织一样有着自己的结构模式。每个人心目中的组织可能就是一幅较为粗线条的组织结构图，即描述工作职责和层次的一系列方框和线条。

如果说结构图带给我们的是静态的直观印象，那么结构视角中的动态过程则能够将大学组织与其他组织的不同之处刻画出来。进一步而言，大学组织中所有普遍的或特有的属性、功能，可以从对结构视角假设的几个基本维度的解读中体现出来。

一、结构视角：理性的呈现

组织在创立伊始是基于理性的假设，这些假设同时体现在现行的结构与结构设计方法中。传统上认为组织的存在总是有三个要素：人、目标、规则。这种简单的概括能够反映组织中的理性方面，建立组织就是为了提高人的理性，使人的行为规范化并接近抽象的理性。西蒙曾经指出，我们对所面临的复杂问题做出反应的能力有限。"与真实世界中要求我们用客观理性——哪怕是相当接近客观理性——的行为加以解决的问题的复杂程度相比，我们的大脑解决这些问题的能力是非常有限的。"（丹哈特，2002）[81]严格来讲，理性只是我们在决策过程中的一种理想状态，只有当一些尚待解决的问题的价值需要根据行为结果来评价时，个体优先行为的选择才会构成理性的判断。于是，要做完全理性的决策，就要涉及什么有价值、对行为结果的判定以及确定优先选择的单一标准。在个人对许多日常事务进行抉择时，其选择性是有限的，其后果和所谓的价值判断也较为明了，所以理性选择具有可行性。然而，在面对世界中的复杂问题时，个体的理性程度总是有限的——这也被我们称为有限理性。所以，个体需要通过加入群体或者组织来共同应对周围的世界。西蒙提出，正式组织的一个基本功能就是帮助解决个体理性的局限性，改造人的行为。组织之所以存在，是为了采取一些标准化的安排方式以使问题最小并最容易实现目标，极大改善组织的效率。换句话说，组织建立的初衷是兼顾集体的目标与个体的差异，从而使个体的理性能够符合组织理性的要求。

以上关于组织中的理性概念的分析相对狭窄，也具有技术性。按照西蒙的观点，理性主要关注手段和目的的关系问题，这显然属于组织运行中的方法论。所以，在组织的环境中，理性往往与效率等同起来。韦伯所论述的行政效率即被西蒙认为是行政决策的理性问题，西蒙的理论建立在韦伯理论的基础之上，进一步分析组织的科层结构和决策过程如何提高行政效率。（布劳，梅耶，2001）[59]然而，将上面论述的理性概念原封不动地应用于大学组织中则显得有些牵强，更不用说在哲学传统下理性范畴还涉及公正、公平和自由等人类社会的本质问题。

从抽象的意义上讲，为实现一个既定的目标设计一个理性体制并不太难，而这正是控制群体的本质。但当我们把人、人的情感、利益和忧虑放入这一体制时就会出现问题。如果我们把能够有效地完成特定目标的行为定为理性的行为，显然遵守规矩和完成指定的工作就是惟一理性的路径。所以，西蒙写道："打字员的理性表现在将一份文件，不管其内容如何，打成铅印的文本。她的雇主的理性则表现在确定文件的内容。"（丹哈特，2002）[81]

由于种种原因，人们对于理性的理解总是存有差异，如果上升到哲学的层次则更容易生成模糊的认识。上面的理解实际上说明了一个问题：对于人们潜意识中存有的理性观念，根本没有必要做出太过详细的界定。对理性的理解有时需要模糊化以呈现更为全面的想象。所以，里克曼所言的"理性是具备有效的选择手段的能力"，似乎可以将所有对理性的理解统合起来。正如前面对利益的界定一样，传统哲学中所说的"非理性因素"与"理性因素"容易让人产生一些不必要的误解，因此本研究着重强调"经济理性"与"超越经济理性"。

从组织内部来看，理性观念可以这样来理解：人的认识和有效选择的能力总是有限的，通过组织可以提高人的理性。这一切主要基于以下的假设条件：组织的存在是为了实现先前设定的目标；通过专业化和明确的劳动分工，组织可以提高效率、改善绩效；合理的协调与控制形式，可以确保多样化的个人努力与集体目标的匹配；当组织中的理性因素超越个人喜好和外部压力时，组织运行得最好；结构设计必须符合组织的情景（包括它的目标、技术、劳动力和环境）；结构缺陷会产生问题并降低绩效，但是，通过分析与结构变革可以改善这种不足。（鲍曼，迪尔，2005）[55]

理性假设最早带给人们的理论成果之一是马克斯·韦伯关于科层制

的构想。高度的专业化、权力等级的分明、严格的规章制度以及非人格化的管理等是科层制的基本特征。及至今日，工厂企业、政府机关、军队基本上都按照这种模式进行组织，韦伯认为，离开了这四个特征，组织就无法有效地整体运转。然而，科层制的"死板"特征也早已暴露出问题。在企业组织中，为了避免功利性地盲目追求效率，必须配以严格的纪律，比如对生产的尺寸大小都做了要求，这虽然保证了统一的标准，但实际上也限制了创造性的发挥。即使个体发现使用其他的工序可以做得更好，其意见也不易被采纳，因为那意味着背离建立在共识基础之上的团队工作的要求。此外，非人格化仅仅指的是一种理想状态，组织中的领导者也不可能完全价值中立地评价事情或者选配人员。"由于强烈情感具有潜移默化的影响，难以克服，要克服感情对效率干扰的最好办法，就是从行政等级集团中排除个人之间以感情联系为特征的私人关系……然而，那些有频繁交往的雇员之间的关系，正如我们即将看到的那样，就不是单纯的非个人色彩的关系了。"（布劳，2001）[7]事实上，韦伯以后的学者关于科层组织的所有论述，都在不约而同地表达同样的观点。一方面，科层组织的发展与理性化在现代社会的凸显相符合，因此科层组织从本质上讲比所有其他可能的组织形式都更加高级；另一方面，许多学者将组织视为利维坦①式的组织，人类正在因为组织的存在而陷入奴隶的地位。他们每个人都根据个人的乐天精神强调这一面或者那一面，趋向矛盾的思维使他们既相信科层组织理性在效率领域的优越性，又相信它的威胁人类传统价值的并发症。（克罗齐埃，2002）[213]

科层组织的模式在所有组织中都或多或少得到延续。没有人否认在大学里依然需要科层体制，因为大学也是一个组织，也拥有既定的目标，更何况专业化本身就是大学基层院系最初被划分的依据。所以，大学也同样有符合科层组织模式的一面。然而，大学的学术特性又使它不可能

---

① 利维坦（Leviathan）是《旧约圣经·约伯记》中记载的水族之王，水中不可制伏的巨形怪兽，比喻无法战胜的庞然大物。

完全归属于科层组织。学术组织与其他企业或者政府组织有差异。大学组织虽然有要完成的目标，但是极其模糊和多样，并且每一个基层学科组织都有自己的目标，基层组织之间相互的联系和反应很少，所以大学也被称为"松散联合的组织"。我们很难想象在一次人才培养工作会议上，校长拿出一份深思熟虑的提案能对组织变革或者学生发展起到什么作用；也无法预料理学院的一次科研资金分配改革和文学院之间有什么关系。这就是松散联合，子系统与母系统、子系统与子系统之间相互作用微弱，反应相对迟缓。同样，基层学科中"思想群体"的存在也是大学组织区别于其他类型组织的一大特点。高深知识的独占性使教授们拥有更大的权力，这样的权力无法通过金字塔的结构来解释：一些教授经常通过参加学校组织的各种评议会或者在全国范围内的学术共同体中发挥知识权威的作用，在自己所属的学科领域，教授们拥有绝对的发言权，这些都是"底层厚重"的组织特征。这可以从一个侧面解释为什么通过改进管理方式谋求课程改革、学科建设的努力往往都会落空。在松散联合的系统中，管理工作的一个主要障碍就是难以使事情朝着管理人员所希望的方向发展。（伯恩鲍姆，2003）[38]

尽管如此，我们依然不能断言在大学组织中缺乏理性，毕竟大学组织在许多方面都有规范化的特点，只是"通过将人聚集在一起形成组织就可以提高理性""理性即效率"的观点需要重新思考。因为大学内外可变因素之间的相互作用错综复杂，组织内部也松散联合，可供选择的策略又很难产生预期的结果，加上信息过滤后的失真和行动方案的多样化，所以，在大学中按照客观理性办事是很难实现的事情。罗伯特·伯恩鲍姆认为：即使符合领导意向的主观理性也是相当困难的，因为每一次决策都存在许多可以选择的结果，人们需要对这些结果的价值进行权衡、评估。（伯恩鲍姆，2003）[45-52]但是，没有一种价值标准能够被用来评估某项决策的全部潜在结果，对一些非数量化的结果更是如此。此外，学院院长有时会采取一些相对来说仅仅是"满意"的决策来实现他的主观理性，但同时可能忽视一些更好的选择。于是，在事后的反思中，原先

"满意"的决策就会被认为缺乏理性。

　　所以，大学组织中对理性的理解应该更加广泛。能够根据一定标准而做出主观合理的选择都应该被视为理性的抉择，只是从复杂的预期结果来看，个人的有限理性主要体现为由于信息的缺失或选择过程的多样性而导致的认识能力的不足。由于大学组织目标的模糊性，从组织管理层面来说，最让人信服的理性观念就是在组织的一般模式和具有典型学术特征的模式中找到契合点。任何一个大学组织都不能脱离学术组织的特征而做到所谓的理性，对于大学组织中的每个子系统和个体来说同样如此。

　　伯顿·克拉克强调高等教育系统是学科和事业单位的总体矩阵。事业单位将许多学科的一部分联系起来，而学科则把一个事业单位的某些部分与其他事业单位的相同部分联系起来，学科全力以赴从事学术研究，大学和学院集中力量从事教学和传播知识。（克拉克，2001）[114-115] 可见，一所大学（事业单位）不一定能够通过它的子系统实现理性，换句话说，子系统的理性程度不需要通过松散联合而成的大学组织来提高。如，学科一般是从全国范围的学术共同体中获取信息，从而产生变革的需要，而大学组织的作用仅仅是为学科提供发展的平台。

　　学术中的边界角色遍布整个结构，因为基础学科和专业学院的边界角色，可能与一个更大系统内外的同类角色建立联系。教授们关注着校外自己领域的进展情况；他们从事信息控制工作；他们与其他群体进行交流；他们在内部和外部之间开展联系，进行协调。因此，通往外部的桥梁有很多，变革往往就是静悄悄地、很少为人注意地穿过这些桥梁而产生的。（克拉克，2001）[126]

　　大学组织结构的特点决定了理性的发展特点，院系作为学科与事业单位交叉的核心部分无疑起到极为关键的作用，每一个建立在学科基础之上的院系都在独立地开展工作。实际上，大学正是在学科的层面完成了众所周知的三大使命：人才培养、科学研究和社会服务。从这个角度来说，整体的组织又拿什么来包容子系统的理性呢？作为知识的拥有者，教师的理性同样也在发挥独特的作用。正如前面所说，教授可以跨越层级参加到任何需要他们的评议委员会中；一些资深教师也会在职能部门（科研处、教务处、研究生部门）担任管理职务。"在有些类型的高校，教师通过其专业协会、赞助研究、咨询活动与环境的主要代表人物和资源发生直接的关系，这样就绕过了管理层。"（伯恩鲍姆，2003）[19] 还有大学中的主要利益相关者、次要利益相关者都可以在决策中发挥作用，跳跃层级的领导选拔在大学中也是常有的事情。罗伯特·伯恩鲍姆称之为组织层级的混乱。实际上，正是这种混乱使我们可以观察到大学组织中个体理性的重要性和独特性，个体理性能够充分体现出完全理性和有限理性的结合。

二、组织历史渊源中的理性和利益

理性观念的发展具有演绎性，从古典组织理论开始，组织中的理性概念就与组织群体、个体的利益密切相关。科学管理之父弗雷德里克·泰勒是时间和动作研究的先驱，其关于效率最大化的组织设计早已为人所熟知。他通过仔细观察每一个工人，减少他们在工作中所浪费的时间以及多余的动作，大幅度地提高生产中的工作效率。在泰勒的设计下，分工、人数、工作过程、工作量、薪金等较之旧工业时代都有了转变，于是，效率一词开始逐渐代表了科学和理性。传统管理认为雇主和雇员之间的利益相互对立，而科学管理设计中一个最主要的假设就是双方的利益一致，这里所指的利益仅仅局限在经济利益的范畴。通过科学管理，不仅雇主和雇员的利益相辅相成，而且给工人高工资同时使雇主的劳动费用降低也完全有可能。泰勒之所以采用科学的管理方法，是因为他看到了传统管理制度的缺陷，传统制度导致工人为了维护自己的"私益"而出现"磨洋工"的现象。如，在可以加快节奏的工作程序中，工人会认为，"快速"的工作不但不能使得自己的利益得到提高，而且会导致一部分人失去工作（自己也包含在这部分人当中），所以工人唯一明智的选择就是"磨洋工"。科学管理的思想就是从经验走向科学，以制度协调工人按照科学法则干活，用最高的产量取代有限的产量，发挥每个人最高的效率，实现最大的富裕。科学管理思想在亨利·法约尔、林德尔·厄威克以及卢瑟·古利克的推进下逐渐建立起了结构视角下的原则：专业化、管理幅度、权威和责任下放等。

科学管理理论可以作为结构视角最早的学术来源，另一个来源则是韦伯关于理想类型官僚体制的分析。在韦伯看来，组织领导的家长制原则更能体现理性的标准，官僚组织之所以具有吸引力，是因为它将追求既定目标的群体有效地组织起来。经验能够普遍证明，行政上的纯粹官僚形式是完成对人的指令控制的最理性的方式。（WEBER，1947）[333-334] "在同样的条件下，官僚行政模式在形式和技术方面都是理性的。从目前组织的需求来说，它是绝对不可或缺的。"（WEBER，1947）[337] 韦伯在 20世纪 40 年代提出的正式组织是比较新的观点，事实上，官僚组织模式在人类所有活动领域的推广已经证明了它的成功，但是官僚组织的消极方面同样显而易见，我们从对官僚组织内部的利益分析中可窥一斑。阿吉里斯曾经揭示了正式组织和成熟个性之间的矛盾，他的研究结果表明：正式组织的原则导致各个等级层次上下属感受到竞争和压力，互相攀比，甚至互相为敌，并且只追求局部目标，而不顾及更为广泛的整体利益。（阿吉里斯，1995）[205] "第一，由于下属对于领导者的依赖性和从属性，且高层职位有限，职工为了获得提升就要拼命表现自己，彼此之间互相竞争，甚至相互为敌；第二，根据正式组织的原则，下属被要求做好自己的本职工作，只要做好本职工作就会受到奖赏，因此，职工会变得只注重自己的局部工作而忽视整体利益；第三，由于职工追求局部利益，跨部门的活动须由领导者统一协调，以维持组织的整体性。领导的进一步控制，又增加了下属的依赖性和从属性。这样会形成一种循环，其结果是维持甚至增强了下属的依赖性和从属性等。同时为了博得领导赏识，下属之间的敌对和竞争会加剧。"（阿吉里斯，1995）[205] 正式组织中的利益矛盾虽然经过利克特等管理学家对组织结构做出改进而有所缓和，但是这一矛盾在根本上还是存在着，主要因为正式组织本身就是理性的产物。

随着组织中理性概念的发展，人们不再仅仅将组织构想成寻求特定目标的集合体，而是转而关注集合体本身，即对于理性的关注从目标转移到组织本身和参与者行为之间的关系。关于组织的目标存在以下典型的看法："既定的和组织所追求的'实际'目标之间是有差距的，即宣称的或官方的目标与可以观察到的用于指导参与者行为的、实际的或可操作的目标之间存在差别。即使组织寻求的是既定目标，它仍不是指导参与者行为的唯一目标。没有哪个组织会尽其所有的资源来进行产品生产或服务，每一个组织都必须留出部分精力来维持其自身的存在。"（SCOTT，2002）[53]以上观点非常符合行为学派的理论，强调在正式组织中使个体参与者关注局部利益的根本原因是，正式的结构降低了他们自身的价值观念、抱负、兴趣和能力，所以这种限制个体自由的方式损害了参与者的创造性和自信心，使他们变得相互疏远而且势利。梅奥在霍桑工厂的试验表明，个体人并非单纯的经济理性者，他们往往在情感、公平、利益等更多因素的驱使下，表现出对集体忠诚或者厌倦的一面。所以，在正式组织之外关注人的利益需求成为组织研究的重点，并由此产生关于人际关系、协作体系以及制度化的进一步研究。

大学组织也是正式组织，但是它所呈现的理性又存在独特之处。由于学术组织的特征，大学组织中的理性既符合关于一般组织中理性的推论，同时也进一步诠释了理性的内涵。经过改进以后的科层组织尽管也反映出个体理性中"非经济理性"的一面，但是仍然体现出个体理性的有限性。然而，大学松散联合的特性决定了组织的规范结构和行为结构之间联系是松散的，规范不一定能够随时控制行为，因为规范可以改变，且不影响行为，反之亦然。大学组织中任何一个子系统或者教师个体都有可能独立自主地完成预期的目标，并且"个体的目标或者意图和行为之间只有微弱的关系"（JAMES，OLSEN，1976）[267]。正是在这样的前提下，大学组织结构中的各种利益取向也变得更加复杂，各种经济理性下的利益与超越经济理性的利益交织在一起，构成了大学独有的利益网络。

正如费弗尔和萨兰奇科（Pfeffer and Salancik）所言：

> 不能将类似组织的主要参与者视为单一的等级系统或有机实体，而是应该将其看成变化的利益集团间的松散关系的结合。组织是团体和利益的联合，每个团体都力图通过与其他单位的互动，从集合体中获取一些东西，而且，每个团体都有其选择和目标。身份表达中发生的变化包括：其目标和主导就是为了获得新的利益，必须放弃某些利益，必要时，还可以将与既定目标毫不相关的行为包含进来。（SCOTT，2002）[82-83]

大学组织中的身份表达并不意味着组织的运作缺乏理性，对于目标比较模糊的组织而言，能够最大限度地发挥组织的功能就是理性的体现。所以，在大学里可能体现出效率或者工作节奏的缓慢，但是这并不意味着教师群体的士气低下，也不意味着管理上标准的放松，相反，这似乎更能够说明在大学中强调院校自治、学术自由的原因。此外，大学组织发展变革中所表现出的子系统或者个体的理性特征，更加彰显了利益的重要性。复杂的利益结构使组织在维护某一个子系统或者个体利益的同时，并不一定能够从整体上达到组织的意图，即个体理性的结果未必形成集体理性。

三、组织架构中的纳什均衡

纳什均衡是现代博弈论中的核心概念，在每一个有限次博弈中，总会出现纳什均衡。"纳什均衡指的是一种策略组合，使得每个参与方的策略是对其他参与方策略的最优反应。"（弗登博格，梯若尔，2002）[10]纳什均衡实际上表达了一种思想，即没有哪一个参与方能够在其他参与方不发生策略改变的前提下，通过改变自身的策略而获得更大的利益。我们可以假设在博弈之前博弈双方制定了一个协议，要求每一个博弈方选择某一个特定的策略，如果一方在考虑到另一方不同选择下的得益以后，没有主动违背这个协议去改变策略，则协议规定的策略组合就是纳什均衡。又假设博弈双方考虑到彼此的得益后，选择了纳什均衡的策略组合，此时，即使制定了未包含纳什均衡组合的正式协议，博弈双方也没有积极性去遵守它，在现实中仍然会选择纳什均衡中的策略。所以，一个稳定的组织架构必然是组织的利益各方在权衡各种外在、内在利益因素以后达至均衡的结果。在组织变革的实施中，结构中的每一个博弈方都不能因为单方改变策略而使得自己获利；为谋求一种均衡，在理性的状态下，组织结构变革的成功往往意味着新的均衡策略更加符合各方的利益需求。

大学组织结构是内部利益实体（管理中心、基层学科院系、职能机构部门）与外部利益主体（政府、捐资者、就业单位）实现交流互动的一个基本载体。结构形式就好像动物的骨架或者建筑物的框架一样，既能促进也能阻碍大学组织完成它的使命。大学组织结构的选择总是多样化的，虽然大学组织的整体模式趋于松散，但那更多是相对于目标、功能而言的。实践中，每一所院校都有着不同的情况，有时结构上的差异并不能用来解释哪一种结构更加合理。按照博弈论的分析，大学组织结构是多方利益博弈均衡的结果，而利益的产生更多地受制于一系列内、外部因素。一个组织的规模、成立时间、政治义化传统、核心任务和目标、环境、信息技术、内部群体的特征等综合起来共同决定了它的结构。表 1 梳理了不同维度对大学组织结构的影响。（鲍曼，迪尔，2005）[69-77]

表 1　决定大学组织结构的维度

维度	对大学组织结构的影响
规模与成立时间	随着规模的扩大、时间的增加，组织结构会变得更复杂、更正规
政治文化传统	国家的政治体制、文化传统要求大学组织结构与之相适应
核心任务和目标	复杂或不可预测的任务和目标更依赖于松散结构，如大学中对学生的塑造无法按照预期的模式进行，甚至不知道优秀学生的成长究竟得益于哪个方面的培养，只是知道这种复杂的技术主要依赖于受过良好培训的专家的技术和知识

续表

维度	对大学组织结构的影响
环　境	稳定环境下，倾向于采用简单的结构；不确定的、急剧变化的环境下，倾向于采用更复杂、更具有适应性的结构；能够获取较多资源的大学组织受到环境的影响相对较小
信息技术	决策依赖于更多的信息。一个良好的决策取决于两种处理信息的方式：减少对于信息的需要和提高信息技术能力。一方面，可以通过创造充足的资源或建立为自己所拥有的、能独立工作的部门来减少对信息的需要；另一方面，信息技术的创新和投入是扁平结构不可缺少的手段
内部群体的特征	拥有较多知识的群体期望获得更多的自主权。大学中的教师群体比管理人员更能够了解组织的核心任务，他们在专业上喜欢向本学科领域的权威报告，与之交流，并常常怀疑外行的管理者是否有资格评价自己

　　这些要素主要决定了组织结构的动态方面。在静态方面，我们不难发现无论结构中的权利如何分配，都基本上构成上窄下宽的金字塔形状。明茨伯格描述了五个部门的"示范"模型，如图 3 所示：

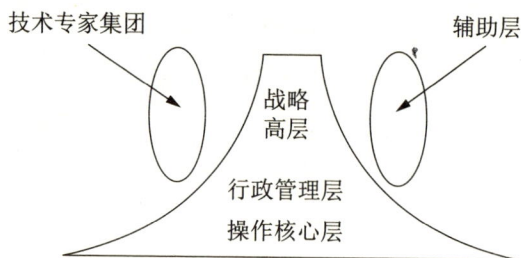

图 3　明茨伯格的组织分析模型

　　这个简单的模型由五个部分组成：操作核心层、行政管理层、战略高层以及两边的技术专家集团和辅助层，其中还可以变化出五种结构模式。明茨伯格将大学组织看成一种专业型官僚结构，虽然在结构中仍然有上下级的关系，但是具体的细节部分发生了变化，在战略高层和操作核心层之间的行政管理层转移到了外部，更多地充当职能结构部门的角色，操作核心层变得"底部厚重"。专家们在学科专业方面不受干预，可以自由地发挥自己的特长。如现在许多大学中的终身教授制度就从根本上保证了教授的利益，这种大学组织结构的安排尽管也在协调和质量控制上缺乏技术上的效率，可是在知识的发展、创造上能够取得较大的成功。

提及大学组织，一般都会提到大学组织的独特性。学术特质使大学组织结构的实质内涵有别于其他的组织类型。然而，其一些基本结构形态方面的具体变化依然与利益主体之间的博弈有关。从整体来看，大学组织需要一个核心管理层来维持组织运作的核心价值观，一些基本理念的实施、人事的安排、财政上的控制都需要大学管理中心予以把握。如果一所大学 60% 以上的开支都用于支付教职员的工资，那么大学管理中心当然需要控制诸如是否应该提供新的学术岗位这样的决策权。此外，在财政管理方面，大学管理中心也会考虑财务系统能否健康地运行，院系层面能否做出合理的财政决策。

在很多时候，如果没有充分考虑其实际运作，IT 系统就无法与根据内部政策得出的组织性决策保持一致，这就强调了大学的基础设施建设要与其它方面的发展相协调，也表明了有效的大学决策管理所必备的整体性特征。（夏托克，2006）[78]

大学组织的特殊之处在于它的操作核心层，即直接履行人才培养、科学研究等院校职能的院系和教师群体，高深知识的独占性使"思想群体"更具有话语权威，工作性质也使他们越来越不受外界的干扰。在一些研究型大学中，操作核心层的专业权威则更强。2001 年，拉里·萨默斯成为哈佛大学的新任校长，他在哈佛大学推行的组织变革颇有力度，但是针对大学这样一个特殊的机构，重新设计结构和工作流程使他遇到了极大的阻力。如，当他对大学操作核心中的一些不令人满意的行为加以控制的时候，很快就遭到了抵制。有一次，萨默斯建议从事非裔美国人研究的著名教授考恩·韦斯特改变他的学术作风，虽然萨默斯的建议是私下里提出的，但是韦斯特仍然认为自己受到了不应有的评价，并将受辱感受发表在《纽约时报》的头版上。萨默斯对此做了多次公开道歉，才避免了韦斯特跳槽到普林斯顿大学。如此看来，大学操作核心层确实有着扁平、厚重的结构内涵，而这正是由大学的特殊性所决定的，同时底层厚重也代表了基层学术组织和群体的利益。为了使大学组织内部信息流畅以及基层学术组织能够发挥更大的作用，战略高层与操作核心层之间一般没有其他管理层次。如果大学组织的规模趋于庞大，结构变得复杂，那么必然会有大量职能机构充当核心管理层的代言人。因为我国大学的职能部门掌控着资源分配，所以这些部门也会代表大学管理中心体现出一定的权威，表面上是职能辅助的作用，实际上却在职能范围内拥有较大的权力。当然，在一些机构比较简单、核心层相对集权的院校中，或者是在一些强调教授治校、民主管理的大学里，职能机构确实只是起到辅助的作用。如，在英、美及我国港澳地区的大学中，学术管理和质量保证的职能是通过各个委员会（质量保证委员会、教学质量委员会、科研委员会、招生与考试委员会、教师发展委员会等）实施的，职能机构的职责仅仅是提供信息资料，做好服务工作。

总之，大学组织结构受到内外很多因素的影响，无论是静态结构中所体现的金字塔形状，还是动态过程中所表现出来的种种变化，都是组织内部相关利益实体相互博弈的结果。因为利益的决定因素的多样化，所以我们无法准确描述博弈的最后均衡会定位成何种结构形式。大学组织利益实体的博弈，随着院校机构和外在因素的变化而存在不同的纳什均衡，正是纳什均衡的结果决定了大学组织结构的形态。

第二节 大学组织权利转移中的成本权衡与博弈

结构视角以整体的视野考察组织的工作结构，尽管人们习惯将结构的视角与理性的、注重细节的官僚体系联系起来，但在大学组织中，结构视角有着更为广泛的应用，超越经济理性、结构松散、跨越层级的组织特征会带给我们更多的思考。本节重点考察大学组织结构视角的动态方面：真正适合于大学的组织结构模式是怎样的，任务流和信息流是怎样被设计的，利益人怎样被分配进入角色，资源怎样被配置，以及组织怎样被合理地优化以达到其目标。在大学组织中，工作任务的安排是围绕知识的特性进行的劳动分工，这种分工在整个大学内部呈现为以研究和教学为基本活动内容的纵横交叉的形式。一个良好的组织结构能够保证联合、交叉与协作等活动顺利进行，有效地协调结构要素之间的关系，把院校内部不同学科、专业、部门的力量联合起来。

一、权利转移过程中主体的利益关系

组织权利是组织制度规范约束之下的特定利益和工作职责，在任何组织中，工作权利分配都是最起码的基础。大学组织的工作分配与建立在知识分类基础之上的学科相关。纵观现代大学的发展历史，随着大学职能的拓展，院校的基层组织都是以学科作为基本单元的，即使在学科的分化、整合时期，也是通过跨学科的组织结构形式成立中心、研究所或者矩阵式的临时结构，根本上还是以学科为基础的。所以，大学中的工作划分标准有其独有的特征，甚至职能管理部门的分工也是以学科的使命作为依据。虽然从前面的分析中可以看出，大学组织模式呈现出底层厚重的特征，但是大学管理中心与基层组织的关系一直是一个值得探讨的话题，一般可以分为集权和分权两类。在内外环境或者政策的影响下，大学组织权利处在不断的变化和转移之中。从制度的视角来看，大学组织权利的研究非常重要，应该成为大学内部制度建构的基石，以及大学章程制定的重要依据。厘清大学组织权利的存在状态，即是分清大学组织各层次之间的权利关系、权利范围以及权利浮动的空间，为制度构建和行为取向提供参考。

长时间以来，公司企业和政府管理部门的时髦管理观念成为大学组织管理的参照物，这些观念更多地来自经济理性中追求效率、效益的思考。大学组织很少有自己独特的理念来推动组织结构的变革，当前的很多组织变革所依据的不过是在大学里并无太多事实依据的管理观念，采取的方法也是基于"标杆理论"的比较与借鉴，却并没有深入研究这样的方法究竟对大学有多少推动作用，哪些因素是促使大学组织变革的驱动力。

　　基于大学组织的扁平化结构体系，许多研究理所当然地认为大学组织应该具有分权的特征。国内的许多大学都在各种文件报告中提及扩大基层院系的管理权限，增进管理效能。事实上，大学组织中的集权和分权并非仅仅由静态的结构模式所决定，还受制于一些其他因素，如组织的历史、组织各方的利益倾向、对于整体的思考等。

　　实际上，大学组织是一个由不同利益主体组成的机构。大学组织是内部利益实体（大学管理中心和基层学科院系）实现交流互动的一个基本载体，博弈均衡往往是各方利益实体利益选择的结果。在拥有扁平结构的大学组织内部，一般认为需要采取分权的方式，但是扁平的含义更多地集中在底层厚重的知识取向上，而非权利的归属。所以，本研究以大学管理中心和基层院系的博弈为例，首先探讨权利转移过程中主体的利益诉求与关系。

（一）权利主体的利益取向日趋明显

　　在高等教育大众化阶段，入学人数的激增以及信息技术的发展，使大学内部的人财物资源变得紧缺。2002 年，我国高等教育毛入学率就已达到 15%。教育部网站上发布的《2013 年全国教育事业发展统计公报》显示：2013 年，全国各类高等教育总规模达到 3460 万人，高等教育毛入学率为 34.5%。这表明，自 1999 年高教扩招至 2013 年，我国高等教育用了 10 多年的时间走过了其他国家 30 年、50 年甚至更长时间才走过的道路。高等教育在学人数的增加一方面为国家储备了人才，另一方面也为大学带来不小的压力。组织规模的扩大使放权的问题被提上日程。近年来，高等院校财政紧缩，面临着巨大压力，几乎所有的大学都要在组织变革的过程中考虑如何有效地配置资源、如何开源节流以及资源配置的责任等一系列问题，这些问题的根本还在于组织结构中的管理权利。由此可见，大学管理中心的利益诉求是如何利用有限的资源取得更大的效益，促进学科的全面发展；而基层院系的利益当然是获得更多来自学校内外分配的各类资源。并且，院系的态度与管理中心采取的策略密切相关。

大学管理中心在管理权利分配上应持有什么态度，对此并没有统一的答案。贾勒特在1985年英国校长委员会的报告中提到了将财政控制权下放给院系的好处：

在管理顾问麦肯锡的影响下，苏塞克斯大学已经引入了这种组织结构。这种权利转移的组织结构已经广泛应用于工业部门，或是用来应对组织规模的不断扩大，或是通过将集中决策权下放给各个运作单位来恢复组织的生机和活力。小型的决策中心运用日常的资源以及下放给附属公司的商业决策权，以合法的股份公司身份进行运作，董事会按月对附属公司的财政收益进行监督和检查。这种GEC模式为工业部门和许多大学提供了组织的基本原则。（夏托克，2006）[76]

财政资源仅仅是权利转移的一个层面，但这已经涉及大学管理中心与院系之间的利益关系问题。利益还包括人事、信息等其他层面，这些共同决定了大学中心在集权与放权之间的选择。一种观点认为：一旦大学中心放权到各个院系，应该是责、权、利的统一。访谈中的一位院长曾说过：

院系应该得到更大的权利，这也符合教学、科研的特点。但是权利不是无缘无故的，权利获得的同时，也应该承担相应的责任，每个组织单位对其发生的行为负担的责任越多，它们才越有可能实践这种责任，也才能安心地享有得来的权利。在教学上需要有一套完整的质量保证体系，在科研上需要有相应的评价制度予以监督，充分地激发院系的积极性和主动性是非常关键的。

然而，仅仅承担责任就能够解决问题吗？承担的责任未必在所有时候都能反映出利益的特征。

（二）权利主体间的利益存在着矛盾

在权利转移的过程中，往往因为利益的存在而产生矛盾。权利转移意味着责任的转移，但是主体在承担责任的同时，并不一定能够在任何时候都反映出利益的需求。一个非常直接的例子是，大学管理中心通过权利转移平衡了院系的权利需要，但是院长是通过民主选举的形式产生的，这也会产生问题：这个院长能够在既得利益下完全听从管理中心的安排吗？上有政策、下有对策或者不听从安排可能恰恰在这个学院中发生。笔者经历过这样一件事：一个院长在人事安排上与本院书记发生矛盾，校方希望这件事情能够缓和下来，所以试图采取调和的方式。该院长公开表示："我是全体教师大会上推选出来的，我所做的每件事都要对教师负责，而不会眼睛看着上面。"这样的表态一度使校方陷入尴尬，类似的矛盾关系迫使权利主体不断思考彼此需要关注的主题。

（三）权利主体在权利转移过程中容易出现利益不一致

利益不一致体现在许多方面。如，大学职能部门出现机构臃肿的现象，于是大学在改组过程中采取一些措施，将职能部门的管理人员充实到院系中去，这种做法的理由是以教学、科研为中心，增强基层院系行政管理的力量，扭转"上面千条线，下面一根针"的现状。但实际上，职能部门的问题并不是人手过多，而是缺乏调配，"往往一件集中性的任务下达以后使得机构面临压力，丧失了灵活应变的能力"（BURN，2003）[117]。此外，分流到院系的管理人员由于在基层工作而缺少向上流动的可能性，导致他们在工作上不积极。

现代大学是一个复杂、多维的组织，不仅仅承担着传统的教学和研究职能，而且还要从事其他许多活动，如卫生保健、社会服务和国际交流等。同时，教师越来越局限在自己的学科范围内，较少关注大学的一些社交活动。虽然教师是大学学术活动的基础，但他们很少对当代社会中大学的使命有深刻的理解或对其负责。（杜德斯达，沃马克，2006）[120]

基于整体安排，很难说将权利转移到院系一定能起到良好的效果。事实上，大学将主要的决策权从中心决策部门转移到实际操作的院系以后，这些院系的利益可能无法与大学管理中心的最佳利益保持一致。

二、组织权利：成本的权衡

如果利益不一致的假设成立，那么就会存在权利转移中的代理成本。当大学管理中心给基层院系安排任务的时候，两者之间就会形成委托—代理关系。委托—代理的框架存在一个假设：委托人和代理人总是追求效用的最大化，但是他们的利益往往不同。大学管理中心的权利转移到院系同样会有这样的问题。实行集权管理时，大学管理中心理所当然地认为大学的事情也是自己的事情，而将权利下放到基层院系以后，相当于其对大学权利的"控股"变少，于是大学管理中心一方面倾向于将责任同时下放，另一方面则更容易倾向于维护自己的利益。得到授权的院系亦是如此，自利的倾向使院系的利益容易与大学管理中心的利益相背离。为了使基层院系在授权过程中与大学管理中心的目标保持一致，后者必须设计出一套激励基层组织行为的控制制度。但是，要构建一个使代理人完全按照委托人的意愿行事的激励和控制体系，通常不可能做到。并且，控制和激励制度的设计及实施成本很高。综上所述，代理成本就是设计、实施、维持适当的激励和控制制度的成本和由完全解决这些问题的困难引起的剩余损失的总和。（陈阳，2001）[205]

然而，大学组织中的委托—代理问题并不仅仅限于代理成本，否则集权将成为权利分配的唯一选择。随着大学规模的日益扩大，缺乏信息也会带来总成本上升。当边际成本加快上升的时候，具有有限理性的大学管理中心不可能获得每一项决策所需要的信息，于是在信息的获取和可靠性的判断上会耗费更多的精力。为了使管理决策更加有效，大学管理中心倾向于放权给基层组织，使它们在接收到学术发展方面的信息后快速做出反应。

上面两个矛盾的成本就体现了集权和分权之间的利益冲突。应该说，当由缺乏信息而导致的边际成本大于由利益目标不一致而产生的边际代理成本时，大学组织可能会采取分权的方式；反之则倾向于集权。实际上，大学内部的集权和分权并不绝对，在拥有高深知识的学科领域一般会体现分权的特征，这也是由大学自身的特性所决定的。需要强调的是，一些非学术领域，如人事、财政，其工作范围也与学术紧密相联。离开了人、财、物，学术工作根本无法有效开展。如引进一个资深的专家或者团队可能使某个学科产生很大的改变，能够激励并带动院系的研究发展；良好的资源配置也可以使院系有更广阔的发展空间，院系通过自主订立一些具有激励性的资金分配方案，可以有效促进科研和教学质量的提高。所以，在大学组织的权利分配领域，我们需要更多地考虑一些综合因素——集权与分权的权衡。图4提供了一种较好的思路。(陈阳，2001)[204-206]

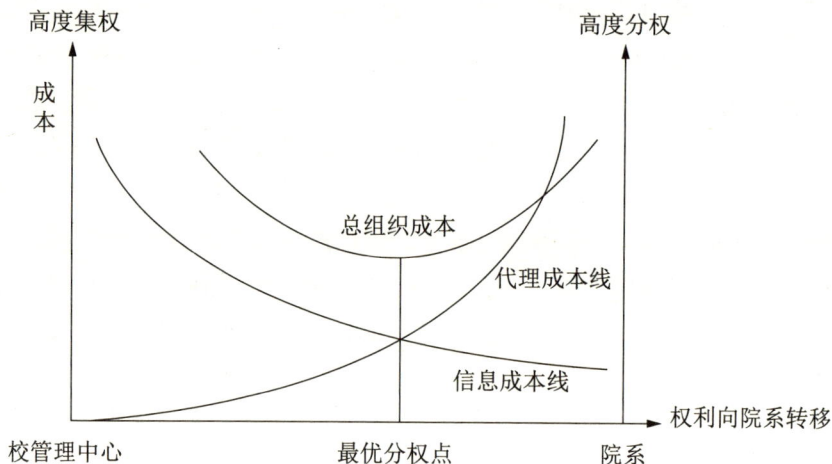

图4 代理成本与信息成本的权衡

为了便于分析，本研究给出以下假设：

第一，假定两条成本线随着权利向院系转移，分别是连续的增函数和减函数。此外，存在集权和分权的两个极点，并且权利可以连续地分布；

第二，假设院系随着权利的增大，能够更好地决策学术事务，从而使信息成本在与高度分权的纵轴线相接时达到最小值，且信息成本始终存在；

第三，在高度集权状态下，由利益不一致引致的代理成本为零。

其中，信息成本由获得信息的成本和由于缺少信息而导致工作失误的成本所决定，代理成本则是调控大学管理中心与基层院系组织目标一致的成本和两者利益冲突产生的成本之和，总组织成本是代理成本和信息成本之和。在权利向院系转移过程中，设定总组织成本为 C_Z，信息成本曲线函数为 $F(x)$，x 在 $[0, a]$ 之间，其中 $a>0$；代理成本曲线函数为 $G(x)$，x 在 $[0, a]$ 之间，其中 $a>0$。

$$C_Z = F(x) + G(x)$$

所以总成本最优化的一阶条件为：$F'(x) + G'(x) = 0$ （1）

从图 4 中可以看出，总组织成本的曲线在接近完全集权和完全分权状态下较高，随着权利向院系转移，曲线向下凸出，中间垂直线大致描绘了总成本最小的极值点。公式（1）说明：垂直线与信息、代理两条成本曲线相交的点分别在两条曲线上斜率的绝对值相等。极值点在现实中的意义是：权利转移到该点时，信息成本的减少率与代理成本的增加率相等。

当然，上面的分析建立在完美的连续假设模型之上。如果排除外界因素对于权利转移的干扰，我们大致可以通过一种量化的安排找到最优决策权。达到组织目标的有效方法就是通过在权利转移过程中的考量，使信息成本和代理成本之和最小。但是从图 4 中可以看到，即使在总组织成本曲线的最低点上，组织目标所受到的成本阻力依然很大，仍然具有不确定性。在这个时候，组织往往无法做出完全理性的抉择，所依赖的仅仅是介于经验与理性之间的模糊判断，更何况在任务和权利分配中组织所要考虑的因素还有很多。

三、权利转移中的博弈分析模型

纵观大学的发展历史，各个国家由于政体和文化的差异，在大学组织内部所采取的权利分配方式也不尽相同，但大致可以归纳为集权和分权两种方式。伯顿·克拉克的研究结果表明，分权方式是一种"合法的无序"（legitimize disorder）。无序的状态更有助于自由理念和创造性思想的发挥，能实现集权控制所不能达到的效果。（CLARK，2008）[254]克拉克从国际比较的角度得出的结论，代表了高等教育界许多学术同人的心声。就研究方法而言，我们确实可以采取比较分析，或者直接通过逻辑分析探究集权或分权的优势和劣势，从而得出一些有价值的结论。但是，如果我们转换一种视角，也许会获得一些新的启示。

在探讨集权和分权的时候，大学组织内部的各个层次必然会进入我们的视野。大学无论是采取集权方式，还是采取分权方式，都势必涉及大学管理中心和基层院系两个不同的层次，而权利分配方式正是两个权利主体相互影响的结果，二者的关系是一种亦此亦彼的博弈关系。所以，我们也可以通过博弈的关系范畴，深刻把握大学组织内部各层次的权利变化，最终形成一种可以借鉴的权利分配的方式。

权利转移过程中的博弈分析，需要了解权利主体之间的利益关系，还需要清晰地甄别它们的策略选择。一般而言，策略分析被放在权利转移这个主题框架下进行思考，并且要考虑在权利转移中，我们应该关注什么问题。贝切尔和科根指出院系制度结构内部具有弹性，并强调了在其各自领域中对学科专业知识进行调控的重要性。在院系的一系列活动中，特别依赖于智力、专业技术、个人创造性以及将三者有效结合的动机。（BECHER，KOGAN，1992）[102]每个院系都有独特的学科文化、内容和管理模式，一所大学的发展最终要依靠各个院系发挥作用。所以，大学组织权利转移的根本目的是发挥院系的主观能动性，使院系能够始终保持积极向上的态度，最终完成大学的使命。

所以，本研究在这一目标基础上建构博弈分析模型。大学组织的结构变革，可以通过转变静态的结构模型进行，然而对于静态结构相对成熟的大学组织来说，则需要强调动态的任务和权利的转移。尤其在大学组织管理效能亟待增强的时候，我们常常考虑通过权利转移的方式实现组织变革。正如前面所讨论的，大学管理中心与基层学术院系之间构成委托—代理关系，在一定的主题范围内，两者同样构成博弈关系。大学管理中心和院系彼此具有不完全信息：院系在学术发展上有自己的目标，其利益取向很大程度上并不被管理中心所了解；对于大学管理中心的行动，院系所观察到的结果也不清晰。所以，两者之间的博弈属于典型的不完全信息博弈。

需要声明的是，这里并非将院和系等同起来。在欧洲的大学中，大学管理中心下一层级的学术组织机构通常是学院，有些学院甚至也是法人实体；而在美国，学院和学系作为大学层次以下的组织类型有着明显的不同。学系是一个全体教师的专业知识的集合，它有决定在本领域为本校学生提供什么教育的绝对控制权以及正式预算分配权和管理权。（博德斯顿，2006）[60] 在我国，虽然很多大学也划分了学院和学系，但是绝大多数大学是二级管理、三级机构的形式，系一级在教学事务的安排上拥有一定的权力和责任。在有些高校中，系科甚至只是原来教研室的转化，建立在教学专业基础之上，其职责仅仅是在学院的指导下对专业教学计划和课程安排提供建议。总体看来，在不同国家甚至在同一国家中，院和系的概念及彼此之间的联系都有较大的区别。在此处的分析中，本研究将院系作为一个整体看待，主要是为了考察大学在权利转移变革中如何激发基层院系学术组织的进取心。如果考察院和系之间的关系甚至是大学和政府之间的关系，这样的模型同样可以参照使用。

本研究为权利转移中的博弈分析模型设立如下假设：博弈的参与人包括大学管理中心和院系基层组织，两者都是"超越经济理性"的利益实体，具有清晰的价值偏好和效用函数，在利益权衡中有精确的判断能力，每个参与方都以期望效用最大化为行为目标。此外，假设大学管理中心有两个策略选择——集权和分权（为了方便分析，两类选择分别代表两种权利分配的倾向，此处没有做出连续的分类）；院系也有两种选择——努力和不努力（分别体现院系在权利分配过程中责任心和进取心的强弱）。在此着重进行趋势分析（图5）。

大学管理中心

		集权	分权
基层	努力	V_1, $S-C_1$	V_2, $S-C_2$
院系	不努力	K_1, H_1-C_1	0, H_2-C_2

图5　大学权利转移中的博弈分析模型

以下是对图5的说明：

第一，V_1代表院系在大学管理中心"集权"状态下"努力"工作带来的效用，V_2代表院系在大学管理中心"分权"策略下"努力"工作带来的效用；

第二，S为院系采取"努力"策略下大学管理中心的效用（假定在集权下和分权下效用相等）；

第三，C_1和C_2分别是大学管理中心在权利转移中两种状态下所付出的成本；

第四，K_1是基层院系在大学管理中心"集权"状态下"不努力"工作带来的效用；

第五，H_1、H_2分别是大学管理中心在院系采取"不努力"策略下的效用；

第六，采取分权的策略意味着基层院系的自主权得到尊重，学术自由有了充分的保障，院系在享有充分权利下的积极进取可以获得较大的效用，所以$V_2 > V_1$；

第七，针对院系采取"努力"或者"不努力"的策略，采取"集权"策略的大学管理中心所获得的效用呈现递减趋势，院系采取"不努力"策略时，大学管理中心掌控着权利更能够获得较大的效用，而以"分权"策略换来院系的"不努力"效用最小，所以综合看来$S > H_1 > H_2$；

第八，当大学管理中心采取"分权"策略时，基层院系"不努力"所获得的效用为0。

以下着重考察三种状态下博弈模型的均衡结果：

（1）如果大学管理中心采取"集权"的策略，那么院系很有可能采取"搭便车"的行为，即主要的决策都由大学管理中心做出，而院系则坐享其利。一旦出现这种状况（即 $V_1<K_1<V_2$），又当 $S-C_2 \geq H_1-C_1$ 且 $S-C_2 \leq S-C_1$（化简为：$C_1 \leq C_2 \leq C_1+S-H_1$）时，可以将图 5 的参数模型模拟数字化，如图 6 所示：

大学管理中心

		集权	分权
基层	努力	2, 7-1	4, 7-2
院系	不努力	<u>3, 5-1</u>	0, 4-2

图 6 权利转移中的"囚徒困境"模型

从图 6 可以看出，大学管理中心和基层院系的（分权，努力）策略组合是"帕累托最优"①，但是这一策略组合是不稳定的，因为中心和院系作为一方利益主体在考虑策略选择的时候，总是先假定另一主体给定占优策略。由于基层院系在进行策略选择的时候，大学管理中心的给定占优策略总是"集权"而不是"分权"，同理，在大学管理中心进行策略选择的时候，院系对应大学管理中心的"集权"占优策略，只有选择"不努力"才是最优的策略结果，所以，（集权，不努力）的策略组合是双方理性思考下的纳什均衡，从而陷入一种"囚徒困境"。

在保持上述 $V_1<K_1<V_2$ 设定的基础上，如果 $C_2>C_1+S-H_1$，我们依然可以得出（不努力，集权）是该博弈的纳什均衡，所不同的是，（分权，努力）的策略组合并非帕累托最优。

（2）依然设定 $V_1<K_1<V_2$，令 $C_2<C_1$，此时可将参数模型模拟数字化，如图 7 所示：

---

① 帕累托最优，也称为帕累托效率，是博弈论中的重要概念，指的是一种状态，即在不使任何人境况变坏的情况下，而不可能再使某些人的处境变好。

		大学管理中心	
		集权	分权
基层 院系	努力	2, 7-2	4, 7-1
	不努力	3, 6-2	0, 4-1

图 7　权利转移中的混合策略模型

　　根据博弈模型的画线法容易知道，该博弈有两个纳什均衡：（分权，努力）和（集权，不努力）。至于这两个均衡在现实中哪一个会出现，则取决于具体的情形。给定得益下，如果大学管理中心首先采取"分权"的策略，那么基层院系的最优选择就是"努力"，在这个博弈中双方的利益也体现出一致性的方面。在没法改变任何效用的前提下，"聪明"的大学管理中心为了促使院系保持优良的进取心，通常应该采取"分权"的策略，并且通过各种形式（如政策文件或者会议）将信息传递出去，确保基层院系采取"努力"的策略。

　　然而，院系和大学管理中心之间的博弈多数属于不完全信息博弈（由于集权、分权并非立刻体现，所以假设博弈属于静态博弈）。在不完全信息静态博弈下，我们无法根据纯策略来判断结果。威尔逊证明：几乎所有有限博弈都有有限奇数个纳什均衡。这意味着如果一个博弈有两个纯策略纳什均衡，那么一定存在第三个混合策略纳什均衡。（张维迎，2004）[67]在这个不完全信息的博弈中，如果双方无法清晰地根据对方的选择方式，选择或者调整自己的策略或选择方式来获得利益，从而在双方对两种可选策略随机选择概率分布的意义上达到一种稳定，或者说均衡，那么博弈方以一定的概率分布在可选策略中随机选择的决策方式，在分析原来没有纳什均衡的博弈时具有非常重要的意义，我们称这种策略选择方式为"混合策略"（Mixed Strategies）。虽然混合策略是完全信息静态博弈中的概念，但是在上述博弈中，一个基本的特征假设是每个博弈方并不能清楚地确定其他博弈方的选择，只能对其他博弈方选择的各种行为的概率做出"判断"，这充分体现出不完全信息博弈中的不确定性。海萨尼曾经得出这样的结论："完全信息博弈中的一个混合策略纳什均衡，几乎总是可以被解释成一个有少量不完全信息的近似博弈的一个纯策略贝叶斯均衡。即一个混合策略纳什均衡的根本特征不是博弈方以随机的方法选择行为，而是各博弈方对其他博弈方的选择不能确定。这种不确定性既可以是随机性引起的，也可以是少量信息不完全性引起的。"（谢识予，2002）[342] 所以，本研究在此借用混合策略的概念来求解这个不完全信息博弈模型。

回到图 5，假定大学管理中心的混合策略为 $(P, 1-P)$（可以理解为"自然"选择大学管理中心实施"集权"和"分权"策略的概率分别是 P 和 $1-P$），基层院系的混合策略为 $(Q, 1-Q)$（可以理解为"自然"选择基层院系实施"努力"和"不努力"策略的概率分别是 Q 和 $1-Q$）。

那么，给定基层院系选择的概率，大学管理中心的期望效用函数为：

$$\pi_{\text{大}} = P\left[(S-C_1)\ Q + (H_1-C_1)\ (1-Q)\right] + (1-P)\left[(S-C_2)\ Q + (H_2-C_2)\ (1-Q)\right]$$

$$= P\ (SQ + H_1 - H_1Q - C_1) + (1-P)\ (SQ + H_2 - H_2Q - C_2)$$

$$= P\left[(H_2-H_1)\ Q + H_1 - H_2 + C_2 - C_1\right] + SQ + H_2 - H_2Q - C_2$$

据此，得到大学管理中心行为最优化的一阶条件为：

$$\frac{\partial \pi_{\text{大}}}{\partial P} = (H_2-H_1)\ Q + H_1 - H_2 + C_2 - C_1 = 0$$

因此，

$$Q^* = \frac{H_2 - H_1 + C_1 - C_2}{H_2 - H_1} = 1 - \frac{C_1 - C_2}{H_1 - H_2}$$

$$1 - Q^* = \frac{C_1 - C_2}{H_1 - H_2}$$

也就是说，在混合策略均衡下，基层院系以 $1 - \dfrac{C_1 - C_2}{H_1 - H_2}$ 的概率努力工作，以 $\dfrac{C_1-C_2}{H_1-H_2}$ 的概率不努力工作。

这个均衡告诉我们，在给定参数和假设的范围内，如果降低大学管理中心集权状态下的成本并且提高分权的成本（ $C_2 < C_1$ 时方有意义），可以使基层院系努力的概率增加。

同理，我们可以通过求解基层院系的最优化问题找出大学管理中心的混合策略。

给定大学管理中心选择的概率，基层院系的期望效用函数为：

$$\pi_{\text{基}} = Q\left[V_1P + V_2\left(1-P\right)\right] + (1-Q)\left[K_1P + 0\times\left(1-P\right)\right]$$
$$= Q\left(V_1P - V_2P - K_1P + V_2\right) + K_1P$$

基层院系行为最优化的一阶条件为：

$$\frac{\partial \pi_{\text{基}}}{\partial Q} = V_1P - V_2P - K_1P + V_2 = 0$$

因此，

$$P^* = \frac{V_2}{V_2 - V_1 + K_1}$$

$$1 - P^* = 1 - \frac{V_2}{V_2 - V_1 + K_1}$$

在此，我们可以对这个混合策略均衡做出类似的解释：大学管理中心以 $\dfrac{V_2}{V_2-V_1+K_1}$ 的概率选择集权，而以 $1-\dfrac{V_2}{V_2-V_1+K_1}$ 的概率选择分权。并且从参数所决定的概率中可以看到，当 $V_1 < K_1 < V_2$，且基层院系在大学管理中心集权状态下"不努力"工作带来的效用 K_1 增加时，大学管理中心"集权"的倾向反而减少。

（3）当 $K_1 < V_1$ 时，由于 V_2 严格大于 0，对于基层院系来说"努力"始终是占优策略，所以院系将选择"努力"。而对于大学管理中心来说，选择"集权"还是"分权"则要看 $S-C_1$ 和 $S-C_2$ 的大小，当 $C_1 > C_2$ 时，选择"分权"，反之选择"集权"。这一成本的变化与前面分析的信息成本和代理成本的发生趋势是一致的。

四、博弈模型的均衡结果的现实意义

在博弈模型中，有一个非常关键的参数 K_1，这个参数赋值的假设导致了博弈均衡的变化。现实中，基层院系在管理中心集权下获得的不努力的效用无可避免（这涉及大学与院系围绕另外主题的"搭便车"博弈），如果以此作为趋向分权的理由，则是一个非常不稳定的结论。

如前所述，大学管理中心的集权和分权状态并非绝对的。实际上，从资源（人事、财政等）分配的角度来说，集权或分权都存在利与弊。此外，均衡可能只是发现了问题，而提出"期望均衡"才是为解决问题指明了方向。当然，期望均衡的提出需要符合公共理性——对共同遵守的原则、规范或准则的认识，如被普遍认可的价值观念、行为方式等。权利转移中的博弈均衡也存在着人们所期望的均衡点，在这个博弈中，基层院系拥有强烈的责任感和进取心是完成大学使命的根本所在，应当成为权利转移中的"期望均衡"。

所以，一方面，在集权和分权之间的任何状态区间，大学组织都应该设置合适的奖惩、评价制度，限制基层院系通过"搭便车"或者"敷衍应付"等实现其利益的倾向。此外，由于大学作为学术组织的特殊性，拥有知识、自由进取是基层院系中"思想群体"的学术特征，所以基层院系往往有"超越经济理性"的利益倾向，即使在中心集权状态下，也可能会使 V_1 的效用值高于 K_1。大学的制度构建需要围绕这样的基本特征进行，让学术人员的创造性得到最大限度的发挥。

另一方面，在基层院系和大学管理中心的博弈中，我们不仅需要解答怎样才能使院系努力工作，而且要在求解博弈模型的同时避免一些非理性现象的发生。

在子模型（1）的分析中，可以看到一种悖论。明明从得益上看，（分权，努力）是帕累托最优，但是每个利益主体为追求自身利益的最大化所采取的个体理性的选择，既有可能导致集体的理性，也有可能导致

集体的非理性。子模型（1）中就出现了一种困境，这恰恰与促进院系努力进取的期望均衡相违背。为了改变这一现象，一个最直接的方法是通过制度的完善限制院系在中央集权状态下的"搭便车"行为，使博弈转向子模型（3）的分析。所以，只有通过对参与方的有效观察以及对其行为的适时约束，才能真正实现期望均衡。

在子模型（2）的分析中，同样可以发现没有唯一的纯策略均衡，在对两个纳什均衡的选择中，"先动优势"往往可以使我们达到期望均衡。而在信息不完全的状态下，则可以通过"混合策略"的方式求解。在针对混合策略均衡的概率中的参数进行分析时，本研究得出了两个意想不到的结论：大学管理中心集权状态下的成本降低同时分权的成本提高，反而可以使得基层院系努力的概率增加；当基层院系在大学管理中心集权状态下不努力工作带来的效用 K_1 增加时，大学管理中心集权的倾向反而减少。当然，这些现象只是建立在参数假设的基础之上，离开了假设应当另做分析。上述结果在现实中的解释是：在集权时信息系统的建立可以使得院系努力地工作，在分权时为了使大学管理中心和院系的利益趋向于一致而导致成本增加，基层院系会更加拥有工作积极性；而集权状态下院系不努力工作的效用增加，在某种程度上能够促使大学管理中心为了避免这种现象的发生更加趋向于分权。

总之，博弈的期望均衡不仅可以根据参数假设的改变而发生变化，而且可以根据具体的纯策略或者混合策略做出相应调整。在以上的博弈模型分析中，本研究并没有绝对化地强调集权和分权的优势，而是以"努力进取"作为期望均衡下基层院系选择的策略，来洞察博弈的过程与问题的根源，这对于现实中的大学组织权利转移有着较好的指导作用。

第三节　协调重组：利益边界的跨越

一、院系和院系之间的利益博弈

在大学组织发展变革的过程中，院系的作用非常重要，因为大学的根本使命与学术有关，而院系在传承、发展学术知识方面能够发挥巨大的作用。可以说，院系是学术人员得以生存的土壤，为学术人员在教学、科研和服务等方面的成功提供充分的保障。基层院系的组织变革也是大学整体变革的重要内容之一。

思维模式和具体思想的创新与传播同有关的活动一起，是在包含该学科和专业的系和学院的工作中制度化的。在学者们认为可以立足的学术新思想领域，学术事业以一种自我推动——至少是内部引导——的方式前进：生物化学比种族研究容易确立其地位，计算机科学则比城市研究更容易确立其地位。这种基础的变革形式被许多人忽视了，虽然它不会形成全球规模，不会改变整个高教系统的结构特征，但在一种以基层为主的学科和事业单位的矩阵中，基层革新是一种关键的变革形式。（克拉克，2001）[125]

基层院系在发展适合学术成长的组织形态时的作用非常关键，一旦新的知识领域被大学里的学者所接受，并通过"无形学院"的扩散性影响成为学术知识的一部分，大学内部就会依靠学术的内在动力去开拓这些领域，在已有的组织之内渐进式地发生某些变革。（周清明，2009）然而，由于学科内容、文化上的差异，建立在知识学科基础之上的院系组织之间在沟通、交流方面存在一定的阻碍，尤其是当涉及专业方面时，每一个院系容易表现出对其他院系的谨慎和排斥。虽然院系之间并没有过多强调所在学科的重要性或者对其他学科的轻视，然而在许多学院内部的非正式交流中，学术人员在本学科与其他学科的比较上都会流露出天然的自豪感。

院系与院系之间的这种关系特征也是大学组织"松散联合"的表现之一。对于院系间关系的处理，大学管理中心一般不会特别关注，学校更愿意让学院或者学系在本学科专业领域实施较大的自主权，通过个体院系的努力使学校的整体目标得以实现。在大学中能够将所有院系联系起来的纽带则是行政服务职能的安排。一般认为，大学组织中职能部门的作用是为院系教学、科研工作提供服务。然而，换一个角度来说，职

第
四
章

大
学
组
织
结
构
视
角
：

博
弈
中
的
思
考

能部门也是边界渗透的一种途径。院系与院系之间的许多沟通信息一般无法通过教师群体获得，很多情况下，这些信息是在行政职能部门召集的会议上发布的。从整体上看，大学管理中心更愿意掌握为院系教学、科研服务的资源。无论大学管理中心的权利如何转移，都不可否认学校总是会在结构任务的安排中保留相当的资源配置权，毕竟组织的概念就是"通过合理的资源配置促使其目标实现"，更何况在结构比较松散、目标模糊的大学组织中，有效的资源配置也是使院系保持良性交往的途径之一。如，大学管理中心为基层院系设置的院系目标考核，特别为一些重点发展学科设立的特殊政策，以及对申报政府基金项目组织的评审等。这些方式也符合政治学中所描述的组织特点，即人们为了获得特别的好处，通过为生活的目的提供某些特别的东西而聚到一处；同样，政治社团看来是为它所带来的总的好处而自发地聚到一处并继续存在下去。（奥尔森，1995）[6]虽然以上观点未必完全正确，但是组织确实是将松散的群体维系在一起的有效途径。

（一）院系之间围绕资源的竞争博弈

对院系来说，能够争取更多的资源显然是它们的利益所在。如果促进学术的发展应当成为院系的根本目标和利益，那么资源就是为根本利益提供根本保证的"利益"。所以，在某种程度上没有必要进一步修正经济学中"理性"的概念，也没有必要像公共选择理论那样特别突出个体在群体中的"利己行为"，基层院系在围绕资源的问题上必然表现出将自身的利益最大化的倾向。所以，在国内大学的学院中，对书记、院长的评价标准已经不仅仅在于其学术能力或者协调能力的高低，而是能否从学校获得更多的资源。如果一个院长替学校的博士点、对外合作项目、通识教育课程的设置操心过多，而没有考虑本学科的学位点、资金安排，那么该院长肯定不能得到院系教师的认可。马兰德在谈论系领导的本位主义观点时提到：

好像系主任的地位高低和受尊重程度与他们视野开阔程度成反比。他们视野越狭窄，他们在系里的地位就越高，就越受尊敬；反之亦然。例如：如果系领导没有不断地为本单位的利益而努力，其成员就会尖锐地批评他。这样，一个好的领导就会被看作是这样一个人：他会毫不动摇地、无限光荣地，并始终如一地为自己的单位争取到更多的教师、更大的校舍场所、更多的资金设备、更多的教室和学生等。（布什，1998）[112]

院系追求各自利益的目标会激发它们改善学术环境、提高学术水平的热情，但是在集体行动的逻辑上，也容易产生"公用资源的悲剧"①。大学能够调配的资源有限，让有限的资源发挥最大的效用需要采取竞争性策略，这也是许多大学在变革过程所采取的政策措施。实际上，即使是争取国家、地方政府层面的资源配置，也需要通过学校的评审才能上报。利益总是被导向性的，每一个院系为了争取更多的资源，当然会以"积极争取"作为占优策略选择，这种博弈在使一些具有潜质的院系快速发展的同时，也容易导致两种后果。一种后果是许多基层院系盲目追求"高、大、全"的形象，按照现在"时髦"的趋势构建自己的学科组织以获取资源，从而导致学科构架上的虚设现象。如跨学科创新团队的申报原本是为了鼓励交叉学科的成长和发展，而一些并不具备基本申报条件的学科，为了获取更多的资源，在原有成熟学科的基础上，大搞"拉郎配"，甚至虚设上报，根本没有踏踏实实沉下来做跨学科的思考和研究。正如有学者指出的："维系这种虚拟存在的纽带不是基于共同领域科学问题的研究，更不是增长学科知识的组织使命，而是成功申报某种级别与类型资助的现实需要与获取外部资源的兴趣……这种分散的学科要素投入建设将导致投入效率与效益的递减效应，投入越大，浪费越严重。"（宣勇，2009）另一种后果是一些基础学科的院系或原本基础很薄弱的院系在无情的零和博弈中发展受到限制。如在科研资金的获取上，一些应

---

① "公用资源的悲剧"是指每个可以利用公共资源的人都有加大利用资源的可能，如果别人利用自己不利用，则自己吃亏，最终所有人都加大利用至减少利益的纳什均衡水平，结果无法实现资源最佳利用效率。

用型学科因为与市场联系紧密能够获得较为丰厚的基金支持，而一些基础文理学科则由于学科的性质而在科研资金的获取上显得底气不足。虽然这种具有市场化特点的竞争性体现出高效率的一面，但是这种高效率同时也带来学科发展上的不平衡。

以上博弈所体现的并非院系利益的完全冲突，相反，院系针对资源的利益目标是趋同的，但是积极争取资源的结果却容易造成不理性的结局。从根本上讲，大学针对资源分配采取竞争性的策略，应该逐渐形成制度，通过调整博弈的策略抑制不理性结果的产生。比如在上面的例子中，"要从对学科要素的投入和关注转移到提高学科组织化水平上来，由学科要素投入转向学科制度构建"（宣勇，2009）。大学也可以针对不同层次、类型的院系设立专项投入竞争经费，使竞争真正具有公平性，支持获取资源的院系在特有的领域起到引领本学科发展的作用。

（二）院系之间围绕学习的有限理性博弈

在大学组织变革的过程中，院系常常需要借鉴其他院系的优异经验，尤其是在一些教学管理、科研管理经验方法等方面进行借鉴学习。院系在学习借鉴上具有以下倾向：一方面，通过学习可以使院系获得更多的经验，增进利益所得；另一方面，作为基层学术组织，每个院系都会认为自己在围绕学术管理、内涵建设等方面有足够的自我学习能力，所以院系即使不去借鉴经验也可以获得较高的得益。但是，如果一个院系学习而另外一个院系不学习，那么那个学习的院系虽然可以获得较多的经验，也会因为承担一定的"独立"成本而使获益有所降低，而不借鉴学习的院系则在实际情况中获益较小。

然而，对于博弈的参与方——每一个院系而言，虽然具备了分析得益事实和对策略效果进行事后判断的能力，但是由于大学组织松散、无序的特点，每个院系很可能由于信息沟通或者对于事情判断的模糊性等原因，而不可能在第一时间选择"完全理性"的策略。一般来说，学术群体的特征是崇尚自由、自主的文化，并将之作为衡量一切行为的尺度，所以在一些客观上对院系非常有利的事情上，常常表现出"有限理性"。于是围绕"优异经验学习"的主题，院系与院系之间构成"有限理性博弈"。谢识予认为：在有限理性博弈中具有真正稳定性和较强预测能力的均衡，必须是能通过博弈方模仿、学习的调整过程达到，具有能经受错误偏离的干扰，在受到少量干扰后仍能"恢复"的稳健的均衡。（谢识予，2002）[235]这种有限理性博弈方的相互模拟和策略调整，可以用生物进化的复制动态机制模拟，所形成的均衡也与生物进化博弈中"进化稳定策略"（Evolutionary Stable Strategy，ESS）相似，所以我们也称这样的博弈为"进化博弈"。基于此，本研究首先构建两个院系之间围绕"优异经验学习"的静态博弈模型（图 8）：

院　系

		借鉴	不借鉴
院	借鉴	$\underline{a}, \underline{a}$	c, d
系	不借鉴	d, c	$\underline{b}, \underline{b}$

图 8　"优异经验学习"静态博弈模型

基于前面对基层学术组织特点的分析，可以假设效用值 $a>b>c>d$。不难看出，该博弈有两个纳什均衡——（借鉴，借鉴）和（不借鉴，不借鉴），是一个典型的"协调博弈"矩阵。在两个均衡中，很明显前者帕累托优于后者。但是院系实际选择哪一个均衡并不固定。假如一个院系有充分的自信采取"不借鉴"的策略，或者猜测对方可能会采取该策略，那么（不借鉴，不借鉴）就是相对于（借鉴，借鉴）的风险上策均衡。假设一所大学中的所有院系在进化博弈的框架下随机配对反复博弈，在有限理性的限制下，所有院系一开始未必都选择纳什均衡策略，很可能是有的选择"借鉴"，有的选择"不借鉴"。我们可以将选择不同策略的博弈方看成不同类型的博弈方，随着策略的改变，博弈方的类型也将发生改变。

　　假设在所有院系中"借鉴"类型的比例是 P，那么"不借鉴"类型的比例就是 $1-P$。在随机配对的博弈中，每种类型的院系都有可能遇到相同类型的院系或者不同类型的院系，那么可以根据类似于混合策略的方法，先求出每种类型院系在"优异经验学习"中的期望得益：

$$\pi_{借鉴} = P \cdot a + (1-P) \cdot c \tag{1}$$

$$\pi_{不借鉴} = P \cdot d + (1-P) \cdot b \tag{2}$$

$$\pi_{总} = P \cdot \pi_{借鉴} + (1-P) \cdot \pi_{不借鉴} \tag{3}$$

　　实际上，有限理性博弈的内涵是观察博弈方策略选择类型发生动态变化的情况，以此看出经过"进化"以后的反复博弈最终会趋向什么均衡。一般来说，P 的变化取决于院系学习模仿的速度，而院系类型比例的动态变化速度取决于两个方面：一个是同一模仿类型的数量；另一个是对同一类型是否能够成功的期望判断（由该类型的期望得益与总平均得益的差值进行判断）。

　　由此，可以用"借鉴"类型院系比例的动态变化速度构造动态微分方程：

$$\frac{\mathrm{d}P}{\mathrm{d}t} = P \cdot (\pi_{借鉴} - \pi_{总}) \tag{4}$$

将（1）、（3）代入（4），得出：

$$\frac{\mathrm{d}P}{\mathrm{d}t} = P(1-P)[(a-d+b-c)P - (b-c)]$$

令 $\dfrac{\mathrm{d}P}{\mathrm{d}t} = 0$，可以求得三个稳定状态，分别为 $P^* = 0$，$P^* = 1$，$P^* = \dfrac{b-c}{a-d+b-c}$（容易看出该数值大于 0 并且小于 1）。

　　从前面的介绍来看，任何一个稳定均衡点必须是能经受错误偏离的干扰，在受到少量干扰后仍能"恢复"的稳健的均衡。也就是说，当出现干扰使得 P 大于 P^* 时，$\dfrac{\mathrm{d}P}{\mathrm{d}t}$ 必须小于 0；当 P 小于 P^* 时，$\dfrac{\mathrm{d}P}{\mathrm{d}t}$ 必须大于

0；令 $\dfrac{\mathrm{d}P}{\mathrm{d}t} = G(P)$，以上同样意味着在稳定点处 $G(P)$ 的导数 $G'(P^*)$ 必须小于 0（在稳定点的斜率为负值）。在以上效用变量值的假设下，三个稳定状态中只有 $G'\left(\dfrac{b-c}{a-d+b-c}\right) > 0$，根据微分方程的稳定性定理，$P^* = \dfrac{b-c}{a-d+b-c}$ 不是此博弈的进化稳定策略，而 $P^* = 0$，$P^* = 1$ 均是稳定策略。上述动态变化的过程可以用相位图（图9）表示。

图中的动态变化趋势给我们这样的启示：当初始类型的比例 P 介于 $\left[0, \dfrac{b-c}{a-d+b-c}\right]$ 时，动态变化将趋近于 0，即最终院系都将选择"不借鉴"的策略；而当初始类型的比例 P 介于 $\left[\dfrac{b-c}{a-d+b-c}, 1\right]$ 时，动态变化将趋于 1，即最终院系都会选择"借鉴"的策略。

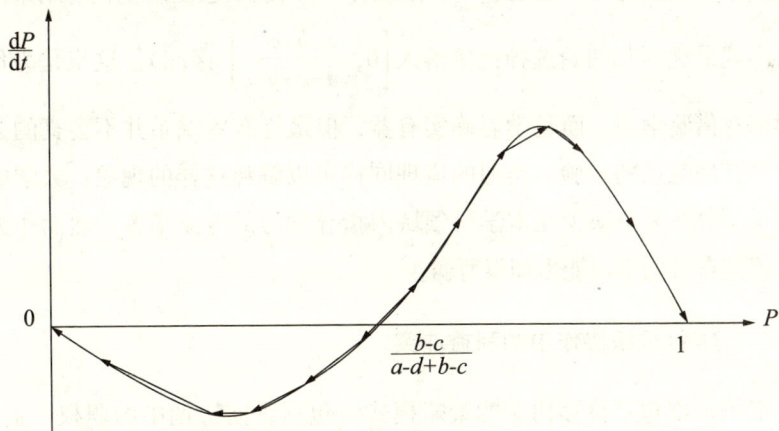

图9 "优异经验学习"进化博弈相位图

进一步的分析表明，a 和 b 的量值在实际中基本可以固定。在进行一些初步的数学换算之后可以看到，如果想减小 $\dfrac{b-c}{a-d+b-c}$ 的数值，可以通过增加 c 的收益值或减少 d 的收益值，也就是说在有院系"借鉴"而另一院系"不借鉴"的时候，尽量提高"借鉴"收益值同时使"不借鉴"的收益值降低。这样，由于 $\frac{b-c}{a-d+b-c}$ 的值较小，院系的初始选择更容易落入 $\left[\frac{b-c}{a-d+b-c}, 1\right]$ 区间。例如，假设初始选择"借鉴"与"不借鉴"的概率相等，令 $\frac{b-c}{a-d+b-c}$ 小于 $\frac{1}{2}$，最终院系动态进化到帕累托最优均衡的机会更大。如果大学管理中心在管理过程中没有能够注意院系各方在不同策略选择下的实际得益，那么各种促进组织学习、组织管理的策略可能难以奏效。

院系"优异经验学习"进化博弈的模型为我们提供了两个方面的启示：一方面，校级的宏观管理要注意到每一个院系在不同主题范畴下的利益所在，并根据博弈的模型分析做出适当的控制调整。另一方面，大学组织和学术群体的特征决定了"有限理性"，所以动态复制变化的结果往往未必实现最优（如初始选择比例落入 $\left[0, \frac{b-c}{a-d+b-c}\right]$ 区间）。这也是为什么同样都在借鉴学习，而且学习确实有益，但最终有些院系并不会真的去借鉴学习其他院系的经验。类似的道理同样可以解释这样的现象：大学中的每一个学科从来不缺少在本学科领域内指导学习的专家学者，然而作为学科组织其自身的学习能力却很薄弱。

二、学科组织协作中的利益冲突

组织内部包括许多协调的策略模式，包括纵向协调中的职权、资源、规则政策，如前面对院系利益关系的分析显示，资源起到了关键作用；还包括会议、协调人员以及矩阵结构等方面的横向协调。在大学组织中，纵向协调固然重要，但并非总是能够发挥作用。大学是一个以学科、专业作为划分基础的组织，群体的行为常常遵循体制以外的逻辑，所以大学也会采取一些横向的正式或非正式的结构形式，其中矩阵结构是大学组织基于学术内涵经常采用的结构模式。

（一）跨学科整合的动力与阻力

大学是整个社会大系统中一个具有独特内涵的子系统，而在这个子系统之下存在着体现大学独特性的学科系统，各种专业人员掌握的一门门知识构成了这一系统存在的基础。专业性、学科性可能是大学的工作区别于其他类型工作的主要方面。大学组织中的教师群体通过传承、创造、应用知识，品味工作的乐趣，思考学科、专业的发展。他们处在高深知识的专业化尖端，按照大学的学科构架，他们几乎不需要建立相互间的联系，就可以在学术工作中取得丰硕的成果。专业人员的知识任务不同、采取的方法手段不同，所处的话语环境也存在区别，于是形成了各具特色和文化风格的"思想集团"，每一个这样的集团俨然在特定的专门知识工作领域里成为权威的象征。因为知识领域的高度分化特征，某一学科内的"思想群体"具有共同的语言、范式与目标，这在一定程度上减少了组织中用于维护每一个子系统规范化的制度成本。

然而，学科的发展并非孤立、线性的，知识的特点也决定了学科在发展进程中一方面趋向于高度分化，另一方面又走向高度综合，许多以问题为导向的课题都需要用跨学科的知识才能解决。在知识发展的进程中，每一个关键的方向都有可能在宏观的科学、社会领域中寻找到新的发展契机，每一种奇思妙想也有可能涉及更为广泛的知识领域。所以，学科发展必将走向更为综合的时代。克莱因（Julie Thompson Klein）曾经指出：

不管是为了整合性还是工具性的原因，他们都有一个共同的合理化模式：出于"需要"和"复杂性"。一些学者进而还相信社会科学的创新是"分裂和交杂"的双重过程，学科间的交汇是自然产生的。当学科吸引更多的学者生产更多的知识，它们变得更严密；当它们变得更严密就会分裂出次领域；当每个专门领域都挤拥了学者，充塞着知识，学者们开始辩论一些以前无人问津的领域内往往为人忽略的次要点，对主要问题有兴趣的人也会往别处看看。因此核心领域的密度在领域边缘、在前线上、在交汇之处开放了创造的空间。（华勒斯坦，1999）[29-30]

上述观点所揭示的并不仅仅是知识分化、融合过程中的不同实现形式，实际上它也揭示了潜藏着的一个疑问：这种学科协作发展的过程是受矛盾力量的推动，还是自然而然发生的？

学科构建了话语生产的一个控制体系，它通过设置同一性的边界来发挥作用，而在这种同一性的范式下，规则和秩序被固定下来。（FOU-CAULT，1972）[224]因为按照学科的组织形式在大学内进行知识生产已经约定俗成，并且整个行政体制都是建立在一级学科或者二级学科的基础上，所以当前的学科组织一般都如福柯所言，通过"同一性的边界"来发挥作用。在我国，院系行政组织的设立基本上根据国家颁布的《学科专业目录》，这种标准体系在很大程度上限制了学科自身的生长，对学科知识发展变化的敏感度相对较弱，很难在每一学科领域的边缘形成自然突破的态势。此外，我国大学的基层学术组织是按照事业单位的模式运行的，"基于单位逻辑对秩序、稳定归属关系的强调而形成对人财物资源比较封闭、严密的组织控制……生产要素主体之间是不完全的契约关系，基层科研教学人员工作自由度低、流动性差、资源共享程度低"（郑晓齐等，2008）。现有的科层制的学科设计，使跨学科研究变成单一学科向外谋求发展的途径，它分裂在学科与学科之间，只会导致研究领域的进一步细化，而不能使得以问题为导向的跨学科内涵得以彰显。类似的问题对学科组织的协调发展形成极大的阻碍。由此可见，现在虽然提倡跨学科研究，但是这种研究很大程度上在制度性的体制框架下进行，无法从学科组织的内部产生出实际发展的需要。

如果我们将这种需要看作学科本身发展的利益所在，那么可以发现，组织体制的局限性将极大地压制学科的利益。学科并非一个孤立的存在物，它归根结底还是以学术人员为基础的。当现行的管理举措都适应着约定俗成的体制时，学术人员的利益也相应地受到影响。在我国，学位授予、学术晋升、学术成果发表、基金项目申请、科研奖励申报等都是按照既定的学科门类进行操作的。那些对跨学科领域卓有兴趣但却得不到体制内资源支持的学者，不得不退而求其次，只能在单一的学科门类中继续工作。

国家在宏观上要求高校建立跨学科中心或平台，高校和基层院系也会按照宏观政策要求"走走形式"，实际上很多所谓的跨学科组织都虚设在二级学科甚至三级学科基础之上。院系为了从跨学科制度中获得资源和利益，将原本成熟的单一学科稍加变化，拓展一些研究方向后，变成跨学科组织。虽然这样符合了制度上的安排，但反而加深了学科之间的壁垒。全国高校交叉科学研究联合中心主任刘仲林介绍："目前的跨学科研究种类繁多，某些高校甚至有几十个跨学科社会科学研究中心，这些研究中心有的是'虚体'机构，没有成员和办公地点，仅仅挂一块牌子；有的虽为实体机构，但发展状况也各不相同。"（张梦薇，2009）作为实体的跨学科组织虽然能够避免一些虚体跨学科机构中的不稳定因素，但是由于其聚集了不同学科的人员，在研究技术、人员、设备、资金等方面难免造成资源配置上的重复和浪费，并且在利益的驱使下这些浪费往往是不可逆的。学科之间的融合发展还涉及人才瓶颈问题。罗卫东认为：

> 跨学科研究要求的学者必须同时具备三个重要的条件：至少某一学科的专业训练、跨学科甚至超学科的视野和问题意识以及跨学科研究兴趣。要生产具备这样三个方面条件的跨学科人才，需要的投入更多、时间周期更长，同时风险也更大。与专业型学者的生产系统相比，投资于跨学科学者的生产体系是更有可能失败的。因此，没有相应的风险分担机制和激励机制，跨学科人才的培养将会出现严重的激励不足。事实上，在现行的人才培养体制和学科体制下，跨学科人才难以批量出现正是因为缺乏相应的保障和激励机制。在人才供给机制尚未建立和正常运行的情况下，目前国内的跨学科研究多半出于可遇不可求的状况之中。与专业性和学科性研究相比，跨学科研究面临的人才瓶颈最为严重。（罗卫

东，2007）

在建设跨学科组织的过程中，学科文化与资金投入等方面的冲突也是一个关键问题。学科发展的趋势与现实中的观念、体制、投入等因素之间存在很难调和的矛盾。从组织结构的角度来说，一种"自上而下"的以单一学科为基础的行政组织模式很难将不同的学科整合起来，所以，我们需要发展一种有效的协调机制和学术共享平台，推进学科之间的融合。

（二）矩阵结构与跨学科联合

在组织结构的类型中，矩阵式的组织结构是一种既有纵向部门联系，又有横向部门联系的结构形式。它的独特之处在于同时具有事业部结构和职能制结构的特点，将两种组织结合在一起，使两种结构的效益相互影响并得以提升。在组织管理中，矩阵式结构是一种将"垂直"联系和"水平"联系、旧有体制和新生问题较好结合起来，重在协作的组织结构，目前在公司中应用比较广泛。"矩阵式结构能够激励员工去思考产品的最后结果，也引发他们在技术上持续地分享，并增进知识。矩阵式结构也支持着公司的整体团队文化，无论是在相同团队还是在不同团队中，每位成员总是有着意想不到的收获。"（MUZYKA，ZESCHUK，2003）从大学的学科发展趋势来看，这种结构适应了跨学科联合的需要。华勒斯坦在《学科·知识·权力》一书中介绍了跨学科活动的一些基本内容：学科间互借互换、合作解决问题（如由大学研究员、医护人员、社团人员、代理机构职员和市民组成的医护关注队）、保持独立分割的学科之间的沟通桥梁（例如斯诺和李维斯之间有关"两种文化"的争论，以及其后在科学和文学之间建立联系的尝试）、发展在不同学科之间运作的综合理论、在各分隔的学科之间共同交叠的范围中开发新的领域。（华勒斯坦，1999）[29]

矩阵结构的组织功能与跨学科联合的目的相吻合："第一，矩阵结构以解决问题为目标，根据解决问题的需要来安排具体组织结构，这正是从事跨学科研究所要求的。第二，以任务、工作为中心，以项目开发为目标，一开始就必须从各主要职能部门（在大学中可以看作各个学科）抽调各类专业人员，加强了组织内部各部门（学科）的联系和协作，形成了高度有机的协调，从而打破固有体制的障碍。第三，组织之间的信息交流以横向为主、纵向为辅，横向第一线的项目、问题和任务信息作为矩阵结构的中心和起点。"（吴志功，1998）[97]这种柔性结构灵活性强，特别有利于开展创造性活动，而且不容易破坏原有体制的形态，适合组织创新战略的实施。矩阵结构组织的这些优势功能特别符合跨学科结构形式的工作性质和特点。所以，在实践中，很多学科之间联合发展的实体运作模式都采用矩阵结构的形式。

（三）矩阵结构中的利益冲突

大学组织中矩阵结构的应用一般可以分为两种形式。在以同类学科群为基础组建的学院之间和以相关或异类学科群为基础组建的学院内，都存在跨学科的组织结构设计问题。所设计的矩阵结构要有利于从事跨学科的教育和学术科研工作，通过横向协作的形式将多个学科和专业贯穿连接起来。

一般来说，在以相关或异类学科群为基础组建的学院内或者以同类学科群为基础组建的学院之间，都可以设置矩阵式的组织结构，横向的是以任务、问题为主组建的中心、研究所、基地平台，纵向的则是一门门的学科。这种设计的独特之处在于：结构的核心是处于交叉位置的学术人员，而学术人员附属于两个机构，将会有两个"主管"。矩阵结构形式在理论上存在的优势比较明显，它通常使资源和技术的配置达到最佳化，对于学科之间迫切需要联合、工作量不确定的组织来说是一种理想结构。在理想状态下矩阵结构的运作可以起到在原有体制基础上实施创新的目的。此外，矩阵结构也是学科不断发展的结果。当传统的单一学科对学科发展形成阻碍时，矩阵结构可以对学科发展的不同维度进行衡量。在学科分化与综合并行的今天，矩阵结构组织无疑是将两者统合起来的结构工具。

　　然而，矩阵式组织结构中的工作也存在着困难，因为与单一职责的结构相比，矩阵结构需要一套全新的理念和技能。矩阵结构要想成功，担当关键角色的管理者需要承担某些具体责任并具备相应的职能。以学院内创建的跨学科矩阵组织为例，结构中的关键角色分别为：院长、矩阵"主管"（包括横向的所长、中心主任等及纵向的学科主任）、双重主管下的学术人员。院长是矩阵结构中的最高领导，是纵向和横向结构的共同领导，其主要责任是维持学科主任和各横向主管之间的权力平衡，协调他们之间的关系。院长必须愿意将决策委托，鼓励学科主任和横向主管直接接触，以团队方式共同解决问题，这样有利于信息共享和协调。

　　矩阵结构中的主管主要指学科主任、研究所长或中心主任，他们工作的困难在于他们好像管理着学术人员，但又不能完全控制他们的活动，并且从学院一级到学术人员中间还隐藏着许多学术利益和资源利益上的冲突。以我国的跨学科研究活动为例，矩阵结构存在的最大问题就是围绕资源分配产生的利益冲突。原则上，以研究中心、研究所为单元的跨学科研究矩阵结构应该以横向组织作为资源配置的主要依据，但因为大多数学术人员的人事关系、业绩考核、职务晋升、工资晋级等许多与切身利益相关的事情依然归学科组织管理，所以矩阵结构更容易出现各种利益冲突。如，当一些行政事务需要纵向学科组织负责的时候，纵向学科组织会因为缺少资源配置的权力而在具体工作上缺少积极性，甚至会出现极大的抵触情绪。矩阵结构存在的第二个问题是增加了组织的目标冲突与模糊性。学术人员在结构中有双重"主管"，因此会产生两种不同的目标倾向，而且彼此之间经常无法协调。在学科组织中学术人员可能面临考核晋级上的数量指标的约束，而以问题、任务为导向的横向组织则强调长效机制和团队精神，学院在试图将两方面的要求统合起来时，常常顾此失彼，甚至会影响学术成果的产出。

　　学术人员在冲突和模糊中感受到更多的压力，管理者对工作的安排也会产生极大的不满。学术人员需要表现出对他们所在的学科，以及所承担的项目或中心任务都具有忠诚态度。当利益与所要求的目标基本一致的时候，各主管、学术人员能够平衡自己的角色，而当利益冲突超过一定范围时，所出现的矛盾将变成跨学科发展的阻力。

以上在矩阵结构中所揭示的利益冲突问题都隐含了博弈中所表达的深刻道理：当双方利益不在同一个范畴时，管理者要兼顾得更广泛（如纵向和横向组织的利益），否则就容易出现工作安排、协调上的矛盾；此外，处在矛盾的情形下，我们需要跳出矛盾之外予以协调（如从大范围的体制上），而不是片面地追求统合，否则将在跨学科发展的进程中制造更大的麻烦。具体而言，可以考虑以下两个方案：一方面，在横向组织和纵向组织之间建立间接利益补偿机制，当资源横向配置的时候，需要考虑纵向组织承担的责任，并按照一定比例给予纵向组织利益补偿，反之亦然；另一方面，在学校层面搭建预算、管理平台，统合跨学科研究的各项事宜，关于学术人员在跨学科工作期间的一切人事、业绩、晋升等事项，全部由学校统一管理，避免矩阵结构内的横向、纵向组织在利益目标上出现冲突。

第五章　大学组织权力政治中的博弈

　　组织存在的目的在于实现个人的愿望或者是那些被视为其利益的东西。（罗素，2002）[139]在结构视角中所描述的组织利益随着结构体制的分配、融合而略显僵硬，相比之下，在权力政治视野下的组织则摆脱了整体的、正式策略的、循规蹈矩的实体框架，能够将我们带入另一个场景之中。在这里，组织作为不同个体和利益群体组成的联合体，为我们带来许多与利益相关的现象，但却很少受到研究者关注。在实践中，这一视角提供了改变组织运行的十分重要的概念和工具，因为几乎任何变革都会要求个体或群体接受一些被他们认为不符合其本身利益的结果。所以，在组织个体或群体行为的动态过程中，对政治、利益、权力以及博弈的思考，能帮助我们改变简单的自上而下或者自下而上的策略设计方法。

　　它提供一种有用的视角，可用在组织界限之内和界限之间，以及用在培育组织内的增量性和改造性变革和它们与环境的关系上。换个方式说，试图用相等的关联性对一位试图对绩效差的单位进行重构或复苏的管理中心，或者对一位已决定对付被他或她看做某种不道德的组织方针的下级，或者对一位试图从社会中多种利益的立场去改善组织结果的政府官员说话。所有这些都意味着未来的管理者要能够分析作为权力政治系统的组织，有必要的技能去有效果地谈判和解决利益的差别，有效果

地追求共同利益或整合性的解决办法。（安科拉，2000）[67]

　　尽管政治视角为我们提供了一种审视组织生活的方法，同时还可以用来分析组织日常生活中的政治行为，但政治视角本身还是容易让人们"敬而远之"。大学组织中的管理人员、教师群体都会在非正式的场合或亲近的聚会中谈论一些"钩心斗角""不择手段"的话题，但是在公共场合中，他们却有意识地回避了这些讨论。这并非因为讨论的内容缺乏依据，而是由于涉身"正式"的环境，人们普遍认为组织应作为一个寻求共同目标的理性场所，以上的话题涉及让人感到厌倦的"政治"，组织成员稍不留心就会坠入"潜规则"的陷阱。尤其在教育的环境中，政治气氛离开了商业环境容易变得可有可无。（KOCHAN，1994）[165] 即使是采用成熟的政治学研究范式，仍然会有学者质疑："所谈论的政治策略中，有关道德伦理这些议题常常与决策中的价值观互相矛盾，政治模式对现实的描绘究竟应该限制在什么样的范畴内？它是否在某种程度上看似自然，实际上也确实接受了那些我们认为有违公德、让人一提及便生厌的东西呢？"（BOLMAN，DEAL，1984）[112]。这些习以为常的思维阻碍了我们认识到政治和政治活动可能是组织生活的重要方面，而不一定是可有可无的、不正常的身外之物。实际上，对于组织政治的理解可以有三种方式。其一是将政治看作组织实体中的一种活动，这一实体建立了一种公共领域和公共话语，并据此协调相互影响的利益，维护组织的秩序。这一话语系统强调：只有在公共领域范畴下承认多样化，为商讨、谈判、各种利益的表述和不同身份的表达提供空间，政治才会存在。其二是判定差异性和稀缺资源，在这样的分析框架下，权力成为焦点。其三则更接近我们日常生活中所理解的政治，也和上面提到的"敬而远之"的态度比较接近，但同时从其运作功能层面来看则包含在前两种理解之中。政治可能意味着站队表态，要有所偏袒。"各种花招、密谋、阴谋、利益集团、院外集团、操纵，就是政治的全部。正是这样的原因，我们常常会把政治视为一种破坏性的和分裂的行为，与反抗紧密相连。"（甘布尔，

2003)⁵我们平常所讲的"政治"可能意味着统治、管理、参与、斗争等各种活动的总和。① 而从上面三种理解可以看出，从脱离一般意义上的政治生活以及政府治理的组织角度而言，政治总是基于利益的，利益、权力、秩序是形成政治视角的三个分析维度。因此，本研究将政治界定为**利益之间的影响与调节**。"事实上，目前对于政治和政治衍生物的理解非常贫乏，原因之一是政治本身没有一个无可争议的一致的含义"（甘布尔，2003)³，而本研究给出的定义对于组织分析更具有实用性和可分析性，利益之间相互影响并与策略结合，产生权力和博弈，博弈以后则是秩序的形成与调整。在政治视角下，研究中的每一个观察点都与博弈的内涵丝丝入扣。

第一节　大学组织中的政治场景

一、"游离"与"交换"中的政治活动

在一个正式的组织中，明确的规范和制度无疑很重要，缺少了行为准则和监控机制的组织往往被视为不成熟的。实际上，缺少制度的组织在现实中也是不存在的，但如果就此认为制度或者命令的形式可以在组织生活的任何时刻都发挥作用，那也是一种不成熟的见解。

能动主体的黑箱最终决定人的行动。能动主体处在社会结构中，制度是结构的重要部分，结构和制度对黑箱有影响，但不能决定黑箱中的运作。黑箱是对学者和政治家永恒的挑战。建立制度比深入黑箱容易得多，浮躁懒惰的政治家往往相信"制度决定论"，企图建立制度就万事大吉。务实负责任的政治家会小心地探索黑箱，想出各种各样的方法来影响黑箱。虽然他们不能百分之百地控制黑箱，但是他们会对能动主体的

---

① 英文中的政治（politics）一词，来源于古希腊语 polis，意为城邦或城市国家，指古代希腊出现过的一种政治共同体，后来英语将其转译为 politics，指城邦中的统治、管理、参与、斗争。此一解释见：张江河. 论利益与政治 [M]. 北京：北京大学出版社，2002：27.

行为有更准确的预测，有更多的影响。（尹伊文，2008）

　　在大学"有组织无序"的状态下，模糊的目标和技术更容易使政治活动拥有发挥的空间。政治也习惯于在行为结构比较松散的组织中发挥作用。（GANDZ，VICTOR，1980）伯恩鲍姆在《大学运行模式》一书中提及，政治活动的最重要特征就是它与工作密切相关，并概括提出了"广场理论"：

　　　　当我和你（我们每一个人）都有一种工作在手的时候，我们就会开始上广场。……适当的途径就是每天下午两点至四点到国王广场来回地散步。……当我们有幸偶然碰面的时候，我们往往都是扯上十来分钟，谈些无关紧要的事情，然后就此分手。在我已经朝着与你相反的方向走出四五步的时候，你把我叫回来，同时告诉我："哦，顺便告诉你，你如果碰巧……"这时，你必定会含糊其辞地说明你的工作性质。……然后，我们会又如先前那样地离去，接着，我又把你叫回来，以同样的方式向你介绍我的工作。在观察这一过程的时候，我们应当重视这样一个事实，即在我对你的工作的支持与你对我的工作的支持之间根本就不存在任何联系。（伯恩鲍姆，2003）[124]

　　"广场"并不一定在正式的场景中，也可能"游离"在工作场所之外，但却与工作发生着联系。在"广场"上，人与人之间或群体之间由于利益的存在，可以相互影响，范围可以是同一主题，也可以涉及不同的主题，彼此之间的理解是默契的，每一个参与方在表达、选择自己行动策略的同时，已经在潜在认可的目标下交换了彼此的想法。这里没有任何冲突发生，但利益主体之间却存在博弈。政治学的"交换理论"指的就是这样的场景，并且可能成为审视大学组织中人际关系的有益方式。（BAZERMAN，NEALE，1992）[267-269]

　　校长拥有行政职务所带来的权力，他们还拥有实施奖惩诸如给人晋升和提名的权力。然而，校长仍需要有教职工的合作才能保证有效的学校管理……交换还可以发生在学校和学院的教师之间。例如：一个教师可能会满足另一个教师的需求，原因可能是这种支持日后能够得到这个教师的回报。(布什，1998)[125-126]

相互之间的依赖关系构成交换的可能，只有彼此之间存在着利益需求，并且在权力的互惠下，交换的政治活动才能发生。这一理论的核心还在于交换实际上就是"利益互异的个人或者团体通过联盟、谈判、妥协和达成自认为于己有利的协定相互发生作用"(伯恩鲍姆，2003)[124]。这种特殊的影响力并不是一种强制力，因为利益各方在交换行为开始之前，就已经达成了默契。(WALTON，1965)[122]并且，在"广场理论"或"交换理论"中均衡的发生并不一定在同一时点上。如，某位大学学院的教师试图顺利地获得职务晋升的机会，那么就会对院长利用周末时间召开学术研讨会的计划表示支持。这两件事情似乎"风马牛不相及"，但是在政治场景中，它可能是组织生活中必不可少的组成部分。

大学组织中，有些状况会触发组织中的政治活动：第一，当资源稀缺的时候，政治活动会相对盛行。比如，由于入学人数的减少或者政府拨款比例的降低，大学组织中的单位群体或者个人可能依赖政治运作获取资源并保持既得利益。第二，当组织资源的分配决策模糊且缺少正式规则的时候，组织政治活动也会相对盛行。如，教师和管理层存在着天然的利益冲突(罗森兹威格，2008)[79]，如果管理者在资源分配上有较大的自由斟酌和裁量权，那么教师有可能运用政治策略影响决策需要考虑的种种因素(STROUP，1966)[113]。同样的理由还可以说明组织变革容易助长政治活动，因为组织变革的目的就是要打破一些传统规定、习俗或机构设置等，建立一套崭新的——虽然几经论证但毕竟没有经过实践检验的——规则及其运作方式，在这样的变革过程中存在很多不确定性及模糊性，如此一来，组织成员容易使出政治的手段来保护其资源、职位以及自我形象。(BLAZEJEWSKI，2003)[204]

二、关于政治视角的假设

大学组织内部有着形式不同的利益诉求。大学校长和管理中心首先要对学校的重要学术事务进行决策，因为主导学术事务的心态和策略选择是基于本身职责和利益的偏好选择（张红峰，2012）。其次，还要考虑资金来源、资源分配等许多关乎大学发展生计的问题。换句话说，大学管理中心的每一个人都有自己的利益诉求，但是作为整体，他们还要维护公共利益，这个时候校长的责任大于他的权威。大学中的教师群体也同样有着利益诉求，虽然教师因为对专业知识的占有而拥有独特的地位，但是他们的思考范围较窄，从职能来说他们与大学的功能紧密相联，他们依靠着由某种独占的知识背景而形成的权威身份（张红峰，2011）行使学术权力，而不太会考虑大学的经营问题。所以，教师更多地是发挥监督者的作用，而不是在大学中"拍板定论"的人。在学术的圈子中，教师也会凭借各式各样的身份而拥有不同的话语权，教授、副教授、讲师以及博导、硕导、各类人才梯队成员、学科带头人的称谓使教师的身份地位得以划定，不同的教师积累不同的权力。日益增长的专业性使学术群体的地位不可动摇，在知识群体的内部以及对外的关系上，学术自由成为广为认可的理念，专家学者通过专业权威的身份影响着学校的发展。同样，作为利益主体之一的学生也是学校的核心，没有学生就没有大学。正如纽曼所说，大学就应该为传授知识而设，为学生而设。现在学生的诉求也随着社会发展变得日趋复杂。学生首先要"向学"：优质的教育质量是培养学生重要的保证，而学生对质量的向往也贯串在学校办学的始终，尤其是"消费者理论"的盛行助长了学生的话语权，学生掏钱上学代表着市场的力量，他们总是寄希望于用最小的成本投入取得更高质量的教育。其次，学生要"为生"：学生在业余活动、就业市场等方面还有更多的利益诉求。在更大的范围内，学校以外的政府、学校一般行政人员以及工勤人员等都有不同的利益，这些形形色色的利益交织在一起，构成大学组织的政治生态环境。

上面分析的利益没有涉及组织微观政治中的冲突、竞争以及一些琐事，而是从抽象的层面描述了利益结构的复杂性。针对组织中的具体问题，所有的利益、价值观依然差异化地交织在一起，其中也包含了微观政治。

主导的宏观体系是在微观层面演练和内化的，从而确保了一致性并将抵抗减到最小，微观政治被看成组织生活的潜台词，而其中的冲突、压力、愤恨、利益竞争和权力不平衡影响着组织的日常事务。微观政治是关于网络、合并、政治的或个人策略如何实现或阻碍变革的影响。它包括谣传、流言、讽刺、幽默、拒绝、"使用后就抛弃的评论"以及联盟的建立。（莫莉，2008）[108-109]

从上面这段话中，我们可以看出组织政治中的几个关键词：利益、差异、权力、联盟，这些构成了大学组织政治研究视角的假设前提。

第一，无论是大学组织中的宏观还是微观方面，利益相关者的不同组合都是组织存在的基础，组织中的群体或个体行为比组织的结构形式更加值得关注。

第二，针对同一个目的，利益群体所表现出来的价值观、利益、信息占有、现实认识存在着持久的差异（enduring difference），造成这些差异的根源在于稀缺资源的分配。

第三，稀缺资源和持久的差异造成冲突的普遍性，而权力是解决这些冲突的重要途径，从而变成利益相关者的重要资源。

第四，权力之间的影响可以是个体之间的影响，也可以通过利益联盟、谈判、讨价还价等方式实现。

S学院在学校上一年度的整体工作中表现非常突出，处在学校整体排序中的A⁺等级，按照学校的规定可以得到一笔丰厚的奖金。由于事先的计划，获得的奖励将用作学院的进一步发展建设。在学院的办公会议上，每一位主管领导都对奖金的流向给予很大关注。主管教学的副院长当然希望这笔资金能够投入到专业、教学建设中，目前教学工作不仅辛苦而且投入远远不足，很多专业上的发展、教学研究项目以及教学奖励的措施都没有办法落实；同样，分管学生工作的副书记也希望能在资金上获得支持，以管理如此庞大的学生群体；因为自上而下的党建迎评工作也在酝酿之中，而学院党委至今都没有一个合适的迎接评估的展室，党委书记也寄希望于利用这笔资金将全院的发展业绩充分展示出来；当然，院长最关心的还是学科建设和学位点建设的问题，能够利用这笔经费作为省级学科建设的配套资金在他看来是最理想的方案。在含蓄而又针锋相对的讨论中，大家并没有达成一致意见，目标上的分歧导致会议不欢而散。然而，这仅仅是"政治"性的开端。在随后的工作中，院长在教授群体中广泛地征求了意见，并根据意见召开了院学术委员会会议，议题当然包括了对奖励资金流向的建议，也包括了未来学科建设工作以及科研奖励等工作的进一步落实，浓厚的学术氛围使资金的分配变得不仅微不足道而且答案显而易见。可想而知，资金的分配和使用已经和"学科的发展"紧密相联。[①]

以上四个研究视角的假设在这个真实的事例中都有所体现：组织是利益的联合体，不同的利益交织在一起，但"组织中理性的、寻求自我利益的个人不一定能够维护组织集团的利益"（奥尔森，1995）[2]。虽然上述利益属于工作范围的利益，我们没有深入探究每一个主管领导的自身利益，但是依然可以看出他们的利益取向存在差异，并且这种差异伴随着工作的范畴将会持久延续下去。我们不能想象一个负责任的教学副院长在专业发展大计上不去尽心竭力，也不能否认党建工作和学生工作的重要性，可是由于资源（资金）的限制，各个主管领导的愿望注定不可能全部实现，这时候院长的行政权力和教授的学术权力结合起来，使权力的运作、利益的联盟变得更加真实，从而也使得院长的目标得以巧妙

---

① 这是一个来源于笔者参与观察的大学组织生活的真实案例。

地实现。类似的例子还有很多，从中可以看出，以上四个假设前提构成了组织政治研究的基础。

三、利益、权力作为视角的核心

大学与企业、公司不同，企业、公司的员工通常能够控制生产、经营过程中的输入和材料的质量，而校长或教师却无法清晰地知道哪些行为一定能提高学生的知识和技能。正是因为我们无法确认手段和目的之间的必然联系，大学组织在某种程度上更应该被看作一个政治系统。正如前面所说，模糊的环境和决策的复杂性加剧了大学组织的政治活动，不同的利益相互交织，这些利益已经远远超出一般组织中"钩心斗角"的范畴，进入组织生活的方方面面。在大学组织中，一套严格、清晰的控制系统被认为是确保质量的强有力的手段，但是，克拉克认为，大学中无序的状态更有助于自由理念和创造性思想的发挥（CLARK，2008）[254]。由此，从理念到行动，每一个参与者都拥有更多的选择，利益也呈现出多样性。当我们试图发现彼此的利益博弈能够产生什么结果的时候，看到的往往是一种并非非常复杂的，甚至可以说是接近人类普遍思维的秩序正在逐渐形成。

实际上，形成这一切的原因在于视角的假设虽然涉及很多方面，可是归根结底还是取决于政治分析的基本维度：利益、权力。利益是分析任何组织情境政治维度的出发点，大学组织政治中的利益是通过组织中的身份来表达的，其表达的问题是"我们是谁""我们需要什么"。在这个空间里，人们要在不同的原则和价值观之间做出选择，明确身份，承担一系列特定的承诺、责任和义务，某一身份的利益必然在与其他身份的利益关系中确定。苏格兰社会学家伯恩斯指出："大多数现代组织都提倡各种各样的政治活动，因为他们多是为既竞争又合作的系统而设计的。人们在达成共同任务的过程中必须合作，然而在为有限的资源、地位以及事业发达的竞争中又常常你争我斗。"（MOGAN，2001）[182]伯恩斯的语境显得过于"政治化"，事实上，以"博弈"代替"你争我斗"更能体现出大学组织中的全部利益关系。

组织政治中的利益可以分为工作利益、事业利益以及个人利益。三种利益既相互作用又彼此分离，并且会达到一种平衡状态。顾名思义，工作利益与工作任务密切相关。教学副院长和科研副院长的工作任务不同，每个人因为职责所在都会努力争取自己工作范畴内的利益。筹措专业建设经费和制定科研奖励标准，分别可以看成两位副院长的工作利益。教授的工作利益是能够更好地教书育人、发展学术、多出高质量的科研成果，然而当他（她）把价值理想定位于成为一个行政领导的时候，这种在工作中拥有的与其未来有关的愿望和设想就仅仅是事业利益，可能与其正在进行的工作毫不相关。每一个人还可能将工作以外的个人兴趣、个性、个人态度、价值、偏好、信仰和承诺带到工作中，让这些个人的利益成为自己在工作和事业两方面采取行动的动力。在大学组织的政治生活中，不同利益之间的相互作用给人的印象和实际产生的效果并不相同。我们不会用"冲突"一词来形容教学副院长和科研副院长在工作利益上的相互影响，即使双方发生了争执，也都会用一句较为缓和的"都是为了工作嘛"作为收场。在利益实际发生作用以后，权力则成为核心要素。

为有待解决的问题内部固有的诸种不确定性所维系，每一集体行动的结构以及随之而至的每一具体的行动系统，皆作为一种权力系统被建构起来。集体行动的每一个结构，皆为权力的一种现象，皆为权力的一种效应，而且也是权力的一种事实。作为一种人类的建构，集体行动组织进行权力配置，推出权力规范化的形式，"驯服权力"，并制造权力……事实上，使之成为可能的集体行动的，不是别的东西，而恰恰是每天都在发生的政治，抑或，如果你愿意的话，亦可称其为微观政治：权力是其第一要素和中介力量（meiditation）——既为人们所共同拥有，同时又具有自主性——它存在于相关行动者各种各样的目标与风险赌注之间，这些相关的行动者彼此之间皆拥有某种相对自主的领域。（费埃德伯格，2005）[266]

　　权力是利益主体之间相互影响时，决定能够产出什么结果的重要媒介。作为组织政治中的工具性维度，权力源自利益的存在并影响着利益的分配（PFEFFER，1992）[232-233]，它试图说明谁得到了什么、何时得到和怎样得到。近年来，组织和管理理论家们越来越意识到，必须承认权力在解释组织事务中的重要性。然而，到目前为止关于权力还没有较为统一的定义。有些人将权力理解为资源，即当某个人拥有某些东西的时候，其他人便将这种拥有视为以某种依存性为特征的社会关系——对某人或者某事的影响。伯兰特·罗素认为权力是有意努力的产物。（罗素，2002）[20] "假定有两个怀有同样欲望的人，如果一方实现了另一方所实现的一切欲望，而且还实现了其他一些欲望，他并不比另一方拥有更多的权力。但是，在这两个人中，如果一方能实现某种欲望，而另一方能实现另一种欲望，这两个人的权力则是无法进行精确比较的。例如，假定两个画家都想画出超群之作，而且都想成为富翁，结果一个画家画出超群之作，而另一个画家成了富翁，我们无法确定哪一个拥有更多的权力。但是，泛泛说来是容易的：如果甲方获得许多有意的结果，而乙方却很少，那么甲方就比乙方更有权力。"（罗素，2002）[20] 罗素的权力观在横向的比较中产生，但是这个定义缺少目的指向，没有指明承受者。我们可以按照罗素的定义举个例子：如果一个孩子在果园中采到了自己想要的果子，那么这个孩子就比另一个怎么也采不到果子的孩子 "权力" 大。显然，罗素的权力定义并不全面。丹尼斯·朗拓展了罗素的定义，将权力定义为 "某些人对他人产生预期效果的能力"（朗，2001）[3]。从内涵上看，这个定义排除了 "非预期性" 的效果，而在现实中很多作用力恰恰是在潜移默化中产生的。从关系的角度看，一些学者试图使对权力的理解动态化，体现出相互作用的过程。如尼古拉斯·卢曼提出 "权力是针对可能的抵抗所引起的结果"（卢曼，2005）[1]，罗伯特·达尔认为 "权力是让另外一个人做他不想做的事情的能力"（摩根，2005）[159]。这些定义都已经涉及 "关系" 的内涵，并道明了权力的实质。结合组织政治中的利益基础，本研究认为：**利益主体通过身份的表达影响和改变他方，以**

获取利益的能力就是权力。权力的可能性来自相互作用的不平衡。我们可以将这一定义运用于微观政治学领域。

微观政治学所指的是个人或者群体应用正式与非正式的权力在组织之中达成目标。广泛来说，政治行动的产生乃是因为个人与团体之间有显著的差异，又有动机利用权力进行影响或是保护他人的行为。虽然这些行动都是出于明确的动机，但是，任何行动——不管是出于有意识的还是无意识的动机，在任何情况下都可能会具备政治意义，合作与冲突的行动与过程是微观政治领域的一部分，宏观与微观的因素也经常互动。（BLASE，1991）[11]

直接由权力构成的微观政治行为并非摆脱了利益的束缚，而是在微观政治领域中，决定目的和结果的行动从权力开始。许多组织政治行为都是以权力为核心的，组织中的权力清晰可见，同时又复杂、微妙且多样。当权力对思维和行动进行操纵的时候，我们会发现在组织的生活、工作以及目标范围中存在着各种相互作用的关系。克拉克·科尔曾经分析过一个有着权力和影响力的校长世界，这里强调的是多中心模式。

每个权力集团都受到其他影响中心的压力，企图影响它的活动，有时这些影响中心会使用否决票。反之，每个权力集团也都在试图影响其他人，想有所收获，扩大自己的控制领地。结果最大的输家是学校，输给了校外权力集团；最大的输家也是校长，输给校内权力集团……所有这些集团都有自己的利益和目标……多中心设置犹如静水池塘里捆绑松散的木筏，而非为海上风暴建造的出海航船。在暴风雨中没有一个舵手能够保持控制，权力和影响分散各处。（科尔等，2008）[105-107]

事实上，在大学之中，多中心带来的结果除去破碎、竞争、开放和流动之外，应该是加强了权力的核心地位，为权力提供了更广阔的施展魅力的舞台——多元系统中注定会有更多的参与者，而权力则是最大的赢家。

第二节 大学组织权力：语义辨析与结构

500年前，马基雅维利在《君主论》中指出："没有什么比给人或物建立一个新的秩序更不易成功、更难管理。因为引进变革的人，将成为原系统受益人的敌视对象，但从新系统中受益的人也表现得不冷不热。"（马基雅维利，1985）[23-25]实际上，组织变革既可能使原有受益人的利益受损，也有可能使既得利益者变得更有权力。任何具有政治思维的人都会明白，所有的制度、措施都是由那些拥有特定利益的人群制定的，所以组织变革的结果也会尽量趋向于更加"权衡"所有群体得失的公共利益，并且总是被认为能够代表大多数人的利益。当然，马氏言论受到的非议颇多。作为组织政治行为的深度刻画者，他将组织中所谓的"暗箱操作"揭示得淋漓尽致，但正如警匪片中的暴力镜头一样，揭露同样也成为"罪恶的教唆"。所以，马氏的组织政治行为学也被称为"马基雅维利主义"，总是代表着组织中自利性的政治运作动机。具有高度马基雅维利价值观的人，常有夺取超出其所应得的行为，并且将欺骗作为一种自然使用的手段，而且会使用粗暴的影响战术。（CHRISTIE, GEIS, 1970）[30-31]准确地说，马氏的论述表达了一种强烈的权力欲，体现出某类人或者某个群体的特质：只要目的正确，通过任何手段实现目的都在所不惜。然而，这并不等于说权力是组织中的一切，反倒是让人悟出下面两个可靠的事实：其一，在组织中的个体与他者交往的过程中（可以是变革中的接触）必然存在一定的利益关系；其二，在组织变革领域或者各种政策、措施的制定过程中，每个人通常不会做可能给自己造成利益损失的事情。

在利益的导向下，组织变革的过程显得并不单纯，尤其是掺杂了马氏因素以后，组织变革的过程与利益的分配、调节相伴而行。几乎所有人都能预料到组织变革会带来利益的得与失，可是真正强调变革意义的组织并不会将这一切凌驾于组织发展之上予以考虑。所以，我们不仅要关心组织的目标、愿景、使命以及策略计划如何激励组织行为，还要关注不同的利益发生变化以后，由群体之间的互动所产生的权力倾向如何影响变革的进程。由于大学组织的模糊性和不确定性，我们更需要在政治情境中思考大学组织的权力问题。

行动者在寻找圆满解决他们面临的问题的方案时，必须将总体意义上的不确定性，抑或不如说将诸种具体的不确定性考虑在内，与此同时，这类不确定性也是行动者在彼此之间进行商讨时的主要资源。如果不确定性存在，那么能够控制不确定性的行动者，即使仅能对不确定性部分地加以控制，即可利用不确定性，将他们自己的意愿强加于那些依存于不确定性的人们。就要解决的问题而言，从行动者的观点上看，不确定性意味着权力。（费埃德伯格，2005）[265]

一、权力的可能性

正如前面提到的权力定义一样，权力的可能性来自相互作用的不平衡。如果利益主体双方没有相互作用，那么他们之间不可能产生权力关系。如两个学校分别处在不同的区域，它们的校长之间也许只会存在为了彼此交流而产生的交往，却没有利益的纷争，也就不会有权力关系。此外，身份相当的利益主体之间也不会产生权力。教务处长和科研处长之间可能会发生交换的政治行为，但是无所谓谁对谁施加了权力。作用的不平衡从抽象上描绘了权力的可能性。

在深入了解权力可能性的时候，我们首先有一个假设，即每一个利益主体都有实现自身利益的诉求。而在利益的实现过程中，身份表达是权力体现的关键环节。许多后现代终结论叙事者持有一个基本观点：在现代世界，与政治相关的身份来源正在消失。但是就强调利益的方法论而言，我们必须强调身份的重要性，否认身份就相当于否认了地位和利益。后现代主义习惯从颠覆秩序、解决不平等的角度思考问题，然而身份不同于宏大叙事，我们并不能像解决不平等问题一样简单地理解身份。换句话说，身份不一定仅仅来自强加和传承，还有可能是通过建构和协商形成的。

　　一方面，身份的表达提供一种暗示，即"依赖性"的暗示。这样的身份表达不是指某个校长或者教授告诉大家我是"校长"或"教授"，而是利益主体间在互动交往的过程中看到了彼此的依赖性，从而确立了身份。依赖性是权力关系的关键要素，更精确地说，权力关系的双方彼此是"相互依赖"的（GULATI，SYTCH，2007），而身份表达正是在这样的依赖性基础之上体现出来的。一般来说，任一方主体都可能存在对另一方的依赖性。如果 A 是权力关系的强势者，控制了 B 达成目标的资源（如工作保障或升迁机会等），那么 A 就对 B 拥有强势权力；如果此时 B 拥有抗衡的权力（如具有专有的知识、技能是任务完成的关键，而这些是 A 无法具备的），那么 A 同样也依赖于 B。于是，互动的双方形成了各自的身份特征。在大学组织中，这样的身份表达往往呈现出多元的状态和不确定性。大学是知识的聚合体，其科层和专业的特征共同影响着大学组织体系。脱离了历史和环境，我们根本无法准确地判断目前的权力关系，只能理解权力双方彼此的依赖性，而权力双方最终在博弈中形成的均衡与身份表达密切相关。

　　另一方面，身份的表达具有前瞻性。应该说，权力的可能性并不是在主体双方发生作用以后才会出现，而是生成在作用之前。现实中，我们经常体验到在事件或互动发生之前，权力关系就已经获得了充分的分析。如，一个职级较低的办公人员在一次偶然的机会代替处长参加由校长组织的办公会议。这时，职员可以改变自己的处事方式，却无法改变自己原有的身份，其在会议中无论如何表现（可能沉默不语，也可能采取给校长留下深刻印象的方式），都是基于自己身份的一种表达。假如校长确实想知道这个职员以处长的代理身份所表达的见解，可能并不会得到满意的结果，因为由前瞻性身份表达所决定的权力关系限制了这种见解表达。

　　权力的可能性源自利益主体的身份表达，然而权力关系双方所确立的身份也并非一成不变的。权力不仅仅取决于外部的力量或是固定的状态，参与者的权力大小随着时间或决策的改变也可能发生改变。在大学内部，我们能感受到权力的流动性和不稳定性：一项亟待解决的科研攻关任务可能使学科首席带头人变得更有权力；校内教学质量监控机制的建立可以使教务处长对二级学院的院级领导更具有话语权；学生凭借"学生评教"可以使教师在课堂上表现得更加和颜悦色（尽管教师也会声称这样的评价方式阻碍了他们放开手脚对学生严格教育）。所以，一切可能把握住的机会和资源都使权力成为可能，有些体现在长期的积淀中，有些则反映在临时的安排上。总之，所有利益主体在互动中借助于某项任务或者策略的改变，都可以获得权力的伸缩空间。

前面在权力的假设中提到，每个主体都有主观上实现利益的愿望，这种愿望一旦与主体间彼此的互动相结合，则必然要通过影响和改变的方式来达成。在学术领域内，学者可以自由探索知识的奥秘而不受任何约束，在知识的成果向外界发布之前根本没有任何利益的纷争，学者对成果的满意仅仅表现为一种内在的方式。这时，我们也要承认学者的利益得到了极大的满足。当成果向外发布以后，大学内外立刻有了很多交往行为，此时各方拥有的利益很大程度上则需要透过一种影响才能实现，而这样的实现方式使得权力成为可能。

二、大学组织权力的语义辨析

权力在组织中无处不在。韦伯把权力分成传统权力、官僚权力和天赋权力，这样的分类几乎涵盖了组织中的所有权力范畴。然而，当我们讨论大学组织时，这一分类则显得有些空泛。大学之所以有别于其他类型的组织，具有学术性以及对学术在不同层次的理解可能是一个关键的原因。于是，大学组织中的权力也变得"与众不同"，当前学术界对"学术权力"约定俗成的使用就是一个很好的例证。实际上，学术权力是基于大学本质属性的一种缩略式概括。伯顿·克拉克提出了十种学术权力：个人统治（教授统治）、集团统治（教授统治）、行会权力、专业权力、魅力权威、董事权力（院校权力）、官僚权力（院校权力）、官僚权力（政府权力）、政治权力及高教系统的学术寡头权力。（范德格拉夫，

2001)[186-198]克拉克所指的学术权力与国内学术界对学术权力的理解有很大的区别，仔细观察后可以发现，他所说的学术权力实际上是指在"学术领域范畴"下的权力。这十种学术权力一经提出便招致了许多研究者的误解，如"这其实指的就是行政权力""克拉克教授所指的学术权力其实并不是真正的学术权力"，等等。由此可见，当我们研究大学组织权力的时候，对相关概念进行语义成分的辨析非常必要。

（一）大学组织权力：概念之考

严格来说，国内学术界对于大学组织中权力的研究是从20世纪90年代中后期开始的，虽然类似"学术权力""行政权力"的概念并非取自西方，然而相关研究确实受到了西方研究文献的启发。在1990—2009年中国学术期刊全文数据库中，以"学术权力"和"行政权力"为篇名检索词可以搜到1118条记录，相关研究的力度、范围可窥一斑。对大学组织中权力的界定也呈现出多元取向，从开始的简单描述到对几种权力主体、客体、来源等方面的深入探讨，顺应权力分类者有之，认为分类方式"虚妄"者有之，阔谈权力冲突、博弈属于无稽之谈者亦有之。笔者无意介入这些争论，仅想从对于大学组织中权力（以讨论最多的学术权力和行政权力为主）的语义成分分析中寻找出一些规律，以便切入本研究的问题领域。表2是近十几年来国内核心期刊上发表的关于学术权力和行政权力的一些颇具代表性的理解，有些是概念的表述，有些则指明了两种权力的范围、来源、主体等。本研究试图对这些理解做历时性的语义分析，以获得一些启示。

如表2所示，从时间序列上，我们能够看出，一方面学术权力和行政权力的概念从简单的范围描述逐渐发展为全面的展示，从一对平行的范畴变成对两种权力"对称性"的质疑，在概念语言的背后还不乏用批判的眼光去揭示大学组织中权力的实质现象。如："学术权力和行政权力两者不仅在主客体、实现方式上是重复交叉的，而且在大学管理中属于两种权力、一套机构，所有的事务最终都要由行政系统贯彻执行。"（周光礼，2004）"大学内部权力系统是一种立体的结构，而不是各元素平行的状态。"（李海萍等，2007）"'学术权力'和'行政权力'从逻辑概念上来考察，它们既不是包含关系，也不是全异关系，所表现出的形态应该是交叉关系。"（柳永荣，2009）"中国学者引入'学术权力'概念，意图在于消解双重意义的'膨胀式行政权力'。一是来自政府的膨胀式行政权力，这种权力对大学事务实行严格的管制和过度的干涉，使大学的自主地位和学术自由遭遇严重威胁；二是来自大学内部的膨胀式行政权力，这种权力在学术事务管理中无视学术发展的独特规律，使以教授为代表的教学科研人员在大学管理尤其是学术事务的管理中处于基本无权的状态。"（寇东亮，2006）"在中国语境下'学术权力'概念范畴远小于国外对于'学术权力'的概念理解。对'学术权力'的这种使用蕴含着中国学者深层次的向往和追求。对'学术权力'的界定，与其说是对事实的概括，不如说是一种价值的追求。"（王彦斌，2008）[112]

表2　学术权力和行政权力的概念解析

	学术权力	行政权力
薛天祥、侯定凯（1996）	涉及培养高级专门人才，进行高深学问研究	维系现代正式组织的生存
许宏（1997）	学术权力来源于从事专业教学的教授	行政权力赋予那些围绕大学的目标对大学进行管理的管理者
谢安邦、阎光才（1998）	属于一种权威，由学术活动本身的内在逻辑所决定。主体是大学教授，许多成分亦具有行政意志色彩	表现出科层化的特征，属于法定的权力，制度化的权力。主体是高校管理部门的官员及其辅助人员
陈玉琨、戚业国（1999）	以对知识占有的优势为权力基础，主体以教授为代表，体现在教学研究事务中	体现在大学的科层制结构中，组织赋予管理层次以相应的职责和权力。与学术权力结合才能在学术事务中发挥作用

续表

	学术权力	行政权力
别敦荣（2000）	管理学术事务的权力。主体是教师民主管理机构或教师、行政管理机构或管理人员；客体是学术事务；方式可以是行政命令式，也可以是民主协商式	与学术权力不是一对对称的概念，是以行政管理体制为基础，以行政管理职能为依归，由行政机构或行政人员所行使的一种法定权力
袁琦、袁新娣（2003）	由学者或由专家、学者组成的学术性机构所拥有的权力	是在建立在科层制基础之上的以追求效率为目标的制度化的权力
周光礼（2005）	其实就是大学的自治性行政权力，与学术权利要有所区分	包括国家行政权和大学的自治性行政权。前者源于大学与政府的职能分权，后者植根于大学作为科层组织自身
林荣日（2005）	拥有学术优势的人或者学术组织所具有的一种强制力或影响力（同时存在僭越式—行政性学术权力）	来自高校内外行政科层制授权的一种权力（同时存在僭越式—学术性行政权力）
寇东亮（2006）	学术人员和学术组织对学术事务所拥有的权力，其主体只能是从事教学科研的人员和组织	以行政管理机构为中心建构起来的权力。当前语境下主要指膨胀式行政权力
李海萍（2007）	是行政权力的上位概念，而非矛盾范畴	大学组织代表自身履行学校行政职能时产生的一种权力。来源于学术权力、市场权力和政府权力的过渡，属于衍生权力
程广文、洪辉煌（2009）	是从大学组织活动的内容上来界定的，是大学中所有内部权力甚至外部权力的核心成分	是从大学组织活动的形式上来界定的，是由一种制度所赋予的权力

（二）大学组织权力研究：从"批判"到"反批判"

纵观我国学者对于大学组织中两种权力的研究成果，可以发现一种路径取向："问题"出发——"概念"引入——"概念"消解——"理论"重构。

我国的大学组织权力研究早期并不在意"学术权力""行政权力"这样的代表性词语，仅看到了高等教育发展中出现的问题，于是引入西方的所谓舶来词汇，这些词汇在使用时甚至不需要进行过多的内涵语义修饰，研究者关心的仅仅是诸如"行政主导力量太强""国外的学术控制力是怎样的"这类问题。随着研究的推进，按照国内的语义表述方式，研究者不满足于开始时那种逻辑含义不清的表达，试图对"学术权力"和"行政权力"注入完整的概念解读。于是建立在"权力"概念基础之上的"学术—权力""行政—权力"等概念应运而生。然而，概念的表述终归要为阐述问题和解决问题服务。如，将"学术权力"定义为学者或者学术机构拥有的权力，同时又提出"行政权力压制了学术权力"的问题，当然就会有人质疑：那些大学内普遍存在的"双肩挑"干部，自身既是校长、处长或者院长，又是卓有威望的专家教授，在处理学术事务时他们的权力受到谁的压制？正是由于对概念的解读方式不同，才出现了不同解读方式对彼此的"消解"，然而每一种"消解"又会使自身也陷入泥淖之中，因为"消解"的过程并不是将对方定义和问题统筹考虑以后的"消解"。理论研究者在不断质疑前人关于大学组织权力研究的同时，也在批判的基础上重构大学组织权力的概念。

在研究的进一步发展中，学者们的批判声此起彼伏。"二权之争是一个逻辑上不存在、缺乏事实依据的假问题，两种权力主客体、运行方式都是交叉的。"（周光礼，2004）似乎只要权力中某些要素存在着重叠就无法产生冲突，然而，这样的论点本身就缺乏依据。举一个简单的例子：某学科导师组组长 A 教授希望 C 教师能够按照他的意图进行研究生教学计划的修订，而 B 院长在教学计划的修订上也有自己的看法。这时 A、B

对于 C 的权力发生了冲突，这里不仅客体是重叠的，而且范畴领域也一样（修订教学计划）。所以，两种权力是否对立、冲突，根本不能用上面所批判的根据加以解释，实际上权力越是重叠、交叉，越有可能产生对立、冲突。

为了避免概念上产生歧义，有研究者变通了对概念的解释，采用"僭越式"权力的提法："如果权力来源于行政组织体制，但作用对象的性质是学术性的，是学术性行政权力；如果权力来源于学术本身或者学术组织体制，而作用对象的性质是行政性的，则是行政性学术权力；这种权力虽然合法，但僭越式必须要有个'度'的问题"（林荣日，2007）[330]。如此解读可谓用心良苦。依此提法，教务处和科技处所行使的管理学术事务的权力，即为僭越式的学术性行政权力，只是不知后勤管理处、设备处听到以后会作何感想。也许这种分类能够勉强说得清楚，但是笔者实在不明白这样的分类试图解决什么问题，以及教务处使用"僭越式"权力的"度"在哪里。如果不将两种权力看成并列、平行的概念，那么就会如有些学者所认为的："行政权力实际上是来自政府权力（政党权力）、学术权力和市场权力的让渡"（李海萍等，2007）。然而，论述者从头至尾都没有正式论及行政权力和学术权力到底指的是什么，仅仅谈到"将大学权力分为学术权力、行政权力、市场权力是根据权力场域的不同"，并在这样的语境下得出，"当学生在对教师进行课堂评价时，实际上行使的是'学术权力'"（李海萍等，2007）。仔细想来，这难道不是一种臆指：只要是在学术场域中行使的权力，不管行为主体是谁，都可以叫作学术权力？话语的批判者试图借助自我建构的权力体系，充实、完善大学组织中的权力理论，而正如前面所说，"消解"以后的"重构"往往建立在语义不清的基础之上。

（三）大学组织权力：语义成分分析

对批判性的话语进行分析要追溯到话语指向的背后，所有批判要能自圆其说，总是需要立足于本身认为可行的逻辑和语境。然而批判究竟是对"真假问题"的批判，还是对"含混语义"的解读？这是一个亟待思考的问题。作为分析哲学的代表人物之一，维特根斯坦在其后期的研究中就特别强调语言分析的重要性，他把思想的界限划在语言的范围之内。早在 20 世纪 30 年代，维也纳学派的创始人石里克曾明确地指出，语言的转向并不是依靠方法本身，而是看清逻辑自身的本质，即从这样一个事实出发：任何认识都是一种表达，一种陈述，最终都存在于语言之中。（刘放桐，2000）[250]而本研究现在要考察的正是大学组织中权力概念的语义，尤其是语义成分，寻找出它为目前学术研究制造出如此多的"扑朔迷离"的根源所在。

1. 主语、宾语抑或定语

学术界对于学术权力和行政权力的定义大体可以分为三种。以学术权力为例：其一是将"学术"当作主语来看待，如"学术人员或者学术机构拥有的……"；其二是将"学术"当作宾语使用，典型的即"管理学术事务的……"；其三则是将学术作为定语，一般可以定义为"以高深知识的独占性为基础或者来源的……"。在这样三种截然不同的定义方式下，不难想象任何一种解读方式根本无法理解与其不同的定义，因为它们所说的根本就不是"一回事"，尤其当论述者根本未对别人的思考细细品味就大加批判，或者从来没想过为自己的论据建立一个有批判根据的逻辑起点时。如此这般，"批判"也成了一个假问题。然而，尽管研究者不断"纠缠在一个似是而非的虚假问题上，但是，这种研究或许还能揭示出一些真正的问题来，而且对于如何解决这些问题，或许还能指出一条路子来。姑且不谈其哲学意义如何，这种研究的结果本身就很有意思"（艾耶尔，2005）[270]。因为不论批判是怎样的，它本身形成的研究体系所揭示的问题总是深刻而令人回味的。

2. 成分错位的定义方式

有些研究缺乏清晰的思路，为了避免揭示问题时出现漏洞，往往采用成分错位的定义方式。如有学者将学术权力的"学术"定义成主语——学术人员或者学术机构，而将行政权力的"行政"看成来源——来自行政系统或科层体制的，然后说明两种权力如何存在冲突和影响，进而提出一系列的建议，这样的分析当然会导致无法自圆其说。表2中就有类似的定义方式，研究者非常坚定地认为，两种权力不是一对对称的概念，并以此建构了另外一套分析框架。然而，之所以不对称，原因就在于定义时根本没有考虑运用"平行"的概念定义方式。

3. 对人还是对事

笔者翻查了近百篇文献资料，发现凡是列举出学术权力和行政权力两种权力客体的文献，一般都将学术权力的客体界定为"学术事务"。国内外学者对于权力的含义虽然说法不一，却从来没有将权力的客体看成"事情"。招生就业处处长的权力难道是对"招生就业"有权力？这实际上是一种简述方式，招生就业处处长的权力是在"招生就业工作"中通过影响或改变他方而实现某种利益的能力，状语怎么能够代替宾语的客体呢？所以，权力的客体只能是人、群体或者由群体组成的组织机构。难怪维特根斯坦和维也纳学派曾经提出这样的观点：研究者有时并未深究他们所使用的语言的作用，从而想当然地使用语言，所以莫名其妙地感到困惑，并且有时进行无意义的讨论。

三、大学组织中权力的构成

（一）权力定义的依据：从问题出发

大学组织中的权力也是权力的衍生概念，定义时仅仅需要对权力的修饰词加以说明即可。根据以上的辨析，我们大体可以看出目前大学组织中权力概念的语义混乱现象，然而究竟以什么样的方式来解读学术权力和行政权力呢？从研究的历程中可以发现，国内研究者之所以对大学组织中的权力倍感兴趣，关键还是因为在现实中发现了问题。"问题"是概念语义阐释的关键所在，没有了问题，一些新生概念也就失去了存在的基础。仅从权力概念的角度来看，伯顿·克拉克的十种学术权力的提法是聪明的，这十种学术权力几乎将学术领域内所有的权力都涵括在内，这些权力不仅所基于的视角不同，而且往往交叉重叠在一起。可是，克拉克的提法并未导致众多研究者争相与之辨析，这是因为其所反映的确实是世界高等教育学术领域中的"权力现象"，这一提法本身具有非凡的意义。所以，国内学术界关于权力的辨析应该思考究竟要解决权力中的什么问题。

在权力世界中，欲对大学这样带有学术色彩的机构加以问题式的分解的确不容易。但是，首先应该明确，问题是概念解读的先决条件。如果我们只是试图明晰大学权力谱系中的诸种音符，那么，可以说克拉克的十种学术权力说已经构建了宏伟的结构框架，而将权力分为"学术权力""行政权力"或者其他一些权力则显得有点简单和牵强，并且也很难脱离克拉克的权力框架。然而，如果我们从现实中的问题出发，则另当别论。如，当大学组织科层制的管理色彩浓厚，且与以学术为志业的松散式管理模式产生矛盾的时候，大学组织中的权力则更加符合当前对学术权力和行政权力的定义，并且是从"平行"的概念定义方式出发的。这时，"学术"和"行政"被当作权力的来源，与这两种权力平行的其他权力类型应该是来源于市场力量的"市场权力"，而不是"学生权力""政治权力""外部权力"。当学生有权对大学教育质量提出质疑，并要求学校各级管理机构做出回应的时候，他们行使的实际上是"市场权力"。而所谓的"政治权力"或"政党权力"，从其来源看，也是来自科层组织体制中的"授权"，所以可统称为"行政权力"或者"科层权力"。这样的定义方式摆脱了成分错位的问题——一边采取"主语式"的定义，另一边又采取"来源式"的定义，从而避免了定义混乱以及莫名其妙地衍生出许多权力类型。

（二）权力定义的范围：学术场域

大学组织中权力概念的独特性是在学术范畴中体现出来的，脱离了这一领域的权力解读都是一种缺少了"灵魂"的定义方式。在大学中漫谈后勤中的修理问题、行政工作人员的晋升，并不能体现出大学组织中的独特现象，相应的权力也是一般组织中都能够表现出来的。因此，定义大学组织中的权力，我们要明确无论哪种权力都是在"学术场域"中产生的，否则讨论将变得毫无意义。当然，"主语式"的权力定义也同样适用于问题域，并且应该作为一种理所当然的定义方式，而并非像有的研究者指出的，"这样的定义岂不是徒然生出教师权力、学生权力、行政人员权力、后勤人员权力、工人权力……"（李海萍等，2007）。因为这里所指的某些权力根本就不是在学术场域中产生的，自然也不在我们讨论的范围内。由此，大学组织中的权力可以由"主语式"权力构成，每一类主体都可能形成一种权力。学术人员或者学术机构可以拥有学术权力①，行政或者党务部门的校长、书记、处长、院长等也会拥有党政权力（这里姑且将党务和行政人员的权力一体看待），凡此种种，而学生权力、外部权力也是同一场域中利益相关者所应有的权力。所有的权力构建的大学权力体系，通过平行而又纵深的形式表现出来，形成大学组织中复杂多变的权力结构图谱。

（三）"主语式"权力内涵的身份确认与结构

大学校长拥有的究竟是学术权力还是党政权力？这需要从"权力"定义本身来解答，因为在利益主体相互依赖的同时，必须对其身份予以确认。这种身份的确认并不是某个具有双重身份的校长、处长、院长（同时也是教授）在交往行为伊始，以温和的语调强调"我是以一个教授的身份来发言的"，而是要看他们与其他利益主体协商和互动时所依赖的权力基础是什么。在此，身份表达起到了关键的作用，而利益主体究竟依赖于什么身份来实现自身的利益，则要追溯权力的来源。来源可以作为权力的定义方式，也可以作为对权力定义的解释方式。"主语式"的学术权力来源于由知识的独占性而形成的学术权威，美国约翰·霍普金斯大学的一位博士生向笔者讲述过一个小故事：

---

① 对此，也有研究者使用了"学人权力"的概念。

我的导师是一个很具幽默感的俄罗斯人，有一次在办公室中讨论病毒程序上的问题。他对工程学院的院长很不满，那时候出来一个计算机病毒叫"I love you"（我爱你）。全院就院长一个人中毒。我老板说："她实在是太没有人 love（爱）了，所以收到这个邮件就迫不及待地打开了……"我的老板在工程学院很有学术影响力，常常能够在教授会中影响学术事务的进程。这些教授们拿了 tenure（终身教职）后天不怕、地不怕的，院长、校长也不能拿他们怎么样。

这样的权力来自由某种独占的知识背景所形成的权威身份，克拉克所说的"教授统治"的权力描述的大概就是这样的情形。"在历史上，这种权力与早先的学者行会中师傅的优越地位联系在一起；在思想意识上，它受到'教学与科研自由'学说的支持，在实践中意味着为所欲为；在职能上，这种权力建立在专门知识和需要有推进创新和科学进步的条件的基础上。另外，由于教授在学术机构和国家官僚机构中获得的稳固地位，他们又获得了强化个人统治的权力——这是一个与建立官僚统治秩序相悖的结果。个人统治权在以讲座为基础的学术体系中具有极高的地位，特别是在学院监督有名无实、国家监督又鞭长莫及，难以保证学术活动有效进行的地方，个人统治权就更加至高无上。"（范德格拉夫，2001）[186]学术群体的统治是不同于学者个人统治的另一种形式的学术权力，这样的身份表达在国内也有许多例证，关键还是在于学者的权力是否基于这样的身份。"主语式"的党政权力来源于官僚等级制中的"授权"，是身处于党政工作岗位上的学校官员所拥有的权力。在我国大学中，处在党政要职上的人员往往同时具有教授职务，正是由于在许多处理学术事务的场合，如职称评审、学位授予、教学评估安排中，这些"教授"的身份表达蒙上了等级制色彩，才使得学术权力的概念变得模棱两可，徒有学术权力的外表，而实质上已经刻上党政权力的烙印。身份的迁移是潜在的，从这个角度来说，学术权力和党政权力有时难以准确区分，"双重身份下表现出来的权力常常混合在一起"（SIMPSON，

BORCH，2005）。学生权力则来源于市场的力量，"消费者"身份使学生拥有更多的话语权，而这种话语权的多少与各个国家和地区的文化传统是分不开的。从整体来看，学生并非学术和管理中的"强势者"，他们的权力更多地来自文化和体制中的"让渡与授予"。外部权力同样是大学组织的一种非常重要的权力类型，主要指政府、社会以及与大学相关的利益群体对大学组织的影响和控制力。关于外部权力，前面在分析价值博弈时已经论述了很多，这里需要重申的是，外部的控制力量是历史演进的必然结果，正如雅克·韦尔热所描述的中世纪大学与国家的关系：

> 15世纪末，欧洲大学与13世纪的大学已有较大差异。从经常因暴力冲突而分裂，但富于活力和独特生活的独立行会，研究和教学的发源地，退居为"服务于国家的职业培训中心"（勒高夫语），并由国家严密控制。国家逐渐取代了教会，感到为大学的发展与维护做出了真正的牺牲，不情愿给予大学正式荣誉，也不为大学的学位获得者提供良好职位。但这些大学却得以常规性地运行，辅佐着政府的行为，培养着合格的教士、法学家和医生，也避免了成为知识的、社会的、政治的或宗教的动乱之源……对于大学社会作用的这一转变，在于许多大学的主动依附。（韦尔热，2007）[135-136]

在历史进程中，政府作为出资者对大学拥有很大的控制权，"谁付费，谁点唱"的经济学基本准则在任何时期都发挥着作用。从逻辑上分析，与外部权力主体相互作用的是大学，而外部权力又以政府权力为主。由于政府跟其他三类权力主体——学校学术人员、行政（管理）人员、学生——不在同一个层次上。所以，我们在此先不考虑外部权力。总而言之，"主语式"权力所建构的"围城"实际上就是由利益相关者所拥有的复杂权力构成的，这一权力结构的变迁可以影射出大学组织的发展与变革历程，换句话说，每一次组织变革都是大学组织的权力主体利益经过动态博弈后达至均衡的结果。这样的结论在企业组织管理领域已经得到了印证。

别让我们获得这样一个错误的概念：即许多好点子、战略、领导精神和管理妙计，就能成就一个非凡的思科。在思科中，存在着令人难以置信的对公司使命的热情。这种使命得到了思科短暂历史上每一位成功领导者的支持，以及思科所有的员工和股东的支持。思科的使命是为其他公司提供商业解决办法，以帮助其实现计算机网络化，他们听从和满足顾客的愿望、梦想和要求，来完成公司的使命。思科雇用聪明的人，授予他们股票期权，赋予工作小组自主的权力，为员工提供培训，并使每一位员工关注对顾客的影响。思科团队对顾客提供的解决办法，创造了不可思议的忠诚。公司也给那些把企业卖给思科的所有者提供优惠的价格。公司的客户和其他从公司获益的人们，通过快速增长的网络解决办法消费支出，给公司带来了丰厚的回报。公司的股东（包括员工）已经在金融市场上获得了难以置信的收益。（沃克等，2003）[3]

千万不能小看利益相关者的权力，也不能过于乐观地认为变革的力量一呼百应。变革本身就是平衡各种利益（工作利益、事业利益和个人利益）的过程，而在深层次利益的掩盖下，结果有时会以一种轻松的、正式的方式表现出来。因为利益互动的主要中介就是权力，所以权力主体为了争取到一种自己能够控制的形式化安排，早已借助文化和体制试探出更加符合"均衡"的策略形式。这样的策略选择值得我们深思，因为任何处于利益范围内的权力主体都无法摆脱内生的文化与规则，这也是一个组织会形成一种制度，而其他组织又会形成另外一种制度的原因。在上面的事例中，思科文化的参与者通过策略的互动博弈形成特有的规则，反过来，变革所形成的制度则是对这种内生信念的自我维护。大学组织与企业、公司在理念、权力主体的界定上有所不同，但在所形成的权力结构中，其主体利益博弈也体现出同样的策略互动和均衡。大学组织中的权力结构既是"主语式"权力的聚合体，同时又在权力主体的博弈中反映出大学组织变革的一种均衡状态。所以，"（我们）不必将权力看成一件坏事，要改变用异样的眼光来看待权力，比如它排斥了……它驱走、压制了……事实上权力是具有生产性的，权力可以呈现利益和事实"（FOUCAULT，1972）[171-173]。

第三节　利益联盟与权力的博弈——决策中的均衡

权力在利益中生存，利益是权力之水。大学组织变革同时体现着利益的纷争，每一个利益主体都做出理性的选择，在追求效用最大化的同时充分展示自我的权力。这个观念包括了所有与利益相关的动机，而且并不先验地排斥任何一种对利益的假设。实际上，利益和权力都是组织政治视角下的核心概念。为了实现组织变革的目标，利益主体倾向于获取权力，而利益联盟则是获取权力的一种有效途径。

一、大学组织中的利益联盟

谈及利益联盟，我们容易联想到政治行为。在组织中，一些居心叵测的联盟容易造成令人生厌的后果，而可靠的联盟也可能成为工作和管理成功的有效途径。如：一位大学的中层管理者想要实施变革，他（她）首先会争取上级的支持；一位教授欲使自己在学科领域内说话更有分量，总是会争取另外一些教授的支持和帮助；甚至学生也要在反对课堂效果极差的教师的行动中取得一致意见。由此可见，联盟实际上是组织生活中经常出现的形式。如果我们将利益和权力作为组织生活中的基本要素，并且承认其在建立组织、社会秩序中的重要性，那么就需要深入探讨组织中的联盟及其价值。组织的目的、结构、技术、工作设计、领导形态以及组织功能等合法性的外在表现形式，都以利益作为基础，并且大多数利益的获得或者权力的体现都与联盟的形式密切相关。

在许多环境下，我们常常利用联盟的方式去解决问题。作为管理者，你需要朋友或支持者帮助你做事，并通过培养关系取得他们的支持。组成联盟的利益群体习惯于进行一些"宣传"或"鼓动"工作，他们和同事、相关部门的管理者、利益相关者、潜在的合作者甚至顾客接近，进行一对一的会谈，给予对方可供交换的机会，以实现他们自己的目标。单独与这些同盟加入者在其熟悉的领域内商谈和见面非常重要，因为要让他们每个人感觉到他（她）对于这个项目或者抉择的成功是至关紧要的。（KANTER，1983）[223] 从组织政治的权力观点来看（即组织成员总是通过追逐和行使权力达到预期目标），结盟的目的在于联合其他个人或团体以获得一定程度的权力和影响力，而这种权力和影响力是任何个人或团体仅仅凭自己单独活动所不能得到的。（伯恩鲍姆，2003）[134] 联盟的影响力可以用以下三点予以说明：第一，一旦你培养起支持者，你就可以达成交易，即做出回报的承诺，以赢得对方的资源和支持；第二，结盟的出现凸显了结盟者所强调议题的合法性，因为结盟者得到了多数人的支持，这表明其所诉求的议题值得重视；第三，结盟的形成会使社会认同中所隐含的权力释放出来。（MCSHANE，GLINOW，2009）[219] 罗伯特·伯恩鲍姆所描述的大学组织中的三维组织结构说明了联盟的可能性：

> 关于教学工作量的争议涉及到三方：一方是商学院的院长，他要求减少担任工商管理硕士学位课程教师的教学时数；另一方是教师评议会，它希望普遍减轻教师的工作量；第三方是校长，她不愿意支持具有实际财政意义的政策。三方中如果有两方不赞成，那么，谁也无权将自己的意志强加给他方。在一般情况下，校长与商学院院长皆属居于支配地位的联盟组成部分……联盟既能保持组织权力的平衡（由于校长和院长均属占支配地位联盟的成员，这一事实增加了他们在该问题上相互支持的可能性），同时，也能改变这种平衡（在上例中，尽管校长是三方中权力最大的一方，评议会和院长是较弱的两方，但是，评议会和院长可以结成一个强于校长的联盟）。（伯恩鲍姆，2003）[134-135]

这样的联盟形式有一个前提，即强势权力主体也是具有支配地位的联盟的组成部分。伯恩鲍姆指出：一个真正集权式的官僚组织机构不会允许低层次联盟的存在。即使如此，我们依然不能抹掉联盟存在的意义。事实上，联盟不一定反映弱势权力者对抗强势者的方式，而是反映联盟作为组织政治生活的组成部分，是一种为了追求个体效用最大化而采取的手段。

　　忽视或者误导类似联盟关系或者网络关系的行为总要付出一定代价。史密斯描述了一个相关的案例：

　　本·科恩是斯坦福大学的一位原子物理学方面的教授。因为一个非常重要的项目，他前来游说副校长阿里·德里斯。由于学校有临时性的紧急任务，阿里·德里斯不得不取消此次会见。本·科恩依然被安排到赫里·韦格尔的办公室，韦格尔是阿里·德里斯的一名高级助理。

　　"我知道一些关于这个项目的情况，"韦格尔建议说，"也许您愿意跟我讨论这个问题。"

　　本·科恩半信半疑，他实在不了解眼前这个人能够起到什么作用，于是拒绝了韦格尔的建议。他并没有认识到韦格尔的真实角色，只是把他当作普通的工作人员。

　　"不用了。我可以坐在这里等等德里斯，等会儿跟他交谈。"科恩说。

　　接近一个小时的时间里，科恩一直坐在韦格尔的办公室里翻看报刊，甚至没有想到试着在空闲时跟韦格尔交谈。也许是科恩性格上的原因，时间就这样白白地流逝，而韦格尔也坐在办公桌前静静地做着自己的工作。

　　最后，当韦格尔有事外出的时候，德里斯急匆匆地冲进了韦格尔的办公室。他充满了歉意，他没有时间跟科恩交谈了，只是问了一句："你跟韦格尔谈了吗？"科恩摇了摇头。

　　德里斯非常遗憾地说："你应该跟韦格尔谈谈，在这个项目上，他是非常重要的。他比任何人都了解得更多，他正受聘于政府撰写包含正反两方面意见的备忘录，你本来可以告诉他你们的观点。"（SMITH，1988）[18-20]

　　科恩错过了获取信息和解决问题的机会，因为他在彼此的关系面前失败了，没有去验证谁是真正有权力的人。

　　在大学组织权力结构中，我们清晰地知道，所有的权力都有横向和纵向的关系结构。在纵向的层级中，可以组建不同的利益联盟。比如在一个二级学院中，副职院长之间的联盟可能会对正职院长产生威胁，但是这样的联盟往往是间断和不稳定的，因为正职院长握有资源，很容易向其中一个副院长示好，而副院长也不会在下面无缘无故地做出结盟的举动。由此可见，同一联盟的结盟方式很容易发生改变，其改变的方式受到潜在的利益、权力的支配。类似的道理也适用于教师群体和学生群体。同样，在横向的层级中，学术权力、党政权力、学生权力都可能结成联盟。比如，教师和学生的民主参与可以看成有效的联盟形式，三种权力在任何主题下产生的均衡实际上都意味着某种联盟的形成。当然，身份的联盟形式可能为大学组织所独有，这并不是说所有"双肩挑"的人员都是双重身份的结盟者。一些大学校长高呼大学"去行政化"，这并不是说大学内部不应有科层制度、上下级关系，而是要求彻底抵制那种身在"双肩挑"的岗位上，却在任何学术事务的处理中都将双重身份扭曲成"行政本位化"的做派。

中国的大学喜欢追求统一的形式，也容易追求功利的形式，政府则试图通过一系列导向化的措施提高大学的学术水平。这实际上也是一种联盟，是博弈均衡导向下的联盟。温家宝曾经谈道："一些大学功利化，什么都和钱挂钩，这是个要命的问题……一所好的大学，在于有自己独特的灵魂，这就是独立的思考、自由的表达。千人一面、千篇一律，不可能出世界一流大学。大学必须有办学自主权。"（温家宝，2010）温总理的这番话是给办大学"把"了"一次脉"。这"脉"把得准，切中了要害。当然，联盟并不都是负面的，也有许多值得称道的地方，如教师、行政人员和全校学生齐心协力，共同推进大学的发展，并以此形成大学的一种文化。在这种情况下，唯一可能的结盟即是格兰联盟（Grand Coalition）——联盟中所有的局中人统一行动。如果缺乏联盟意识，那么所有利益相关者的特殊利益都会使管理者（尤其是大学校长）感到束手无策，正如哈佛大学文理学院前院长亨利·罗索夫斯基所形容的，"请想象一下院长（校长、学院院长）以贴着'特殊利益'标签的大球危险地平衡在他鼻子上的滋味吧"（罗索夫斯基，1996）[222]。

在联盟的可行性方面，坎特发现：要想得到"可靠的支持"，最普遍的成功路线是寻找关键的高级管理人员。（KANTER，1983）[243]坎特的见解道破了合作联盟博弈中的关键问题。当然，在组织生活中，关键的人员并非仅仅是高层管理人员，在大多数情况下，所有局中人都有可能成为关键的加入者。

二、花落谁家：大学组织联盟中的权力分配

追求权力均衡是政治学与管理学中的一项永恒的任务，但是其结果却不可预测。在一个制度化的社会中，很多事情需要得到即时的结果。基于公正的程序，布坎南提出的"一致性同意"可能是得到即时结果的较好的方法，也在理论上被大家所接受。然而在现实中，这样具有理论优势的策略方法却很少得到实践，因为现实中只有极少数的事情能够获得一致同意。

于是，现在的问题变成如何在不一致中进行求解。一般认为，这个问题要诉诸民主。在民主制度下，人们可以表达自己的看法，可以参与决策。大学的组织生活也是如此，任何权力决策的领域内都少不了民主，如各种委员会中的投票制、多数人原则都是民主的形式。大学组织的政治生态正在逐渐走向民主的事例随处可见：组建使学生可以参与管理大学内部事务的委员会；学校根据二级学院的规模、重要程度给予其在组成校级委员会时的相应席位。然而，在现实中权力均衡可能只是一个理想的状态，依据公平原则，有些少数者被赋予的权力根本无法体现出来。如通过委员会进行决策是当前大学中常见的形式。

A大学中设有教授评议会，其委员会主要由五个二级学院选出的教授组成。该大学在一些重要学术事务的处理上实行一种类似代议制的民主决策方式（首先，A大学做到了主要由教授来处理学术方面的事务；其次，由于这些学院的规模和重要性不同，所以管理决策层按照相应的

标准在委员会中分配了不同学院教授的席位。）A 大学下属的 b、c、d、e、f 学院，在委员会中拥有的相应学科的教授数量分别为 4 个、4 个、3 个、1 个、3 个。绝对的公平是不存在的，在多数通过原则的指引下，这样的分配方式看起来也是相对民主的，该大学的教授评议会制度就这样运行了许多年。随着时间的推移，涉及学科利益、资源方面的决策越来越多。d 学院总是感觉到有点问题，比如在和 e 学院的权力比较中，二者并没有太多的区别，而与 b、c 两个学院相比，似乎这两个学院又主导了很多决策。但是，由于 d 学院在学校中确实拥有这样的规模和重要性，因此这种感觉一直也没有什么道理可言。①

在上面这个事例中，从各学院教授的人数比例来看，d 学院和 f 学院的投票权似乎是 e 学院的 3 倍，而 b、c 两个学院的权力仅比 d 学院多 1/3。这种表面现象迷惑了我们：首先，这并不正确（后面会给出解释）；其次，很多类似这样的分配方式导致了参与式民主和授权的幻觉，而恰恰是这样的幻觉掩盖了更深层次组织变革的需求。

出现此类问题的原因在于决策者并不了解决策时的权力究竟体现在哪里。博弈论专家班茨哈夫曾经说过，每个决策者在决策时的权力体现为他在形成的获胜联盟中是否作为"关键成员"②（Pivotal Faction），如果决策者作为关键成员而出现，那么他的"权力指数"可以通过成为不同联盟关键成员的个数体现出来。夏普利为了使此类问题清晰化，依据联盟者的先验实力给出了夏普利值。这一权力指数依据每一成员的先验权力赋予其一定的等级，也就是在各种可能的联盟次序下，成员的等级与其对联盟的边际贡献之和（作为关键成员的次数）成比例。（凯利，2007）[146-150]

假设博弈 G 有 n 个成员，他们中的一些一起投票从而形成联盟 C。用 s 表示联盟 C 的规模，那么：$G = \{f_1, f_2, f_3, \cdots, f_n\}$；$C =$

---

① 这是本研究根据在某些大学中实际发生的情况虚构的一个案例。

② 如果一个成员的加入能使其所在的联盟转败为胜，那么该成员就是该联盟的关键成员。

$\{f_1, f_2, \cdots, f_i, \cdots, f_s\}$；$C$ 是 G 的非空子集，很显然 f_i 有 $s-1$ 个联盟伙伴，且他们都来自 $n-1$ 个局中人。可以得出局中人 i 的联盟方式的表达式的倒数 $(s-1)!\ (n-s)!\ /\ (n-1)!$ 即为每种联盟形式发生的概率。

假定各种规模的联盟出现的概率相等，且每一种特定规模的联盟出现的概率是 $1/n$。因而包含成员 i 且规模为 s 的特定联盟出现的概率为 $(s-1)!\ (n-s)!\ /n!$。

其中，成员 i 来自 n 个局中人。现在设 f_i 作为关键成员在特定联盟 C 中次数是 Ω，$\Omega = \Omega\ (C) - \Omega\ (C-i)$，这也是 f_i 对于联盟 C 的贡献。

于是，f_i 的夏普利值就可以定义为，当 s 从 1 到 n 时：$S\ (f_i) = \Sigma\ (s-1)!\ (n-s)!\ /n!\ \{\Omega\ (C)\ -\Omega\ (C-i)\}$。

因此，可以依据不同联盟中各个学院作为关键成员的情况计算出这一评议会决策博弈的夏普利值。（首先应该假定：在涉及学科资源利益的时候，每一个相关学科的教授总是代表本学科利益说话。经验表明，类似的事实常常在大学组织生活中发生，忽视这种事实的存在是危险的，联盟成员"理性"的动机确保了这一结局成立。此外，作为研究中的问题，无论假定是否合理，所得出的观点都有意义。）

教授评议会的五类成员可以表示为：b 学院权重（4），c 学院权重（4），d 学院权重（3），e 学院权重（1），f 学院权重（3）。

在所有排列顺序的联盟中，有 5 个单一成员的联盟，20 个两成员的联盟，60 个三成员的联盟，120 个四成员的联盟，120 个格兰联盟。现在只需要在以上组成联盟的胜出联盟中考虑关键成员的情况。表 3 列出了 A 大学教授评议会的夏普利值。

从结果中可以看到，d 学院和 e 学院在教授评议会中的先验权力相等，而并不像其教授人数比例那样是 3∶1；b 学院的权力大约是 d 学院的 2.2 倍，与两学院教授的人数之比也不相符。这是一个令人意想不到的结果，也是一个非常重要的结果。有些被认为是民主的行为却无法体现出民主的实质，甚至连一些通过给予弱势学科相应席位以提升其权力的做法，在实践中也无法奏效。

表3 A大学教授评议会的夏普利值

	$(s-1)!\ (n-s)!$ $/n!$	b	c	d	e	f	总计
单一联盟	1/5	0	0	0	0	0	0
两成员联盟	1/20	1	1	0	0	0	2
三成员联盟	1/30	15	15	8	8	8	54
四成员联盟	1/20	36	36	16	16	16	120
格兰联盟	1/5	36	36	16	16	16	120
夏普利值		9.55	9.55	4.27	4.27	4.27	

在教授委员会的组成和实际操作中，根据合作联盟博弈的结果，有以下几点启示：

首先，委员会中的成员席位通过权力指数进行设置可能更为合适（除去夏普利值外，还有其他一些权力指数的概念），这将有效避免不真实民主的情况发生。在一些极端情况下，虽然个别学院有成员席位，但是其成员所拥有的决策权（权力指数）等于0，这些学院并不像表面看上去那样"有一点权力"。

其次，在结构相对松散、思想自由的大学组织中，可以通过维持类似委员会中特定的成员比例来促进合作。代表席位少的成员群体不一定不值得别人重视，他们往往拥有相对的权力；制度的设计也不是要告诉某一方重视另一方，而是要通过隐蔽的博弈规则来促进相互尊重。

最后，教授委员会是现代大学制度构建过程中民主治理的关键形式，但是教授个体和群体同样是一类利益关系人，在涉及学科生存、资源以及评定等方面的利益时，教授委员会中同样存在各种利益联盟的形式。虽然从政治学的角度思考大学治理的过程存在一定的片面性，但却可以将之作为思考民主治理问题的有益补充。只有这样，才能从不同的角度完善大学内部的制度构建和治理模式。

三、困境中的迷惘：权力主体内外的博弈

（一）权力主体内部的多元博弈

大学组织中的权力有时以利益联盟的形式存在，而在很多情况下，权力主体之间也存在非合作博弈的形式。大学组织中的权力结构既是"主语式"权力的聚合体，又在权力主体的博弈中反映出大学组织秩序的均衡状态。我们在思考权力博弈这一概念的时候，常常停留在不同权力主体相互之间的影响上，而缺乏对某一主体内部博弈的认识。事实上，不同主体之间在某一个学术领域内的博弈之所以可能产生均衡失范，根本原因还在于主体内部的多元博弈导致了不同权力主体之间博弈时得益的变化。从这个角度而言，有必要在学术权力、行政权力各自内部探讨博弈均衡点及其发展趋势。

1. "囚徒困境"的扩展模型

"囚徒困境"是博弈论的经典案例，将一般"囚徒困境"模型稍加拓展，可以在学术场域中给出一个标准的"多人囚徒困境"（MPD）模式（谢林，2005）[188-189]：（1）有 n 个主体，每一个都有相同的二元选择和相同的收益；（2）无论他者如何选择，每个主体都有一个偏好选择，并且这个偏好选择也是其他主体的偏好选择；（3）无论主体做出什么选择，周围进行非偏好选择的人越多，其越能获得效用改进；（4）对于某个比 1 大的数字 p，如果在数量上大于等于 p 的主体选择了非偏好的决策，而剩下的人选择了偏好的决策，那么这些选择了非偏好决策的主体获得的效用，将比全部主体都选择偏好的决策时更大。由此可见，p 是一个关键的参数，它表示能够走出"困境"、获得效用改进而选择非偏好策略的联盟的最小规模。

本研究首先设定学术人员和行政人员是两类不同的群体，在每一类群体的内部，各个主体基于自身利益的策略选择，会产生形式各样的均

衡点。行政主体可能力图在学科重点建设、学术资源分配、科学研究评价、教学质量评估等学术领域拥有主导权；与此同时，减少主导和控制同样是行政主体基于学术理念的一种选择。而学术人员也试图通过一种自我管理的方式在学术领域内自由发展，因为他们坚信："如果组织设法通过等级制来建立合法性控制，那么，对这个组织来说，不仅会失去控制，而且也不能确定专业人员是否会像组织所希望的那样工作"（霍尔，2003）[122]。于是，在每一类群体的内部会产生由类似二元选择（如行政主体选择主导或者不主导）而形成的均衡点，以及在学科环境和制度影响下的一些发展趋势。为了便于分析，本研究同样设定每一类群体内部的各个主体分别拥有两种选择和相同的得益。图 10 展示了基于两种选择的多元博弈模型：

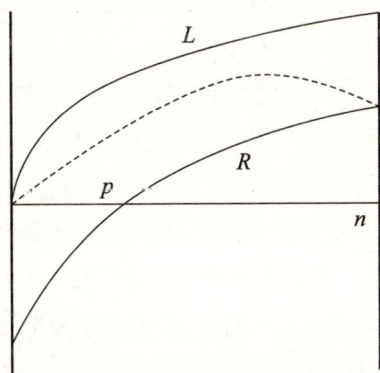

图 10　某一类群体内部的多元博弈模型

以下以行政主体之间的博弈为例，对图 10 中的模型做出解析。大学内部有 n 个行政主体，每个行政主体都在学术事务范围内拥有相同的二元选择（主导，不主导），两条曲线 L 和 R 分别代表新加入的主体在两种选择之下的得益变化。设定"主导"是行政主体的偏好选择 L，"不主导"是行政主体的非偏好选择 R，横轴上的任一点代表非偏好选择的人数。如，当 p 点处在 $n/3$ 处时，两条曲线 R、L 在 p 点对应纵向的得益值

分别表示：对于某一个新加入的行政主体，当其他 n 个主体有 1/3 选择
"不主导"，2/3 选择"主导"，其选择 R 或 L 时获得的效用。对应的虚线
则代表总平均效用。

2. 多元博弈的现实解读

身在大学行政岗位上的领导者，其主导学术事务的心态和策略选择
是基于自身职责和利益的一种选择偏好，然而这样的选择在现实情境中
往往带来学术发展上的困境。一方面，大学的本质是学术性，学者是学
术的代言人。真正的学者虽然置身于"行政逻辑"和"市场思维"
（Market Mentality）的框架下，但仍然试图通过自由的方式去达到学术目
的，以学术理念的有效建构和实施达成"思想者"的本质（DOUGHTY，
2010）。管理主义情境中的控制、主导模式，容易使学术的发展缺少创造
性和活力。更有甚者，一些体现行政权力价值观的机械、僵化、呆板的
评价制度，必然对科学研究事业带来危害。（宋伟，2006）然而，行政领
导一无例外地需要关注行政事务性的工作，"一个被日常事务搞得焦头烂
额的院长是不会有闲暇对已有的决策进行反思的，也很难抓住一个稍纵
即逝的机会"（博尔顿，2010）[19]。因此，如果所有的行政主体都选择偏好
策略，其结果必然是学术自由的黯弱和创造性的缺失。这样的偏好曲线
L，被认为左起于原点，并向右逐渐升高，可能渐趋平缓，但是不会下
降。这也意味着，当大部分主体都选择"不主导"策略的时候，新加入
主体选择"主导"策略的效用依然不低，体现出明显的"搭便车"效应。
另一方面，在大学中行政化的趋势依旧存在，虽然"去行政化"的呼声
此起彼伏，但是部分行政主体在功利心的驱动下往往选择退却或是浮于
表面的应对。从图 10 中可以看出，当一部分行政主体（人数超过 p）选
择非偏好策略时，无论是这部分群体的效用还是总平均效用，都将高于
所有行政主体选择偏好决策（图 10 中坐标原点处）所获得的效用，并且
总平均效用随着选择"不主导"策略的行政主体人数的增加而出现最大
值。由此可见，p 在这里是一个形成联盟的关键参数。正如有些大学采取
委员会决策的治理方式，委员会制与个人负责制并行的模式可以看作非

偏好策略选择人数的不断增加。联盟内的主体通过集体决策或者民主管理的方式彰显学术理念，更好地实现学术目标，但同时也带来联盟以外的行政主体选择"主导"策略时得益的增加。当然，形成类似的联盟是学术发展的期望目标，要使联盟人数大于 p，除了文化上的自觉之外，大学还需要进行制度的调整和建构，这也是培养为真理而真理的"思想者"的根本保证。

同理，在学术群体内部，我们也可以发现相似的博弈模式。在现行制度导向下，科研成果的评价体制、学术资源的分配等无一不具有明显的目的性和功利性。人与人之间的关系非常微妙，博弈论告诉我们一个道理："许多人总是在依赖于别人的行为来决定自己的行为模式"（谢林，2005）[185]。以即时利益为先的学术人员必然对此趋之若鹜，于是垃圾文章、学术造假接踵而至，那种"时时拷问自我之良心，面对自己精神世界的疲软和衰退，始终不曾枯竭求进向上的意志品质"（叶隽，2009）正在悄然远去，部分学术人员在现实与理想的挣扎中失去进取的欲望。尽管如此，大学里依然存在着许多对大自然、知识和真理充满渴求、好奇的学者，他们"面对阻碍却依然去想像、探索，总是能离开中央集权的权威，走向边缘——在边缘可以看到一些事物，而这些是足迹从未越过传统与舒适范围的心灵通常所失去的"（萨义德，2002）[57]。那些甘坐冷板凳、耐心研究学问的学人俨然形成一个摆脱"困境"的联盟。他们能够经受住学科评价的拷问，超然于学科基金之外，创造出的很多文本"经受了长时段的严厉考验而逐渐经典化（canonization），成为学科理智演化的历史路标和概念系谱的一部分"（方文，2002）。如同行政主体之间的博弈一样，尽管联盟 p 的扩大有助于联盟内部的整体效用增加，但在制度、资源导向下，学术上的功利之心依然能为那些追求即时利益的学者带来较大的得益。所以，我们在构建学术共同体的同时，还要深入思考学术评价体制和资源分配体制中存在的问题。无可置疑，上述两类群体内部的多元博弈导致了不同权力主体之间博弈时得益的变化。

（二）不同权力主体之间的博弈模型

大学组织中的权力主体包括学术人员、行政（管理）人员以及学生等，他们两两之间都存在着博弈。为了讨论的方便，本研究在"主语式"的权力语境下重点考虑行政权力、学术权力以及学生权力，以下两个模型能够宏观、抽象、代表性地说明一些问题。在此，本研究设立两个主题范畴：一个主题思考在学生管理中管理人员和学生所表现出来的态度；另一个主题则是学术人员与行政人员在主导与非主导之间能否达成平衡状态，学术人员能否在当前的环境下拥有进取心（指长远利益下的进取）。大学组织中一样存在着科层的组织体制，自然会对专业人员的行为产生影响，并由此产生权力的可能。（MARCY，2008）[29-35]本研究将分析不同主体基于自身的利益，在另一方策略选择的影响下，会形成什么样的均衡，以及如何改变集体非理性的结局。在以上两个主题范畴中，不同权力主体之间分别进行博弈。首先假设两类博弈均为不完全信息博弈（即博弈一方对另一方的得益情况不是完全了解），然后假设博弈双方同时进行策略选择。具体的博弈模型如下（图 11 和图 12）：

		学　　生	
		遵守	不遵守
管理	积极	3, 3	1, X
人员	不积极	Y, 1	2, 2

图 11　管理人员与学生博弈得益矩阵

		学　术　人　员	
		进取	不进取
行政	不主导	3, 3	1, X
人员	主导	Y, 1	2, 2

图 12　行政人员与学术人员博弈得益矩阵

本研究用两个简单的相似模型描述了不同利益主体博弈的情况。在学生管理博弈中，所说的"积极"和"不积极"并非指完成事务性工作的效率程度，而是针对高校真正实现学生发展的期望目标所采取的态度。在图 11 的第二象限中，管理人员采取"积极"策略，而学生采取"不遵守"的策略。管理人员为促进学生的发展付出大量的劳动，他们一方面要忙于琐碎的事务性工作，另一方面还要对学生进行价值取向的引导，但是这种辛苦换来的却是学生的"不遵守"。此外，对学生的不规范行为进行有效约束和惩罚也会消耗一定的效用，所以管理人员获取的效用仅为"1"。学生选择了"不遵守"策略，虽然要面临遭受惩罚的成本分担和长远利益的缺失，但是某些个人利益和功利取向容易得到满足，并且个体利益的差异性决定了学生"搭便车"的行为策略能够获得较大的得益，所以学生获得的效用 X 有可能大于选择"遵守"时的效用。在第三象限中，管理人员的"不积极"行为并不会使"偷工减料"的功利性利益减少，相反却可以从管理成本的降低中获得更大的利益满足，其效用 Y 在这种环境下有上升的趋势；学生的利益损失在这种管理环境下相对较人，他们不仅不能从"应付式"的管理中获得真正的长远收益，而且还要耗费大量的时间和精力完成管理中所布置的各项任务，所获得的效用仅为"1"。从分析来看，管理人员和学生的（积极，遵守）策略组合是帕累托最优，但是这种均衡很不稳定，因为每一个利益主体在考虑自身得益的时候，总是假定其他利益主体给定占优策略，如果 X 和 Y 较大，出于理性的思考，管理人员和学生都会选择（不积极，不遵守）的纳什均衡策略组合，从而使博弈陷入"囚徒困境"。

同样的分析也可以应用到行政人员和学术人员的博弈模型中，并结合前面分析的权力主体内部的多元博弈，进一步深入探讨当 X 和 Y 的数值发生不同的变化时，图 12 中的模型能够形成怎样的均衡。

在图 12 中，行政人员有两个策略选择，即"不主导"和"主导"，学术人员也有两个策略选择，即"进取"和"不进取"，这个模型大体说明了权力主体博弈的实际状况。（不主导，进取）是使行政人员和学术人员都能得到较大得益的策略组合，而（主导，不进取）虽然对学术发展不利，但是双方都能从现实中获益。第一象限和第四象限的得益比较起来，第一象限明显是帕累托最优，学术人员和行政人员可以达到双赢，然而正是由于第二、第四象限中不确定值 X 和 Y 的变化，导致双方基于自身理性的考虑，反而可能形成（主导，不进取）的"囚徒困境"策略选择。从图 12 中可以看出，X 指的是在行政人员并非主导、压制的状态下，学术人员采取"不进取"策略的得益，此时行政人员采取"不主导"策略得益较低（仅为 1）；而 Y 指的是学术人员采取"进取"策略下，行政人员"主导"所产生的得益，这时学术人员"进取"的得益也较低。此处，X 和 Y 的数值显然与图 10 中学术或行政主体内部多元博弈所产生的结果相关。假如图 10 中的非偏好选择增多，那么选择偏好策略也能获得更高的效用，即行政人员的"主导"策略或学术人员的功利取向都拥有"搭便车"的效用。当 X、Y 较大时，最终博弈的结果导致纳什均衡策略组合倾向于图 12 中的第四象限。图 10 中的多元博弈模型还进一步表明，当一所大学的行政化趋势加剧或者学术氛围不浓的时候，X 和 Y 的数值往往有减弱的趋势，外在的"去行政化"的理念和制度往往能够起到作用，这时候图 12 的均衡点则在第一或者第四象限内相机抉择。

（三）期望均衡之下的行为策略选择

在博弈中，每个利益主体为了追求自身利益的最大化所做出的个体理性的选择，有可能导致集体的理性，也有可能导致集体的非理性。这也阐述了博弈论中的经典道理："保证个人自由和权利又能够产生合理利益分配"（赵汀阳，2003）的模式并不能保证成立。"囚徒困境""哈丁公用地悲剧"等案例也恰恰说明了这样的道理。根据博弈论的分析，通过行为策略的调整达到期望均衡是解决这种集体非理性的途径。在期望均衡下，通过施加或调整策略，对所有参与方不利于集体理性的行为进行有效约束，实现多方共赢的"焦点均衡"。（迈尔森，2001）[85] 显然，上述两个博弈格局中的期望均衡，分别是以促进学生发展为目标的（积极，遵守）的策略组合，以及以促进学术自由和发展学术为目的的（不主导，进取）策略组合。为了达到这样的帕累托改进，我们必须进行有效的机制设计：达到期望均衡面临着来自博弈双方的"激励相容约束"[①]，即必须减少两个博弈模型中第二象限中 X 的效用，同时还要使第三象限中 Y 的效用降低。以图 12 中的模型为例：X 的减少意味着在行政权力削弱的情况下，倡导学术自由、提供终身教授任职等策略可以使学术人员形成一个联盟，从而使不进取的得益减少；而 Y 的减少在于能否为学术人员努力进取提供一个宽松的环境，教授治校、民主决策等形成"不主导"策略联盟的制度举措是否可以真正落实。在学术事务的处理上，要遏止行政权力过度膨胀的趋势，摒弃"管理至上""利益至上""数量至上"的多元价值观，真正回归学术至上、崇尚真理的一元价值观。（徐显明，2010）

此外，无论是非合作博弈论还是合作博弈论，研究的关注点都应该是合作，追求合作是社会科学的一个重心所在。

非合作博弈之所以会产生"囚徒困境"，主要是因为主体不断追求个体利益，所以一种走向"合作"的理性也能使利益主体达到共赢。著名的行为分析和国际关系专家罗伯特·埃克斯罗德曾邀请来自不同学科领域的 14 位专家，参与了一场在电脑上进行的"重复囚徒困境"的游戏，结果发现其中提交的一个"以牙还牙"的电脑程序最简单，在最后的游戏结果中获益也最大。后来这个策略因为能够引发主体之间的合作关系而著名。在一般状态下，"囚徒困境"模型的无限次重复博弈，能够实现合作（帕累托最优）的结局。以下以图 11 为例进行说明。

在无限次重复博弈中，假设学生和管理人员都采取触发策略［第一阶段采取（积极，遵守），在 n 阶段中，如果前 $n-1$ 阶段的结果都是（积极，遵守），则继续采用此策略，否则采用另一策略］，同时假设不同时期得益的贴现因素为 δ，现证明这样的触发策略能够构成一个子博弈完美

① "激励相容约束"是指在博弈过程中，一方利益主体只有当选择某一策略的期望效用大于选择其他策略的期望效用时，才会选择此策略。

纳什均衡。

第一，如果学生采取"不遵守"的策略，第一阶段由于"欺骗"了管理人员可以得到 X，但以后引起管理人员一直采用"不积极"的策略加以报复，学生只能一直采用"不遵守"的策略，总得益可以表示为：

$$V_1 = X + 2 \times \delta + 2 \times \delta^2 + 2 \times \delta^3 + \cdots = X + 2\delta / (1-\delta)$$

第二，如果学生采取"遵守"的策略，则在第一阶段他的得益为 3，下一阶段又面临同样的选择。若记 V_2 为学生在博弈中每一阶段都采用最佳选择的总得益，由于重复博弈的特点，第二阶段以后总得益可以看作 $\delta \times V_2$，所以可以得出：

$$V_2 = 3 + \delta \times V_2 \rightarrow V_2 = 3 / (1-\delta)$$

因此，当 $V_2 > V_1$ 时，即 $3 / (1-\delta) > X + 2\delta / (1-\delta)$ 时，也即 $\delta > (X-3) / (X-2)$ 时能够实现合作的结局。（假如 X 为 4 ，$\delta > 0.5$）

可以看出，实现这样的博弈结果也有条件，即博弈双方对未来预期利益一定要有基本的重视。如在图 11 的模型中，$X = 4$ 时，未来利益折算成现在值的贴现率 δ 要大于 0.5。

关于学术管理和学生管理的研究成果非常丰富，为大学组织中的利益主体在博弈中走出"困境"提供了启示。在无限次的重复博弈中，如果存在潜在的合作利益（帕累托效率），却无法即时实现，那么当未来利益相当重要时，一定存在某种子博弈完美纳什均衡路径来实现这种利益（触发策略）。当然，最终合作效率的实现，大学组织权力博弈是否能够达到期望均衡，还依赖于大学组织文化及由此生成的决策，决策者在这个过程中能够起到至关重要的作用，每一个身临其境的行动者也将从特定的文化中发现实现期望均衡的真实路径。

第四节 大学组织中的谈判：创造与索取

联盟与谈判是组织决策活动中常见的现象，也是组织政治视角下的关键词之一。在大学组织变革中，为了平衡各个权力主体的利益或者在联盟运作的过程中，可能存在谈判或讨价还价的形式。这里的谈判不一定是双方会谈的形式，只要是各方主体针对利益目标所进行的选择过程都可以称为谈判。如果大学组织中各个学院的教师群体之间拥有共同的利益，而与行政人员之间有相互冲突的或者需要磨合的利益，这个时候双方就需要用谈判来解决问题。如，X 大学在争取博士学位授予资格的过程中失败了，鉴于评审过程中出现的一些蹊跷现象，该大学认为评审过程中存在不公正的行为。在教授委员会的倡导下，百名教授决定集体停课一周，抗议不公。这一罢课事件使得政府、校领导都非常紧张，于是，校方和教授群体之间就产生了谈判。在这里，谈判双方并不一定有直接的利益冲突，而是一方在过程中所采取的方式触动了另一方的利益。

一、谈判中的价值创造

价值创造者认为，成功的谈判首先必须具有创造性和合作性。相对于没有协议的情况，所达成的协议应当能够带给各方相当可观的收益。有些人认为，要用双赢谈判取代非赢即输的谈判。除了信息分享和诚实沟通之外，创造价值的动力还需要具有灵活性，而且可以从技术和态度的多样化中获益。各方都将谈判视作在解决一个共同的问题；他们能够组织在一起集思广益，共同提出具有创造性的解决办法。（LAX，SEBE-NIUS，1986）[30-31]

由于大学组织所富有的创造性，身处其中的组织成员会努力摆脱一种"定位式"谈判的方式（即在谈判前锁定目标和立场）。在"定位式"谈判中，谈判者往往因为不愿意做出让步而无法达成协议。费希尔和尤里指出这种谈判是低效率的，谈判双方会失去达成双赢协议的机会。（FISHER，URY，1992）[7]在现实中，"定位式"谈判带给我们的也经常是双输的结局。

任何一个新制度的出台都可以看作组织变革的开始，尤其当一所大学未雨绸缪，谱写未来发展前景的时候，大学管理中心总是会遇到一些因某项制度（如科研规章、职务晋升规章、教学规章等）的出台而产生的意见分歧。如果大学管理中心、每一个学科、每个教师个体都将自己的立场表达出来，显然这样的制度根本无法推行下去。这个时候，"聚焦于核心利益，而不是立场"应该成为走向均衡路径的首选原则。如果我们陷入某一个立场中，如"这个事情应该是怎样的"，那么会忽略达到目标的其他方法，因为另一方也会说出"这样太难了……这样做不符合学科发展规律"之类的话。上面提到的 X 大学中教授的利益是寻求评审中的公平，维护学校以及教授群体的威严，而学校高层却想息事宁人。考虑到维护学校的安定团结，罢课的方式肯定不会得到上级政府部门的认可。所以，可行的解决方法是：先请教授们尽快恢复上课，然后再由上级主管部门出面查明有关情况。这样的谈判方式很具有典型性，撇开该事件后续过程中执行策略的效率不谈，单就谈判本身来说，确实能在问题出现时有效地达到双赢，正如 1978 年解决以色列和埃及问题的《戴维营条约》一样。当时，双方就边界划分问题产生争执，一时之间谈判陷入了僵局。以色列想保留西奈地区部分土地，埃及则想全部收回。除非双方能够理解对方的潜在核心利益，否则不可能达成任何解决方案。以色列最关心的是安全，即不希望在边境上看到埃及的军队；埃及最关心的则是主权：从法老王时代开始，西奈一直是埃及的一部分。最后双方达成这样的统一：以色列将整个西奈归还埃及，同时西奈大部分地区都被设置为非军事区。该方案有效解决了双方的争端。这个政治事例说明了关注对方"核心利益"而不是立场的重要性。（FISHER，URY，1992）[23-24]

　　有些时候，创造价值也并非只能通过一种途径。当大学面对学术资源分配、学术任务分配或者针对组织变革中的议题讨论需要设立哪些新学科的时候，身临其境者也许并不需要花费太多的精力就能达成共识。听来的事情远不如在实践中经历一遍有说服力，这种"不费吹灰之力"达成共识的方式包含两种情况：一种是信息沟通不完全；另一种则是信息能够有效沟通。我们通常将第一种情况称为"默式谈判"，将第二种称为"显式谈判"。尽管两者存在逻辑上的不同，但是它们达成均衡的途径却有相似之处。以下是一个默式谈判的事例：两个学科在教学资源方面存在着互补关系，可是任何一个学科在面对外来专家的评估时都将处于不利的地位。如果在评估中取得好成绩能使学科无论在物质上还是在精神上都有很高的得益，那么两个学科在评估中不需要任何外来引导就能够做到充分利用彼此的资源。这是一个共同利益导向下双方博弈的事例，正如两个骑车的人在仅仅能够容纳两车并行的狭窄巷道中面对面驶来，这两个人当然知道应该如何选择。一般来说，理性的双方在这种情况下可以找到彼此达成默契的解决办法，而不会出现两个学科孤立到底、两个骑车人撞得头破血流的现象。诺贝尔奖获得者托马斯·谢林向我们揭示了一个道理：人们通常只有在得知别人将做出和自己同样的行为时，才会与他人产生共鸣，达成某种共识。这种共识就是前面提到的聚点。

大多数情况下——对那些参与此类游戏的人来说，也许每一种情况都是——都会出现某些合作的契机，如某个"聚点"（focal point）使双方成功地对彼此预期做出判断，从而达成某种默契。能否找到问题的最佳解决方法或是任意一种解决方法——只要是双方认同这种方法是他们所要寻求的答案（key）——很大程度上取决于双方的直觉而非逻辑思维推理，或许依靠来自双方对相似事物之间的类比经验、先验、偶然相遇、对称性、审美观或几何原理、诡辩推理，以及当事人的自身条件和对彼此情况的了解……我们不敢保证他们一定能找到问题的答案，但是他们这样做的可能性远远大于抽象的随机率。（谢林，2006）[51]

利益相同时存在聚点，利益冲突时同样也能找到类似的解决办法。下面的显式谈判可能更加符合大学组织变革中的实际场景。大学组织的学术特征决定了大学内部的学科或个体可能存在责任不清晰的现象，这也成为学术管理中棘手的问题。例如，课程和学术研究领域可以从不同学科的维度进行设计，如区域研究课程（东亚研究、中东地区研究）。虽然这种不同于传统的做法灵活多变，但是却很难使大学管理层监控教师时间和其他资源。（博德斯顿，2006）[67]遇到此类问题，我们如何协调？又如，学科变革可能会涉及学科重组，但是学科重组不仅仅是一个逻辑推理问题，更是一个利益博弈的过程，要想使两个学科整合在一起所涉及的问题有很多。大学管理中心要拿出一个经过专家反复讨论、协商的方案，这个方案怎样出台才能显得更为合理？此外，当大学学术管理部门向每一个教师推行课程大纲的标准样式的时候，容易遭到"礼仪式"的抵制，因为没有教师愿意拿出额外的精力去做一些对自己没多大好处的事情。当然，教师抵制时提出的理由也许只是"这个样式不能成为标准"。在这种情况下，课程大纲怎样才能被有效地推行？一位大学校长上任之时，全校正在对前任校长的奢侈之风大加批判。如果新校长上任以后削减预算，当然不会引起任何质疑，然而，当为了变革需要增加预算时，这位新校长又应怎样推出其计划？类似的例子还有很多。在谈判主体能够有效沟通的时候，谈判并不需要他们出自本能的默契。此时，有些"提示符号"能帮助主体之间进行协作，也能影响在缺乏有效沟通条件下取得的谈判结果，还可以还原某些情境应有的特征。谢林曾经说过：先例的影响也许远远大于逻辑的重要性和法律效力。（谢林，2006）[59-60]针对上面提出的所有问题，解决方案可能非常简单："别人成功的先例"可以成为谈判成功的重要砝码，这样的先例比任何的逻辑推理、理论解读都要有用。为什么"标杆理论"在组织变革规划中如此盛行，甚至在被批评为过时的"管理时尚"后还能屹立不倒？笔者认为，其在逻辑推理方面的生命力远不如其作为"提示符号"的生命力。虽然在不同的文化、政治、社会环境下，即使是最让人叹服的"标杆"都有误导的作用，但是仍然没有人信服诸如"学术的逻辑"之类的话语。这种显式谈判中的结论和默式谈判中的聚点思想有相似之处，也和费希尔、尤里提出的应在谈判过程中坚持"客观标准"的观点比较吻合。（FISHER，URY，1992）[42-48]

在艾伦·坡的小说《被偷的信》中有一个小男孩，他在猜硬币中总是赢家，当有人问他成功的秘密时，他回答说："当我希望知道一个人是聪慧、善良还是愚蠢、邪恶以及他当时的内心活动时，我就尽量做出和对方一样的表情来，这样我就知道了我内心产生的与这种面部表情对应的想法和情感。"

每一个谈判者都需要洞悉其他谈判者的内心世界，反之亦然。虽然这个故事听起来有点玄虚，但其中也有一些深刻的道理。我们时常会有这样的疑问：是什么因素导致双方的无限循环推理和整个谈判过程的结束？可能是双方的某种直觉偏好在发挥作用，特别是对明确、独特、简单、先验的偏好，或者是某种能够促使谈判主体将谈判结果与其他可能性相区分的潜在规律。双方必须为各自的坚定立场寻求充分依据，并且在类似的立场观点中找到它们之间的不同"规律"。这一规律也许并不像客观存在的聚点那样令人信服、坚不可摧，但至少能在谈判中为自己辩护："如果不是这个结果，那么还能是什么结果？"（谢林，2006）[62]

在设计课程和学术研究领域时，如果大学管理中心能够拿出美国、英国、德国等国家中所谓"标杆大学"关于区域研究方面的教学大纲，教师的认可度自然就会提高；学科的合并如果能够找到一个可以参照的标准或先例，也会胜过一个资深专家晓之以理、动之以情的证明；课程设计、新校长推出预算等问题，都可以通过先例而不是通过"据理力争"予以解决。也许有人会质疑类似博弈的规律，并且现实中这样的解决方式确实也不是百分之百会产生的，可是什么样的解决方式又是百分之百会产生的呢？我们通过一大堆实证的数据就能得到精确的结果吗？不可否认，在大量的实践案例中，上述观点已经得到了验证，正如后现代主义所提倡的那样，寻找普遍规律和宏大叙事的时代已经过去，我们所关注的是一些具体而有意义的事情。

二、谈判中的价值索取

价值的索取者有时候会认为，谈判中的价值创造的想法是天真的、愚蠢的。对于他们来说，谈判是艰苦而又困难的讨价还价过程。谈判的目的就是让对方相信，基于双方各自的期望，你所付出的要远远超出他的付出；

而且，你还拥有充分的时间可以等待，而他的时间已经非常紧迫。要想在谈判中取"胜"，而打"败"另一方，你必须采取如下策略。开始的时候，你必须提出一个非常高的要价，然后再逐步退让。你要夸大自己因为妥协而放弃的价值，同时贬低对方因为妥协而放弃的价值。你要善于掩藏信息，在口头上，你要始终声称，你所坚持的原则是为了有个良好的结果。只有在达成非常满意的协议时，你才做出接受的承诺。你要表明，如果协商不通，你就会等着与其他人谈判。(LAX，SEBENIUS，1986)[31-32]

谢林在《论谈判》一文中将谈判的关注点从谈判的功效性（efficiency）转移到谈判的分配（distributional）效用问题上，即在什么条件下，谈判对主体一方更加有利。当大学中的二级学院与学校管理中心就一些教师教学工作量减免的问题进行商榷时，会出现什么结果？正如当两辆汽车迎面而来，但是道路仅仅能够通过一辆汽车时，哪辆汽车会让路？或者说，怎样能够使决策变得对自己更加有利？有的时候，价值索取并不是一个很好的表达方式，但是，在谈判场景中其总是能够派上用场，索取也未见得是零和博弈。一方的索取可能只是要求对方做出应有的让步，那么价值索取的过程显然成为技巧性的工作，并且可能成为谈判者必备的手段。

价值索取者在谈判中有以下一些关注点：第一，谈判是包含着利益相关者不同动机的博弈；第二，谈判是彼此之间相互影响以进行决策的过程；第三，谈判一方如果能够使用一切手段控制住另一方，将拥有较大的权力；第四，谈判活动可以使用各种方式实施威胁，但在大多数情况下，他们不愿意承担实施威胁的成本；第五，让对方相信你真的可能制造威胁，这一点非常重要；第六，恰当地估计威胁的程度非常关键。

实际上，谈判中的价值索取可能会产生一个非常简单的结果。二级学院的领导之所以与学校管理中心谈判教学工作量减免的事情，可能是因为在接下来的质量评估中有些教师要承担大量事务性工作。学校管理中心则可能担心无法控制教学工作量减免以后的局面。如果学院院长已经得到所有学院教学委员会委员的支持，并且在教学任务的安排上已经没有回旋的余地，那么学校比较好的处理办法是应允学院的请求，这样做本身并不会给校方带来什么实际损失，反而可以为质量评估工作打下基础。正如两辆车迎面驶来，假如一辆车已经失去了控制，另外一辆车唯一的选择就是为其让路。这一思想就是谢林谈判理论中提及的可信承诺（Credible Commitment）：假如博弈的一方能够使用让对方可以信任和可以观察的方式来限制自己的其他选择，反而能够使自己在谈判中取得先机。一般认为决策时回旋余地越大，越有可能处于有利的地位，事实却并非如此。类似的事例还有我国古时的典故，如"背水一战""破釜沉舟""置之死地而后生"等，这些故事都形象地说明了相机决策、因地制宜在博弈论的语境下并不一定最优。

在大学中，有着可信承诺的谈判需要和联盟结合起来。一些美国研究型大学的学系就是被共同利益捆绑在一起的联盟，每一位教师做好本职工作则对所有的教师都有好处，如，每一位教师都会激励自己和研究生在研究方面追求最高的学术标准。大学学系承担着很多任务与责任，这些必须由所有成员共同分担。"学系中有一个系主任，他（她）在上挤下压中生存，系里的所有成员都将系主任当成同事。系主任基本上采取轮流制，每个人任期二到三年，现任者一般清楚，要是有个同事与他意见不合，或被强迫去做不愿做的事，明后年这个人可能就是系主任。"（博德斯顿，2006）[62-63]系主任对外代表整个系，当遇到资源紧缺和其他相关问题时，系主任则充当学系联盟的代言人与上层谈判，这个时候系主任谈判的语言比较简练，没有过多可供选择的方案，他（她）能够更改谈判意见的权力受到限制，与高层讨价还价的底牌只有一个，此时自由的限制反而让学系的利益在很大程度上得到了保证。

与可信承诺谈判相对的是"反向制约"的博弈策略，即一个人可以阻止其对手做出任何无条件的承诺。我国古代大军事家孙子曾经阐述过"围师遗阙"的道理：只要留下出口，敌人就会认定还有逃生机会；假如敌人看不到任何逃跑的出口，反而会迸发破釜沉舟的勇气，顽抗到底。孙子的意图很明确：不给敌人对自己做出一个拼死战斗的可信承诺的机会。在国内大学中，管理中心倒是常常不经意地采用了"反向制约"的策略：科层体制使基层院系在一定范围内拥有"相机决策权"，院长或系主任可以通过所控制的部分资源而拥有一些权力，这反而使其在面对学校管理中心时表现出"可以回去商量商量"的态度。拥有的是一碗饭，而失去的是一锅粥。

价值索取作为博弈谈判中的中性词汇，具有很强的"蝴蝶效应"①。有时，一次性的"索取"没有顾及其他主题范畴，反而容易带来意想不到的结果。本书导论中的案例就形象地说明了这一点：一边是"干部轮岗"制度正在火热地进行，另一边则由于机关岗位升迁的机会多于院系岗位，导致"机关人员精简"难以落实，同时基层院系的岗位又无人问津。又如，学校为了应对教育资源的短缺，通过各种手段缩减预算、扩大招生规模，其结果是大班上课、大量聘请兼职教师，从而导致教学质量的下降。在学校和学生的这场"谈判"中，最终学生的利益受到极大的损害。以上所有结果都陷入"不虞效应"② 中。在大学组织中，类似的

---

① "蝴蝶效应"说明：事物发展的结果对于初始条件具有极为敏感的依赖性，初始条件的极小偏差，将会引起结果的极大差异。一个坏的、微小的机制，如果不及时地加以引导、调节，会带来非常大的危害；一个好的、微小的机制，只要加以正确指引，经过一段时间的努力，将会产生巨大的效益。

② 200 多年前，霍雷斯·瓦尔坡写了一个名叫《不虞国三王记》的故事。据说不虞国位于锡兰岛上，这是一个古怪的国家。在那里，你本来不找什么，但偏偏会碰上什么；你本来想要什么，但就是找不到。什么事情都会事与愿违。霍雷斯·瓦尔坡根据这个故事创造了一个词——不虞效应，用它来表示意外发现原来根本没有去追求的结果。

美国经济学家罗塞尔在其《无形的心》一书中讲过一个"不虞效应"的故事：从 1900 年左右起，美国联邦政府试图减少国家黄石公园的狼群，这让当地的牧场主欢喜异常，因为再也没有狼群从公园中溜出来偷吃他们的牲畜了，而且公园中的海狸也会受到有效保护。到了 20 世纪 30 年代，黄石公园的狼群绝迹了。狼少了，麋鹿的数量一再增加，这使公园的管理者和游人十分高兴。但是事情的发展往往是人们难以预料的，一个显而易见的后果：随着麋鹿越来越多，它们吃的东西也越来越多。麋鹿吃光了小溪旁的所有植物——荆棘、灌木、低矮的树木、生长在水边的柳树和白杨，而海狸要靠柳树和白杨生存。所以，黄石公园中狼群绝迹的一个最让人意料不到的影响就是海狸的数量急剧减少。

这有点儿讽刺意味：狼是吃海狸的，人们原本认为没有了狼对海狸会有好处，可是结果却恰恰相反。以上故事摘自：白波，郭兴文. 博弈策略 [M]. 台北：德威国际文化事业有限公司，2005：324-325.

博弈现象还有很多，一个主题范畴下的博弈现象引发了另一个主题范畴下的博弈现象，这正是"不虞效应"的延伸。如果我们能够用宏观的视野来看待组织中的各种"谈判"和博弈过程，那么无论是创造还是索取，都会得到更好的结果，也更具有积极的意义。

第六章　多维视角下的大学组织重构

　　到目前为止，本研究在组织研究方法论方面的任务已经基本完成。多元论的思维意味着从不同的角度可能得出不同的结论或者各具特性的见解。本研究所采用的三个视角既从各个学科的精华中汲取营养，又与博弈的分析范式紧密联系在一起，沿着利益、选择、均衡的路径解读大学组织变革中的博弈现象。

　　大学组织的整体方法论研究涉及价值、结构、权力政治三个视角。我们可以把这三个视角想象成三个不同的透镜，通过每个透镜可以观察到问题的不同方面。例如，国内报纸杂志对大学合并事件进行了报道。有些文章重点描述了合并组织的多元价值观如何整合（价值视角）；有些文章讨论了合并后谁将担任大学副校长，原有学校的领导职务如何保留，大学的总部和分部怎样重新分配权利，学科怎样进行重组（结构视角）；有些文章则提出，如果原有学校中的权威教授在并校以后没有得到应有的重视，而威胁性地提出辞职，那么管理高层对此的态度和对策将是什么（权力政治视角）。由此可见，从不同视角观察到的博弈现象不尽相同，从而给研究者带来更多的思考空间。与此同时，当我们将视线转向全面的、动态的大学组织实践过程时，也会发现在各个视角之间有着一种有机的、难以割裂的联系。

　　本章首先分析 P 学院的组织变革实践过程。笔者采用参与观察（辅以访谈）的方法隐蔽进入学院组织现场，凭借主体意识获取直接经验。这中间既有叙事性的推演，也有经验的佐证，通过研究的发现和理解将各个视角整合起来。最后，按照博弈的思路，基于前面对研究问题的分析和解决，总结出形成大学组织良性运行秩序的一般策略模式，具体包括以下三种。第一，聚点均衡。大学组织实践过程中聚点的形成主要通过一种动态的过程来完成：一方面，利益主体在期望均衡的指引下不断调整聚点；另一方面，利益主体在连续的动作与反应中，最终形成"核心利益"或"标杆思想"这样的稳定聚点。第二，走出困境。利益主体需要遵循制度化的过程——根据博弈均衡结果在自我维系和帕累托改进中形成的思考，或者通过重复博弈实现合作理性。第三，亦此亦彼。面对博弈中的协调问题，利益主体需要通过大学组织变革中的协调策略，找出彼与此之间的关联，依据博弈的机理构建合乎逻辑的秩序。

第一节　循序渐进的视野：P 学院组织 变革实践中的博弈解析

　　P 学院位于面积不到 30 平方公里、人口仅有 50 余万的小城澳门。十几年前，伴随着一首深情动人的《七子之歌》，澳门回归祖国的怀抱。在短短的十几年中，澳门创造了举世瞩目的经济增长奇迹，人均 GDP、教育以及社会福利水平在亚洲遥遥领先。这里，不仅有热闹的世俗生活，更有深沉的历史韵味；不仅是闻名遐迩的东方拉斯维加斯，更是中西融通的文化名城。

　　在很多人的印象之外，还活着另一个没有来得及仔细品味的澳门——一个在中国历史上发挥过不可替代作用的城市，一个没有矫揉造作的温情城市。历史上，这个小城市静默地伫立在南海之滨，犹如一个世外桃源，"倚天照海花无数，高山流水心自知"。很多人忘记了，她曾扮演着中西文化交流使者的重要角色，从明朝中叶开始直到鸦片战争，是南中国最重要的对外开放港口之一，是西学东渐、东学西传的主要桥梁，亲临其境地见证了东西方文化长达三个世纪交汇融合的波澜壮阔的历史场景。这段漫长的历史与不凡的经历，使澳门形成了独特的个性，积淀了深厚的文化底蕴。更令人惊叹的是，在方圆数里之地，不同民族虽然思想文化、宗教信仰、风俗习惯差异巨大，却能长期和睦相处，和谐并进。东方与西方共存，现代与传统并列，释儒道与天主教共兴，铸造出澳门别具一格的人文景观。（吴志良，2009）

"望洋山春风荡漾，濠江畔金莲绽放"，如今的澳门拥有一种"兼收并蓄，一往无前"的精神气质，这种"和则相济，和同可观"、保持对话、互相尊重的独特氛围，为澳门增添了无尽的诗意与神韵，也令澳门形成世所瞩目的人文特色。小城澳门的文化底蕴需要我们慢慢品味。记得一位朋友向我提及，澳门以博彩业为龙头的经济产业结构如此单一，周边地区都准备开放博彩业，这势必会对澳门博彩业带来影响，也难怪澳门政府会提出"经济产业适度多元"的思想。我应声道：

经济产业适度多元的思想肯定是没有错的，产业结构单一极其危险，它不仅导致与之相关的产业价值链条呈现出"一损俱损，一荣俱荣"的境况，更为致命的是，这个龙头产业的发展会抑制本土、内生经济发展动力的形成以及对于教育的极大需求。然而，其他国家和地区博彩业的兴起能否冲击到澳门则另当别论。关键在于有哪个地方具备像澳门一样包容的胸怀，这个华人和葡萄牙人在400多年的历史里合力营造的独特生活社区，栩栩如生地证明了不同宗教、不同文化、不同生活习俗可以平和、无拘无束地交融在一起。面对"赌"这样一个提来让人生畏、让人生厌的字眼，澳门人能够泰然处之、悠然共存，社会生活秩序井然。除去优良的管理以外，我想，还有一个重要因素就是内生文化的魅力使然。试问这种文化积淀和内涵，别的国家和地区能够具备吗？

短短的一席话，既是笔者对于澳门的一些浅末之见，同时也道出了澳门高等教育所处的经济、文化环境。

    澳门高等教育的发端是 400 余年前的西式圣保禄学院（1594—1762），这所远东第一所高等教育机构成也风光，去也匆匆，很快就在一场大火中消逝，留给后人的则是澳门的标志性建筑——大三巴牌坊（圣保禄学院附属圣保禄教堂正面前壁的遗址）。恰如澳门许许多多的建筑物都能反映出中西文化交融的历史瞬间一样，大三巴牌坊同样也以独特的方式展现着自身的魅力：人们难以想象东方的菊花图样和中华的文字会出现在上面，也没有人能够解释为什么这样一个西式教堂的前壁如此形似中国古时的牌坊，也许正是冥冥之中的天意造就了这一中西合璧的历史永恒……岁月匆匆数百年，沉寂许久的澳门高等教育终于随着 1981 年东亚大学的成立而获得新生，这所由香港商人创立的大学谱写了澳门高等教育历史崭新的一页。随着澳门进入回归过渡期，为了更好地配合澳门的利益以及回归祖国的进程，充分实现为澳门地区培养高素质人才的目的，澳门政府通过基金会收购了东亚大学，并将东亚大学一分为三，P 学院即是分离出来的三所高校之一。

    P 学院自成立以来一直在"自为"和"依附"的价值博弈中前行。作为一所公立院校，P 学院的财政经费大部分来自政府资助，近几年来政府拨款均占学院教育总经费的 70% 以上，投入资金充足并且逐年递增。相比于那些还在为学校财政资源短缺而叫苦连天的大学，P 学院简直就如同生活在仙境里。然而，世上从来就没有免费的午餐，同样的逻辑也反映在澳门每一所公立院校（包括 P 学院在内）中。P 学院一位培训中心主任谈道：

    本院从 1991 年成立到现在都沿用政府的一套公共行政制度管理模式，从这个方面看，我们和政府的局级部门没有什么分别，灵活度不够。学院未来的定位和发展，要视乎政府的意愿。据了解，如经费来源超过 50% 来自政府，便要使用政府的会计财务制度，而现在已经远远超出这个数字。相比之下，学院的独立性不及香港的高等院校，这就迫使我们向着学术独立的方向前进，彻底改变现在的管理制度。

　　政府对于高等院校的控制力显而易见，大学的教师和行政人员都好像政府机关里的公务员，不仅教职员的薪酬待遇与政府机关人员保持一致，甚至连管理结构体制也脱离了一般大学的模式，更像是政府体系的复制品。理事会是 P 学院的最高决策机构，由院长、副院长、秘书长以及政府财政局代表组成，理事会之下职能机构的设置采取大部制的形式：分为学术事务部、会计及出纳部、总行政部，每个部的下面设置处。以学术事务部为例，下设招生暨就业处、学生事务处。这样的组织架构完全照搬政府的结构体制，院、部、处正好分别对应局、厅、处。当然，模式上的雷同并不能说明职能上的依附，然而，一些人、财、物等方面的审批程序和方式已经实实在在被纳入了政府的意志范畴。从根本上说，大学并不是一个公务机关，而应是一个自治的法人团体。"这是一个追求真理之事业的共同体，它是一个管理自身事务的团体，而不管它的资产是来自捐赠，来自古老的财产权，还是来自国家。"（雅斯贝尔斯，2007）[19] 所谓公务机关要做的不过是贯彻执行上级机关部门的政治性或者事务性的决定，需要严守科层制的一套规则，在操作运行中不需要过多的创造性思维。而在实现人类基本求知意志的法团组织中，则要通过具有创造性的热情、合乎方法论的思维、不断的反思批判去揭示人类与社会的未知之谜。然而，理念在现实中并不能完全应验。虽然 P 学院的思想群体依然保持着与社会的一定距离，但是这种对于政府和社会的依附感则渗透在每一个教职员工的信念之中。在学院拟改名为大学的过程中，P 学院前瞻性地提出建设应用型大学的思路。

　　P 学院要发展成为应用型、实用性的大学，要为澳门实际需求服务。实用性首先要体现为开设配合澳门社会发展的学科，理论性的学科在澳门不适用，就如在澳门开出哲学的课程，总是让人感觉到距离现实很远，不会有太大的市场，也不符合澳门的实际需求。当前要做的是：现有的课程要做检讨，调整落后、欠缺竞争力的学科，不仅要着眼于本地市场，而且要放眼于周边地区。

P 学院的某校校长（等同于"大学"称谓下二级学院的院长）的上述说法并不仅仅代表其个人的想法，许多身处 P 学院之中的教职工都有类似的思考。还有人提出，这种变革思路等同于和其他大学错位发展，在竞争中获得先机。事实上，P 学院成立 20 余年来一直扮演着澳门"服务中心"的角色，完成了从专为政府培养公务员的学校向正规建制的高等教育机构的转变。虽然 P 学院的历史仅有 20 余年，但学校的个别课程①（中葡翻译）却已经有了百余年的历史，并且长期以来都是作为政府的服务课程而存在的。即使是现在，P 学院开设的中葡翻译、中英翻译、公共行政、博彩、诊疗技术、设计等课程也都紧贴澳门发展的实际，不仅成为澳门学生升读大学首选的学科，而且形成了以实用性为特色的课程体系。在科学研究方面，P 学院为了适应政府和社会需要，相继建立了十余个研究中心、研究所，如"一国两制"研究中心、社会经济与公共政策研究中心、博彩及娱乐信息技术研发中心、P 学院—伦敦大学玛丽皇后学院信息系统研究中心、P 学院—BMM 澳洲博彩技术检测中心等，有些中心甚至由特区政府直接安排设立，承担着为政府提供咨询服务的任务。从历史的发展来看，P 学院一直没有脱离实用性的轨迹，然而正是因为与社会的联系过于紧密，导致学院在"自为"与"依附"的价值博弈中曲折前行。

澳门的公立高校在法律上被定义为"公法人"，所以，P 学院一直被认为是公共行政的自治机构，虽然在行政和财务上享有自治权，但本质上仍然是公共行政机构。

这一性质的定位，必然导致高校在人事、财政、行政等方面受到适用于公法人的法例所规范。然而，高校学术的本质属性与纯粹公共行政机关的性质有所不同，高校中的工作具有长效性、不确定性等特点，需

---

① 我国澳门地区高等教育机构的"课程"相当于内地大学的"专业"。

要和一般行政单位区别对待。具体而言，在人员制度方面，聘请本地以外的专家、学者必须要经过行政长官批准，导致手续烦琐，容易丧失许多挽留人才的机会。教授的薪酬不能突破为政府公职人员所订立的薪酬上限，学校难以引进欧美地区知名的专家学者；在财会制度方面，年度预算的项目分类很细，并且是单年度预算，当这些强调细节的预算不是很准确的时候，所带来的影响很多，无法应对教学、科研过程中的一些紧急状况。同时，上年度的盈、亏不能带到下一年度，缺乏财务上的连续性。在采购制度方面，高校最大的开支权限仅仅为 50 万，如果突破必须上报社会文化司审批，浪费了大量的时间和成本。（张红峰，2014a）

过于贴近政府和社会，导致大量即时的利益目标充斥于学术环境之中，承接的很多基金项目热衷于政府的专项研究，结题也只是一份无人判断其优劣的研究报告。这些似乎对澳门高校的学术灵魂构成了威胁，当然，一切并不能完全归因于大学，作为大学的监督者，政府应该有一种学术品位的意识，必须从发掘、培育学术生命力的角度出发思考问题，任何压制或者将大学视为政府机关的做法都有可能导致大学灵魂的丧失。从另一个角度来说，澳门的经济产业现状也使得高等教育的路径变得曲折而无奈。P 学院的一位中层主管谈道：

在澳门办教育真是不容易，澳门的经济产业以博彩及服务业为主，自 2002 年博彩经营权开放以来，加之内地开放自由行和 CEPA 协定①的签署，博彩产业蒸蒸日上，澳门的赌收早已超过了拉斯维加斯。博彩业的兴旺让许多人都有着赚快钱、表面风光的心态，读了高等教育反而不如在赌场中做一个荷官②收入高，还有多少人愿意选择读书呢？这种经济

---

① CEPA，即《内地与澳门关于建立更紧密经贸关系的安排》（Mainland and Macao Closer Economic Partnership Arrangement），是我国中央政府与澳门特别行政区政府于 2003 年 10 月 18 日签署的一项特别政策。

② "荷官"又称庄荷，是指在赌场内负责发牌、杀（收回客人输掉的筹码）赔（赔彩）的一种职业。

的畸形发展和办教育成反比关系，彼此存在着矛盾。

澳门高等教育在这种产业经济背景下，要想更好地生存下去，只能是选择服务于社会的即时需求。澳门没有重工业，在大学开办理工科就不合适；办医学院的费用高昂，也不容易办得好，那就从开办护理课程开始；博彩产业如日中天，于是，与之相关的技术设计、博彩管理等课程应运而生。学科设计都在市场中寻找出路，在竞争中寻求契机。由此可见，历史和现实的聚点提供了一种即时博弈的思路，大学的理性思维会聚焦在不断满足政府、社会、经济需求的关键点上。这一聚点自然也成为 P 学院价值选择的均衡点，"自然"的策略选择使 P 学院在功用的道路上越走越远。但无论如何，大学都是追求创造性的场所，如果"依附的价值观念成为澳门地区高等教育的核心价值，那么势必会导致真理和价值的相对主义，所谓学术上的'优秀'只不过是在功用的范畴内更令政府或者社会机构满意而已"（张红峰，2014b）。举一个简单的例子，澳门的人口仅为 58.2 万（澳门统计暨普查局，2012），所承载的市场非常小，任何一个新的课程所培养的人才不出几年就可以达到饱和，如果什么都是针对政府、社会的即时需求，那么澳门的所有大学都将沦为培训机构。所以针对 P 学院的生存、发展而言，保持与社会一定的距离应该成为价值期望均衡下的选择。

历史可以作为 P 学院在"自为"和"依附"的价值选择中寻找聚点的参照系，而中西交融的文化也同样影响着 P 学院的发展。长期以来，澳门高等教育在发展过程中具有很强的适应性和主动性，这不仅因为澳门所具有的外部依赖性较强，外部先进的文化和理念能较好地融入其中，而且因为微型社会的快速反应机制使院校更容易在开放的环境中捕捉到有利于自身发展的信息。（张红峰，2014c）P 学院秉承"普专兼擅　中西融通"的校训，也在微型社会特征的影响下形成了自己的文化特色。"三文四语"、国际交流使"融通"的理念得以弘扬。在 P 学院里，许多课程都有四种教学语言（广东话、英语、普通话、葡萄牙语），教师、学生也来自海内外不同国家和地区，不同文化的交流、碰撞使得 P 学院能够以更广阔的胸襟面对未来的国际化趋势，优秀的外地学生也有助于培养、带动良好的学习氛围。学术人员能够在多元文化中接受更多的熏陶，思想自由使他们可以从不同国家和地区的文化中汲取营养。然而，文化多元带来的也并不全是积极的一面，正是因为文化、语言的多元化，P 学院每一份正式上报政府的文件资料都必须有中文、葡文两个版本，在学院内部进行的文本交流及咨询会，都至少有中文、英文两种语言形式，即使是拟开设的一些核心科目，学校也准备同一门科目请三种语言的教师分别授课。总之，在一个单一文化的地方容易做到的事情，P 学院都要耗费两倍以上的精力，加上按照政府模式构建的制度体系异常烦琐，即使是行政人员人数已经大大超出教师人数，依然给人一种管理效率低下的感觉。正所谓有得就有失，文化的形成与安排作为博弈聚点参照系的魅力在于阐释了多元与自由的精神气质，但却使 P 学院中的教学和管理的效率无法得到有效提升。在 P 学院与自然之间的价值概率博弈中，我们需要关注的是怎样达到期望价值取向。实际上，并非所有的博弈都可以达到双赢，有时候一种价值取向在不经意间影响着另外一种价值取向，两者得益可能是零和，也可能是常和。P 学院在组织变革中需要思考如何在悉心维护一种价值取向的同时，使另一种价值增值。

P 学院的价值博弈能够为结构视角带来一些启示。澳门公立高校在公法人的法律定位下"官僚味"很浓，有些方面甚至超过内地的大学，但是"官僚味"与我们常说的"官本位"思想有很大区别。"官本位"体现在人的思维和文化之中，指的是那种对官位崇拜的潜在心理状态，如，许多大学教授拼命争取后勤管理部门的处长职务。这种现象本身就体现了对博弈聚点的追求。而澳门高校所体现的"官僚味"并不等同于"官本位"，那只是指在制度安排下大学体现出与政府一样的管理方式。在这样的体制下思考大学组织结构视角中的问题更具有针对性。P 学院是典型的一级管理的模式，也就是我们常说的"集权式"管理。基层学校和行政部门关于人、财、物等方面的重要事宜都需要通过"建议书"呈报理事会批准决定，而理事会这一最高权力机构的职权范围则由澳门政府通过 469/99/M 号训令核准的《P 学院章程》所决定。《P 学院章程》中仅仅列举了理事会和院长的权限范围：

第十四条（权限）

一、为确保 P 学院的行政、财政和财产的管理，赋予理事会以下权限，尤其是：

a）听取技术暨学术委员会及咨询委员会的意见，订定 P 学院的总体方针和发展计划；

b）订定 P 学院的计划和报告，将之呈交监管机构认可；

c）订定 P 学院的预算提案，将之呈交监管机构核准；

d）收取 P 学院本身的收入；

e）根据法律规定，接受给予 P 学院的，不会为学院带来额外负担的捐赠、遗产和遗赠，并采取一些必要措施，对之加以巩固；

f）依法批准转让、租赁、设定负担或设定其他权利，以及当有需要时，批准销毁被视为不必要或不适合的动产和不动产；

g）批准购买 P 学院运作所需的财务和劳务，包括租赁动产和不动产；

h）决议 P 学院所有员工的取录及聘任；

i）决议各学术单位校长和副校长，及各中心及课程主任的任免；

j）根据法律及 P 学院规章的规定，批准以兼职制度在其他教育机构从事教学职务，但需听取有关学术单位的意见；

k）批准本章程第三条第二款所指的协约、协议、议定书及合约的签订；

l）决议所有未明确隶属其他机关的权限而与 P 学院正常运作有关的事务。

二、经听取技术暨学术委员会的意见，理事会还可以：

a）批准开办、合并、更改和撤销各学术单位及其部门和研究中心；

b）批准开办、合并、更改和撤销 P 学院各课程；

c）决议更改 P 学院的规章并呈交监管部门认可；

d）通过 P 学院的人事章程和其他内部规章；

e）批准有关 P 学院标志的提案；

f）订出 P 学院各课程学生所必需缴交的学费，以及报名、考试、补考及其他提供服务的额外费用。

三、理事会可将其部分职权转授给理事会的成员及 P 学院各学术单位及行政部门的领导人员。

以下是理事会对下级各个学校校长的授权决议样本：

N.°　26D/CG/2009

理事会决议

事宜：将若干权限授予各校长

为了提高 P 学院的运作效率，有必要设立分权规定；

P 学院理事会行使十二月六日第 469/99/M 号训令核准的《P 学院章程》第十四条第三款所赋予之权力，作出以下授权规定：

一、授予艺术高等学校×××校长、语言暨翻译高等学校×××校长……管理科学高等学校×××校长或当上述人士出缺或因故不能视事时之代任者领导、协调和指导有关单位工作的权限：

（一）签署执行上级有关决定及组成程序和卷宗所需的函件；

（二）根据法律规定，批准辖下员工享受年假及决定员工缺勤是否合理。

二、本授权不妨碍授权者行使收回权和监管权。

三、对由于行使本授权而作出的行为，可提起必要诉愿。

四、在二零零九年九月一日至本决议于《澳门特别行政区公报》刊登日期间，对艺术高等学校×××校长、语言暨翻译高等学校×××校长……管理科学高等学校×××校长在现授予之权限范围内所作之行为予以追认。

（以下是葡文版本，略）

二零零九年十二月十八日于 P 学院

P 学院理事会

（理事会成员及财政局代表签名）

无论是从章程的内容还是从授权决议来看，理事会依然掌控着大部分的权利，并没有赋予基层学校更多的自主权。这种结果可以解释为：由于澳门的高等院校办学历史较短，并且总体规模偏小，集权管理不需要耗费过多的信息成本就能够保持较高的效率；对于下属学校来说，尽管所有的审批程序都要最终经过理事会，但是基层学校工作所涉及的事务并不太多，而且大部分工作，诸如课程开设、经费使用、教师聘用等也是由基层学校提供主导性的意见，再由理事会审批，这样的模式同样能够使基层学校在主要的学术工作中保持强烈的责任感和进取心。如，每一所二级学校都会积极聘请外来专家进行课程检视，通过年度课程检视报告分析课程、师资、预期学习目标的成效等。然而，正如本书第三章讨论博弈分析模型时指出的，集权模式最容易带来的就是"搭便车"行为。P 学院中的基层学校长时间以来也习惯了在理事会签署指示后再安排工作的模式，如果没有看到理事会三位院领导的签字，一些非常规性的教学、科研工作将很难开展。从 P 学院的行政管理来看，职能部门仅仅承担了服务性的工作，而没有过多的职权，甚至无法就一些主要的学术工作范畴（如教学质量监控）召集各基层学校开会商讨。如果基层学校或者行政部门呈报的"建议书"没有赶在每周一次的理事会会议前送到，那么就要等到下一周理事会开会时审批。整体而言，学院的行政程序烦琐，一切都得按部就班，工作效率较低。一位教师曾经这样评价 P 学院的行政工作：

> 学院的非教学人员人数已经大大地超出了教学人员，这些行政人员大量的时间都花在烦琐的事务性工作上，仅仅外出公干出差之前，就要上报出访建议书、经费预算（一些经费较大的项目还要进行三家报价）、公干请假表、保险表、津贴申请表等好几道手续，全部都由行政人员完成，这些几乎成了他们主要的工作范围，相应地用在其他方面的时间自然就少了。

这里的其他方面主要指对促进单位发展的思考等方面。P 学院中的基层学校、行政部门很少订立年度计划，很少为本单位的发展做出总结和长远的思考，因为大部分的思路已经由理事会订立，职能部门和学校需要思考的是如何落实好这些思路。

大学管理中心与基层学校、行政部门的博弈处在一个自然的均衡状态，并且这样的博弈规则由章程和授权决议予以规定。正是因为这个规则符合博弈内生的机制和道理，所以组织实体的行为与立法者的行为得到了较好的统一。

然而，随着 P 学院未来发展规划的订立，学院的学生规模将会在未来有所增加，随之而来的则是教职员工的增多，在未来的发展中，基层的利益诉求也会愈来愈强调自主和分权。P 学院的规划中这样写道：

> 基于大学的体制构架，逐渐改变过去由学院集中统一管理的体制，减小管理的幅度，建立校、院两级管理体制，使得大学管理中心能够更好地实施宏观管理。

这既是要求按照大学的体制框架，逐渐从集权向分权过渡，也是针对规模扩大做出的回应。可是，在博弈的分析框架下，集权和分权本身并不是最主要的，重要的是如何促进这一博弈中的期望均衡——基层学校的努力进取。现实中，P 学院的基层学校在集权状态下"不努力"的效用并不是很大，仅仅是在一些非常规工作的安排与实施上存在着"搭便车"的心态，然而，随着办学规模的扩大、学科课程的增加，基层学校在集权状态下"搭便车"的行为将更为普遍，进而导致"不努力"的效用提高。大学管理中心与基层单位博弈分析的模型（详见本书第四章）告诉我们：在这样的情况下，一方面，管理中心将部分权利下放给基层，同时提高代理成本（保持管理中心和基层单位利益一致所付出的努力），可以使基层单位"努力"的概率提升；另一方面，在保持现有集权形式下，考虑减小信息成本（有效信息传递系统的建立），这样也能够较好地实现基层"努力"的期望均衡。

从价值视角转向结构视角，属于从理念到工作范畴的转变，价值博弈的均衡点对工作任务、权利的分配具有指向性。P 学院之所以一直采取集权的模式，很大程度上也是受到澳门社会整体特征的影响。如果大学组织变革从理念开始，那么大学管理中心和基层单位的博弈均衡点将无法随心所欲地确定，而是容易受到价值均衡的引导。这也解释了为什么在世界各地的高等教育普遍提倡自主、分权的时候，澳门高校依然采取集权模式的原因。但是，只要我们将期望均衡定位在基层学术单位的努力进取上，则无论是在集权还是在分权状态下都可以有所作为。

在结构视角下，P 学院内部"实体"的工作范畴包括工作任务、权利的分配和协调。从"利益关系"出发，我们可以观察到结构视角动态的一面，探讨利益实体之间围绕工作权利分配的博弈。权力政治视角则更加关注工作中个体和群体的行动，以及群体之间利益关系的相互影响，而作为博弈的"局中人"在组织发展变革过程中所体现出来的各种利益倾向，往往更能够说明一些实质性的问题。

P 学院曾经历了一个拟从"学院"正名为"大学"的过程。现在之所以仍然叫"学院"，并非因为 P 学院缺少大学的实质内涵，相反，P 学院被中国校友会网中国大学星级排行榜评为"四星级大学"。这是 P 学院首次入选中国四星级大学，跻身 2014 年中国高水平大学行列。（中国校友会网，2014）实际上，P 学院因其资源优势、多元文化、对于澳门研究的贡献、人才培养与国际接轨的特色，也堪当"大学"称号，并且在学科分布、师资力量、学生表现、市场回馈等各个方面，P 学院也已经具备了大学的内涵。在拟正名为大学的院内意见咨询中，全体参与征求意见的教师和管理人员几乎异口同声地支持这一"正名"的决定。

经过近十年的努力，P 学院在课程设置、师资水平、学术科研以及行政后勤等方面都取得了很大的发展，成绩有目共睹。澳门社会和外地的人对学院的认识程度不断提高，入学门槛提高，毕业就业备受欢迎，具备大学的规模，现只是名称要改为大学而已。其过程有点像当年香港一个学院改名为大学，这亦是学院发展到一定程度的必然。

……

已经累计培养多届本科毕业生……澳门需要提高劳动人口的学历和知识及专业层次，配合特区可持续发展……澳门需要更多应用研究，帮助政府提高施政水平、协助产业提高生产力、提高城市文化品位……

从以上代表性的反馈意见中可以看出，P 学院的教职员工在学院正名为大学上的利益取向惊人地一致，这种共同利益也是他们组成"格兰联盟"的基础，几乎没有人认为大学的名称会带给 P 学院负面影响，无论是显性的"精神"利益还是隐性的"物质"利益，都促使 P 学院中所有的人向着目标大步迈进。

任何一个新制度的出台都应该看作组织变革的开始，尤其当一所高校未雨绸缪，谱写未来发展前景的时候，总是需要以制度为依托。可是，在变革的道路上，并非所有的事情都如正名为大学一样，存在利益的一致性。在某项规定出台以后，群体利益发生冲突也是习以为常的现象。

针对正名为大学以后的学术发展要求，P 学院准备重新制定教职员晋升规章，以促进学院教学、科研、服务等方面的发展。一项变革措施的出台必然会牵动各利益群体联合起来维护自身的利益。同时，利益总是在比较中产生的。"利益的一个重要的关注点应该是人际间的比较。因为判断利益得失，不只以实际占有的物质的多少来衡量，更在于与社会利益和他人利益或利益关系的比较上。"（郝云，2007）[51] P 学院的教职员晋升规章涉及两部分群体：教学人员和科研人员。这两类人员的晋升规定，根据其工作重点的不同而有所区别。同时，规定也是参考了其他大学的晋升规章和成为大学以后的导向性要求而做出的。即使这样，教学人员和科研人员也分别对晋升规定提出了质疑。一位基层学校的教授指出：

> 教学人员是以教学为主，在业余时间做研究、写论文，还有其他种种相关的学生工作；而专职研究人员则无任何教学和学生工作，是全职做研究，故对其研究成果的规定应大大高于教学人员（应高出几倍），而不是现在连一倍都不到。为了在教学与科研人员之间创造一个公平的竞争机会，必须能够清晰地比较两类人员基本的工作要求。

以上提到的也是 P 学院的实际情况——在学院内还存在专职的科研人员。在澳门高等教育辅助办公室的网站上，P 学院 2011—2012 年度研究人员的人数是 42 人（澳门高等教育辅助办公室，2012）。在 P 学院的组织建制中，教学单位和研究所是截然分开的。虽然教学单位的教师可以从事研究，研究所中的少部分人员也会承担一定的教学工作，但是总体上两者工作的性质和范畴有着明显的区分。针对教学单位人员提出的意见，研究人员也有自己的看法：

> 教学人员的时间肯定属于他自己，是可以进行量化的，课时也都是用来计算教学工作量的。而又有什么办法保证科研人员的时间不被占用，专门用来写论文呢？科研所中不宜公开发表的成果，应该以院内的技术报告作为参考依据进行衡量，与教学应该对等，教学工作量是校内认定的，科研报告也可以……科研量化以后，考勤上也应该有弹性，科研不一定要待在校园内，成果也不是坐着就能出来的，可能需要查资料、观

察、经常出外研讨……

症结好像在于教学和科研的工作量怎样进行换算，对两类人员在所有的工作时间里如何进行充分比较。P学院的管理层也准备提出如何将教学和科研工作进行量化的问题。但事实上，任何精确的计算公式都无法给出完美的答案，关键还是应该有一种核心理念的指引。某研究所的一位教授在座谈会上不无感慨地谈道：

P学院现在强调科研，本身是一个很大的进步，至少现在科研气氛越来越浓了。问题是制度上很束缚人，我们的章程要改，中国大学只有像社科院有全职的研究员，其他很少有这样专职的研究机构，基本上做到院所合一，集中优势资源的时候就以研究所的形式，实际上研究人员还是要上课的。如果制度上还是将教学、科研截然地分开，对学校的发展很不利，而且研究所里有很多专家、学者，这样的资源不用在教学上是一种极大的浪费。我觉得首先要从制度上让两方面流动起来，科研人员要上课，教学人员手头有项目也要去做点研究。现在的情况是，很多教学人员还没有能够体会到做研究的好处——不光是写文章，还有对他的教学、思考、对整个世界的认识都有很大的影响。说实话，现在没有一个真正像样的研究文化，以发表论文、拿到好的项目为荣的意识还很缺乏。一旦对教学人员科研要求加大，（他）就会主动地减少课时，这样良性循环下来，研究所人员自然也能够上课了。

为了解决上述问题，我们的眼光要放在如何将教学和科研打通上，而不是一些分值的比较上。只有聚焦在树立"研究文化"的核心利益上，双方才能拥有共同的话语。若非如此，一篇SCI文章究竟等于多少课时才合适呢？个别研究能力较差的教学人员也许宁愿一学期上4门课程，也不愿意去写一篇像样的论文。反过来说，研究人员不去上课，研究也就成了无根之水，这在人才培养上也是巨大的资源浪费。双方利益博弈的均衡点可能还需要经过先行制度的调整，两类人员根据需要，按研究系列或者教学系列进行选择，才能从根本上避免这种无谓的比较。

同样，P 学院在正名为大学后的发展蓝图中也订立了学科设置的框架，二级学术组织也将更名为学院。长远规划在学院以及下属系、所的设置上煞费苦心，单单设立的依据就提出了以下四条：

（1）澳门及其周边地区经济和社会发展的需要。作为应用型大学，P 学院需要紧密联系澳门未来产业发展的趋势，透过本规划"机遇"部分对产业的分析，对博彩管理、商贸、金融、会计、会展业、文化产业、计算机信息技术以及环境保护、治理等领域需要重点考虑。

（2）P 学院原有的传统特色和发展的可能性。P 学院原来下属的学校已经形成了自己的特色，具备了较强的实力，师资配备和课程开设也存在较好的基础，二级学院的设置要考虑到对原有学科的保留和进一步发展，还要从整体出发考虑进一步发展的可能性。成立大学要开设许多通识教育的科目，如何通过新设立学院的构架进行分配、调整，P 学院要从全局出发统一安排。

（3）大学学科发展的规律和学科建设的规范。二级学院的设立以学科为基础，学科发展有一定的规律和规范，P 学院需要借鉴其他大学通用的做法，在二级学院名称和下属系科设置上要考虑到学科本身的内涵以及人、财、物资源的整合利用。

（4）突出重点、错位发展。从澳门作为微型社会的角度来考虑，P 学院的学科设置不仅要适应经济发展的需求，而且要从整体上避免与澳门其他大学的学科设置有明显的重复，争取错位发展，突出学院自身的特色。

尽管如此，在 P 学院下属的各学校（相当于二级学院）、所、中心中，这份长远规划还是引起了不小的反响，大部分教职人员都支持 P 学院的发展变革，并且对未来的发展充满了憧憬和信心。一位课程主任满怀深情地谈道：

　　我来到 P 学院已经 7 年了，7 年中，这里没有太大的变化，一直就是这个样子。再有 7 年很快就过去了，十几年、二十几年……这样不是白白地虚度光阴吗？应该有突破，每一个在这里的人都应该去做一点事情。时间在我们身边慢慢地流逝，如果什么都不改，什么都不变，我们现在也已经不错了，但是为什么要这样呢？我们已经浪费很多时间了，做规划、求变革就是在描绘一幅蓝图，一旦能够改名为大学，我们发展的空间将会更大，我觉得好多事情都能够解决。我们不是脑子笨，大家在一起，很快一些思路就出来了，只是现在的情况就像画画一样，这个画能不能见得人，能不能变真实，就要看我们的决心和毅力了。

　　一方面是信心百倍，另一方面也有人存有顾虑，而且许多顾虑也是基于利益的。某研究所的负责人在看到变革中拟将所和中心放入新成立的二级学院的安排时，不无忧虑地谈道：

　　变革是什么？变革就是要从多种因素、背景进行考虑。每一次变革都会存在存量变革和增量变革，增量变革相当于将蛋糕做大，大家在增加的利益上进行重新分配，一般不存在什么问题；而存量变革就不一样了，现有利益的调整需要格外地小心。一是从操作层面上谈，二是为了少造成麻烦，现有的方案都应该重新考虑……

　　实际上，将所、中心并入二级学院的思路正是考虑了整体的利益和每一个研究所、中心的发展利益。由于 P 学院中的一些所、中心与教学单位在学科类型上基本相同，这种做法正是为了保持学科的统一性和发展的生命力，整合现有的学术资源，同时也为以后研究所、中心承担本科教学任务做好铺垫。但是，这样的方案在行政隶属、资源分配、人员去向等方面需要有较大的变动。如果将研究所、中心里个体或群体的全部利益考虑在内，回答就不那么简单了。

　　在学院内系科的设置上，也存在着类似的情况，拥有话语权的群体都会尽可能地为自身的利益据理力争：法学的要设立法学系，文学的要设立文学系，等等。然而，每一个群体所提出的论证依据看起来都和自身的利益无关，并且掷地有声。P 学院的全体中文教师在申请设立中国语言文学系的时候，一直追溯到久远的历史和更大的环境：

> 澳门曾经是西方人最早学习中文的地方，对外汉语教学历史悠久。在澳门的传教士罗明坚、利玛窦等成为明末最早学习汉语的外国人，进而成为西方最早的汉学家。据了解，当时就有了较为稳定的教学机构和汉语教材，"圣玛尔定经言学校"应是中国历史上第一所外国人学习汉语的学校。而 1594 年在澳门成立的圣保禄学院，则标志着耶稣会在远东的教育事业进入了一个新的阶段……随着中国综合国力的逐步提高和对外开放的不断扩大，汉语在国际生活中的重要性日益显现，全球范围内学习汉语的人数迅速增加，对外汉语教学规模也在迅速扩大，孔子学院如雨后春笋般在世界各地建立，国家对外汉语办公室及孔子学院总部对涉外汉语教学也给予了极大的支持，这些都将有力地推动汉语作为第二语言教育的不断深入发展。

还有教师将民族感情和政治立场也作为论证的依据，认为在" 国"的前提下，如果没有中文的立足之地，简直就是背弃民族文化，弱化母语的影响力。就这样，"合理化"的建议往往取代了"理性"的思考，合理化模糊了理性，因为合理化总是可以从不同的角度加以解释，而理性代表着政治学意义上的"合法性"。只有那些客观公认的权威和秩序才是合法的。（俞可平，2005）[146-147]这里的理性可能仅仅在于对学系设立可行性的论证（比如是否具备设立该学系的生源和就业条件）。正是因为如此，学科设置的方案被暂时搁置了起来。经过一段时间的相互沟通之后，每一个群体都似乎明白了需要做些什么，他们共同提出国际上以及我国内地一些"标杆大学"的经验和做法，非常微妙地回避掉一些容易引起矛盾的话题。于是，"理性"变得更加"合理"，"标杆"也变成了解决问题的依据。

从笔者长期的观察来看，大多数利益表达者的真实利益需求都是隐藏的，是不愿意为人所知的，这也正是"合理化"论证振振有词的原因所在。所以，在利益冲突的状态下，为了解决问题还是需要寻找博弈的"聚点"。这也是不同利益群体不断寻求"标杆""核心利益"的根源。在晋升制度、中心与研究所的安排以及学系设立等问题上，P 学院的发展规划都借鉴吸收了其他大学的通用做法。

罗伯特·伯恩鲍姆总结了"标杆"的种种"劣迹"：

> 它只能带来边际改进，不可能对所有的大学流程都适用；它只是拷贝的做法，所以会窒息创新，其揭示的是组织的劣势……标杆管理也可能会阻碍组织的多样性，削弱由"不是最佳"实践所带来的独特性，当某个领域的最佳实践所要求的流程与另外的领域所要求最佳实践的流程不一致的时候，会使组织处于不利境地……最成问题的是，只有可测量的东西才是真实的和有价值的，而"真正受过教育的人的价值和一首十四行诗或一个微笑一样是不可测量的"。（波恩鲍姆，2008）[67]

但是，有时候"标杆"的使用确实不是一件坏事，组织之间的相互学习、借鉴总是有益的，"先例"确实可以作为可靠的依据。虽然学校管理者们从来没有看到哪所大学因为借鉴了"标杆"而在高教领域获得成功（没有证据表明其成功），但是出于对利益博弈的思考，我们依然可以将"标杆"作为有力的指引。在 P 学院的组织变革实践中，以上所枚举的仅仅是众多事例中的一部分，从中不难看出，大学组织变革的过程正是利益主体相互博弈而达到均衡的过程。

第二节　期望均衡下的大学组织秩序重构

在社会科学的研究中，我们常常陷入静态、结构性的思维框架，而忽略了个体、群体、实体之间的互动关系。博弈论则是一套基于科学逻辑，研究人类互动行为的有效方法，它在给定其他利益主体的策略选择条件下，找出利益主体的最适反应（best response）。博弈有几个基本概念：利益主体、策略选择、得益以及均衡。前两个概念的意义在前文中有详细分析，在此不再赘述。"得益"是利益主体从博弈中获得的效用水平，它是针对所有利益主体策略选择的函数。对于社会科学研究来说，得益就是利益主体利益表达以后的假设，有些得益也无法用精确的数字进行描述。"均衡"是一个稳定的博弈结果，一般指所有利益主体的最优策略的组合。[①] 当然，此处的"最优"只是一种最适反应，不一定是我们所期望的最优。正如"囚徒困境"中的两个囚徒一样，他们并没有期望最后的困境，但是他们理性选择策略的结果却是被判处较重的刑罚，而这恰恰是警察和社会公众所期望的结果。可是，纳什均衡并不一定总是能符合特定环境下组织的期望或者帕累托最优。本书前面部分已经介绍了很多类似的例子。大学组织变革中的许多现象，可能从某些分析方式看来并不存在什么问题，然而在博弈的视野下，我们能够分析出其中的"均衡失范"问题。当然，观察到"均衡"可能仅仅只是发现了问题，而提出"期望均衡"才是为解决问题指明了方向。期望均衡的提出需要符合公共理性——对共同遵守的原则、规范或准则的认识，如被普遍认可的价值观念、行为方式。基于公共理性，我们可以提出博弈中的期望均衡，并在期望均衡的指引下，通过理念、行为策略、得益的调整，最终使大学组织形成良性运行秩序。

一、聚点均衡：大学组织中的动态博弈过程

在博弈论中有一个典型的"两性博弈"案例：有一对情侣想在周末晚上外出，他们各有两种选择——看棒球比赛或者看歌剧。男士希望去看棒球赛，女士更偏好看歌剧，但是他们又宁愿待在一起，不愿分开。从这个博弈中很容易看出存在两个纳什均衡：（棒球，棒球），（歌剧，歌

———————————

① 这里谈到的"均衡"与张维迎在《博弈论与信息经济学》一书中谈到的有所不同，后者意在区分"战略"和"行动"两种表述方式，实际上在一般应用中两种表达方式的区分并不明显。

剧）。这也意味着给定一方选择其中一项活动，另一方的最优选择也是这项活动。那么在实际生活中究竟哪个纳什均衡会发生呢？可以设想如果女士先去买了票，肯定两人会出现在歌剧院里，这属于"先动优势"。又假设该博弈有一个前提：双方做决定的时候不在一起，而且无法联系对方，那么又会出现什么结果呢？这样的情况下，做出什么样的选择往往受到习惯、文化、历史或者逻辑等多种因素的影响。如果当日是男士的生日，两人自然会出现在棒球场；假如男士对女士百依百顺，两人当然会出现在歌剧院；如果上一次看的是歌剧，那么这一次大家会自觉地去看棒球。这就是在一个没有帕累托优劣关系的多重纳什均衡博弈中人们选择的规律性所在，所形成的均衡也就是本书前面提到的聚点均衡。

大学组织实践过程中聚点的形成主要通过一种动态的过程：一方面，利益主体在期望均衡的指引下不断调整聚点；另一方面，利益主体在连续的动作与反应中，最终形成"核心利益"或"标杆思想"这样的稳定聚点。

大学组织的价值选择既是大学组织变革的哲学基础，也是变革中需要迫切思考的内容。在大学组织价值选择的博弈中，聚点均衡来自历史和文化的解读。通过对历史和文化的分析，我们能够观察到大学组织在与自然的概率博弈中究竟选择了何种价值。如 P 学院的历史和环境显示：虽然依附于政府和社会的功用性是 P 学院价值选择的聚点，但大学组织更应该关注学术上的核心价值，因此大学应该在动态的期望中去思考其均衡所在。从前面的论述中可以看到，处于矛盾之中的两种价值取向总是相互交织在一起。仅仅相信历史和文化，所得到的也许并不是我们真正期望的均衡。在大学组织的生存价值取向上，我们更加期望大学的功用性建立在对学术内涵最大的包容和尊重基础之上，每一个学术人员都能够以"自为"的精神气质去发展学术，在与社会、环境互动的张力中体现出"心灵的良知"。在大学组织的发展价值取向上，"卓越"源自文化上的思维定式，是一种潜在的聚点均衡，而这种价值取向往往受到即时利益的引导，所以从长远利益出发，可以考虑建立在长远公平基础之上的卓越取向。

此外，大学组织在管理文化的影响下不断追求"效率"，并将"效率"作为其发展价值的聚点，实际上，追求效率应当建立在大学组织对自由的学术价值的深刻理解之上。同理，默式谈判中的聚点思想与价值博弈中的相似，信息互不相通的利益双方在利益目标一致的情况下，其选择往往会惊人地一致。每一个大学组织的动态博弈过程不尽相同，但聚点的调整往往根据基于公共理性的期望均衡。从博弈论的解读中，我们可以发现聚点的存在，而期望均衡使聚点得以动态地调整。

大学组织权力政治视角下的聚点均衡还存在另外一种动态路径。利益主体的诉求各不相同，如果仅仅在各自的利益范围内做出选择，可能并不能达到一种稳定的均衡状态。如，P学院中支持设立文学系的联盟群体明显有着自身的利益诉求，他们在组织实践中总是用各种"合理化"的说明来阐释设立文学系的重要性，反对者也会通过可行性分析对此加以驳斥，此时双方的策略选择都是暂时的。在双方的动态博弈中，如果哪一方能够拿出令人信服的"标杆"，或者在可能的前提下关注彼此的"核心利益"，那么所有的问题可能都将迎刃而解。一般来说，利益群体会在大学组织的实践过程中采取一种"摸索"的选择方式，每一次的"摸索"都会附加上一种"合理"的解释，然而这样的"摸索"往往在最后会失去效果——不光因为利益冲突双方各执一词，其根本原因在于，这样的显式谈判在逻辑推理、理论探索中是无解的。虽然这样的动态博弈未必一定能够以诸如"标杆思想"或者"核心利益"等作为最后的均衡聚点，但是许多变革实践已经证明了这一均衡。

二、走出困境：大学组织变革中的制度化回应与合作理性

关于"囚徒困境"这一经典的博弈案例，本书导论部分已经做过详细介绍。在此，笔者想举一个发生在真实生活中的"囚徒困境"的例子。

在荷兰召开的"合作及社会两难困境研讨会"上，与会者都是博弈

论的专家。大会结束之后，两位学者麦克和路特提议大家玩一个游戏。

他们将一个大信封拿出来，请在场的 43 位专家学者拿出自己的钱装到这个信封里。如果到最后这个信封里的钱超过 250 元，麦克和路特将自己掏腰包，退还每个人 10 元。不过，如果到最后这信封里的钱不足 250 元，就统统没收，大家拿不到一分钱。仔细想一想，如果你也在场，你会拿出多少钱放到信封里呢？

对此，我们可以做一道简单的算术题：250 元/43 人 = 5.814 元。考虑到有些小气鬼可能少付或者不付钱，你也可以再多放一点。假如每个人都能放 7 元钱，250 元的目标就肯定可以突破。等到结束，每个人还可以净赚 3 元钱。

无论怎样，这看起来都是一个稳赚不赔的游戏。

不过，这个游戏特别规定大家不得讨论交流，也不能偷看别人把多少钱放进信封里。

最后，等到大信封拿回来的时候，两位主持人打开一数，里面的钱总共是 245.59 元，比目标 250 元就差那么一点点……

看到这种结果，没有人能够相信，这可是刚刚结束的合作研讨会啊，与会的也都是德高望重的专家，他们竟然全部陷入"困境"之中。这个故事充分表明：如果每个人都预期别人会拿出他们本该奉献的部分，而自己又想尽可能地多捞回来一点，就会出现最后每一个人都拿不回钱的结果。

大学组织发展变革中经常会产生类似的困境，无论是大学管理中心与院系在集权与分权问题上的博弈、院系与院系之间围绕资源的博弈，还是学生、行政人员、学术人员在不同主题范畴下的利益博弈，都可能存在"囚徒困境"——想象中的帕累托最优无法实现。大学组织变革中产生的这些困境常常通过显性的或者隐性的方式表现出来，而现实中，我们对待这些现象的做法可能是片面的，并没有深入思考问题的成因，经常拿出一些似是而非的举措来，或者干脆忽视它的存在，这样对形成大学组织的良性运行秩序非常有害。

针对博弈的"囚徒困境"，我们的目标是对陷入"困境"的纳什均衡进行帕累托改进。正如本书前面所阐述的，改变均衡必然需要基于公共理性的期望均衡的指引。如：大学管理中心无论是选择集权还是选择分权，最终都是为了使承担大学基本职能的院系组织能够保持积极进取的态度；院系与院系之间不仅需要竞争资源，更应该努力提升学科内涵；大学组织中利益相关者的博弈同样也需要寻找期望的目标。最后，大学组织通过制度的调整与建构实现期望均衡。

根据博弈论的分析，青木昌彦基于各种制度理论，提出了三种制度形式：博弈参与人、博弈规则以及博弈过程中参与人的均衡策略。（青木昌彦，2001)[5]值得关注的是，后两种分类方式不仅代表着两种不同流派的理论观点，而且阐释了博弈的机理和解决问题的方式。从学理上分析，任何一种博弈理论中的制度都可以定义为博弈内生规则和博弈外生规则，并分别对应于前面的第三种、第二种定义。"制度就是博弈规则的共有信念的自我维系系统……博弈规则是由参与人的策略互动而内生的，它存在于参与人的意识中，并且是可以自我实施的……某些信念被参与人共同分享和维系，由于具备足够的均衡基础而逐渐演化为制度。"（青木昌彦，2001)[11-12]在纳什均衡基础上产生的规则体系就是博弈的内生规则，一切规章、条文必须以纳什均衡为依据，任何违背纳什均衡的协定都是不可信的。如，在行政化的浓厚氛围下，为民主决策而设立的各种教学委员会、质量保证委员会、学术委员会等无法履行其真正的职能，正是因为这些表面化的程序无法改变已经形成的均衡状态。

"虽然制度是一种均衡现象，但不应把它们看作是在一次博弈下完备演绎推理的结果，也不应视为一种根本不需要归纳推理的完全的静态平衡，它们代表了重复参与博弈的当事人自我维系的基本预期。制度是由有限理性和具有反思能力的个体构成的社会的长期经验的产物。"（青木昌彦，2001)[13]在院系和院系之间的"优异经验学习"有限理性博弈中，就充分体现了以上制度的定义。大学组织和学术群体的特征使博弈参与方具有有限理性，而有限理性的结果则是产生一种彼此模仿的、动态复制的学习过程。这样，所形成的制度基于参与方共有的信念而变得更加客观化和规范化。

内生规则的制度定义在强调共有信念系统的时候可能忽视了一点，即博弈参与方的得益可能会根据一种外生规则而改变。只有在这样的前提下，有限理性复制进化博弈所得到的稳定结果才能获得改进，围绕资源所进行的院系之间的博弈均衡失范才能得到调和，等等。诺思曾经指出："制度是一系列被制定出来的规则、守法程序和行为的道德伦理规范，它旨在约束追求主体福利或效用最大化利益的个人行为。"（诺思，1994）[225-226]诺思在考虑制度作为一种博弈规则的时候，可能并没有区分外生规则与内生规则，而是将制度化作为走出博弈困境的可能方式。在大学组织实践过程中，我们通过对博弈参与者行为进行有效约束，可以达到帕累托最优的期望均衡。如，在大学管理中心和基层院系之间的博弈中（第四章第二节图6），在促进基层院系努力进取的过程中，（分权，努力）是帕累托最优，但是在既定的条件下却无法达成。如果能够降低基层院系采取"努力"策略时大学管理中心"集权"的效用，那么双方可以有效提高帕累托效率。再通过对集权状态和分权状态下成本的调整（图7），能够使基层院系"努力"的概率增加。然而，这一切需要在大学组织内形成一种制度化的安排，以基于博弈分析的制度调整代替主观的思维方式。在大学组织集权和分权问题的讨论中，人们习惯于在学术组织特征的基础上探讨大学组织如何分权，而忽视了更为关键的目标——促进基层组织努力进取。P学院的组织实践和本书前面提到的博弈分析模型告诉我们，有时集权未必没有优势，通过博弈行为策略的调整，同样可以达到促进基层组织努力进取的期望均衡。需要强调的是，制度化并不是静态的条文、规章，而是根据博弈均衡结果在自我维系和帕累托改进中形成的完整思考——博弈论视野下内生规则和外生规则的有机结合。

事实上，博弈各方之所以陷入困境，主要是因为他们追求各自的私益，所以各个利益主体为了达到共赢，必须拥有"合作"的理性。人们普遍认为合作是一件好事，毕竟合作对困境中的各方都有好处。然而，只要各方的博弈不能重复或次数有限，合作就非常困难。而正是因为博弈双方持续的接触，使基于回报的稳定合作成为可能。如果未来相对于现在足够重要，双方的合作则趋于稳定。因为每一个利益主体都可以用隐含的报复来威胁对方，相互之间的接触持续得越长，这种威胁越能奏效。

这个结论强调：促进合作的一个重要方法就是增加未来的影响力，对未来的预期是影响我们行为的一个重要因素。一种是预期收益：我这样做，将来有什么好处。一种是预期风险：这样做可能面临的问题。（白波 等，2005）[98]在大学组织权力政治视角下，学生和管理人员、行政人员和学术人员的博弈要走出"囚徒困境"，一个有效办法即是进行无限次的重复博弈。而实现合作的博弈结果有一个基本的前提，就是双方对未来预期利益一定要有基本的重视（未来利益折算成现在值的贴现率达到一定数值），才可以通过子博弈完美纳什均衡路径实现参与方的帕累托效率。

三、亦此亦彼：大学组织秩序建构的协调策略

在吉尔伯特和沙利文的《天皇》一书中，一位皇帝惩罚在桌球比赛中有欺诈行为者的做法是，罚他在一张凹凸不平的桌子上打椭圆形的球，而对于行为诚实者的奖励则走向另一个极端——让他在非常平滑的桌子上打光滑而又很圆的球，而且为他减少任何可能的摩擦和缺乏弹性的碰撞。

让我们试想一下，在后一种理想的情况下会发生什么结果。假如给出这个桌球目前的位置、可能的速度以及任何一个角度，我们能够预测到桌球未来的位置吗？如果把这个问题交给丁俊晖，恐怕也不会有准确的答案。随着球在理想状态下发生碰撞和反弹，初始测量误差的不确定

性被不断放大，结果可能和预想的并不一样。这与"蝴蝶效应"如出一辙。

由于大学组织越来越具有模糊性、不确定性，组织变革在很多情形下所面临的结局，就像上面这个打桌球的事例一样：利益主体在某一范围内采取的行为策略，对其他范围产生很大的影响，或者以轻率、直观的结论取代理性的判断。如，在权力政治视角下，教授评议会中的各基层院系教授代表并没有拥有与其人数比例相符的权力，经过权力指数（夏普利值）的推算，权力可能变小，也可能变大，因为每个院系的权力并非体现在教授代表的人数上，而是教授代表是否可以在所形成的获胜联盟中作为"关键成员"。在大学组织实践中，一些表面公平（虚假的民主）或者通过公平维护弱势群体的方法实际上并不可行，其原因是我们没有从深层次的博弈过程去分析这些方法。

上面提到的是结果上的彼与此的关系。而从博弈的范围来看，也经常出现彼与此的脱节。如果以强调任务的方式作为跨学科组织资源配置的依据，那么资源的流向可能是矩阵结构中横向的研究所、中心，但结果却影响了纵向学科组织的利益。在利益主体之间的谈判中，地位较低的一方也想拥有权力。一旦其拥有了相应权力，即"相机选择权"，反而会在与另一方谈判的时候处于不利地位。所以，"可信承诺"应该成为一种思维方式：我们在自己的范围内用一种让对方可以信任的方式限制了自己的其他选择，反而可以在另外一个范围内取得优势。同样的道理还体现在类似"不虞效应"这样须统筹兼顾不同主题范畴的博弈现象中，我们需要用更宏观的视野来看待组织中的各种谈判和博弈过程。

大学组织秩序是利益主体博弈以后程序化的安排，我们可以根据某一范围内博弈的机理构建一个合乎逻辑的秩序，但是却容易忽略事件与事件或者范围与范围之间的因果关系。"单纯的性质传递是完全不可理解的，假想两个事实上孤立的事件，这样其中的一个不需要借助于另一个就可以被理解……从这一设想来看，为什么其中一个事件对某一性质的占有，应当在某种方式上影响另一个事件对那种性质或其他性质的占有，看起来原因是不存在的。"（WHITEHEAD，1966）[164] 所以，唯一可以理解的因果关系学说应该建立在协调统一、内在联系的观点的基础之上。"每一个诱因都预设了就其本性而言活跃的先在世界。这就是为什么事件之间都有一个相对确定联系的原因，也是为什么过去的质能（qualitative energies）被结合为现在事态中一个质能模式的原因。"（WHITEHEAD，1966）[165]

所以，在大学组织中真正协调各类事件安排的决定，是通过合理的分析找出彼与此之间的关联。我们可以维护教授评议会中多数派的权力，也可以通过协调策略使少数派具有相当的话语权；在矩阵结构中利益总是要和责任相联系，不能让研究所、中心在学术发展上拥有相应的资源，而让学科组织承担学术范围以外的责任；大学组织中每一个利益主体在价值索取"谈判"中为了获得有利地位，可以适时择取"不留余地"或者"围师遗阙"的策略，这样才能在利益的互动中获得先机。正所谓"是亦彼也，彼亦是也。彼亦一是非，此亦一是非"（庄子，2009）[14-21]。我国古代思想家庄子试图通过顺其自然、顺应天道的方式去把握彼与此的关系。而从博弈论的观点来看，我们要关注每一主体的利益诉求、彼方与此方在过程与结果中的利益协调，在期望均衡的引导下，最终使大学组织形成良性运行秩序。

结　　语

　　本书的特色之一在于"整合"。盲人摸象的故事，大家已经耳熟能详。从方法论的角度来看，这个故事揭示了还原论的缺陷，强调了整体论的重要性。认识一头大象如此，研究大学组织也是如此。在现代科学日益分化的今天，大学组织研究不可避免地受到了其他社会科学思想的影响，关于组织的研究和论述，也分散在不同的学科之中。正如米歇尔·福柯所言："学科构成了话语生产的一个控制体系，它通过同一性的作用来设置边界，而在这种同一性中，规则被永久地固定下来。"我们在剖析大学组织的时候，很可能从不同的研究领域中寻找理论工具，却很少关注这些领域的相关性。所以，为了在知识领域里取得新的进展，我们有必要围绕方法论问题建立新的思维框架。本书从整体方法论出发提出了研究大学组织变革的三个视角，正如怀特海所说的，"建构一个逻辑的和必然的一般观念系统，以使我们经验中的每一个要素都能够据此得到理解……"（WHITEHEAD，1978）[3]。从三个视角诊断处于变革中的大学组织，可以全面地思考有关组织如何运行的各类图式①。当然，整合的观念还在于，三个视角在大学组织变革的实践中也呈现出循序渐进、相互配合的关系，并尽可能涵盖大学组织的方方面面。最为关键的是，三个视角下的动态分析要素与博弈分析紧密相联。

　　本书的特色之二则是采取了博弈的分析范式。博弈从根本上而言是对"关系"的解读。大学是一个由利益相关者构成的组织，同时也是具

————————

　　①　图式就是认知结构，它代表着关于某个确定概念或刺激类型的有组织的知识，包含着概念的属性以及属性间的关系。（Fiske，Taylor，1984）

有独特使命和性质的组织。博弈分析范式体现了博弈的一整套概念、方法和原则，其利益、选择、均衡的分析路径是观察大学组织变革中"均衡失范"问题的基本方式。运用博弈理论和技术分析的方法，不仅能够为解决"为什么"以及一些似是而非的问题提供新颖的见解，而且在结合其他学科的理论以后，也将为承诺实现大学的终极价值创造期望均衡。安东尼·凯利曾说："避免失败的策略存在于博弈论和学习的交汇处，只有两者相互作用才能变得更强大。"（凯利，2007）[169]

从国内外研究的现状来看，虽然也存在一些与本书主题相关的文献，但是直接针对大学组织进行博弈分析的研究文献几乎没有。少量文献虽然也涉及权力博弈的现象，但是并没有用规范的博弈分析技术对大学组织进行研究。鉴于此，本研究亦可以概括为"博弈论视野下大学组织的重构"。当前，博弈论正在不断地演进之中，其基本的学科范式已经趋于成熟，只是将博弈论的范式、观点用于其他社会科学如组织管理的研究尚有待发展。一般来说，博弈论应用于社会科学的方法是通过理论、数学模型发现均衡策略，并对该均衡加以必要的说明（实际上，博弈论仅仅观察如何达到均衡），从中看出"均衡失范"的问题。本研究拓展了博弈论应用于其他学科的基本理论框架，前瞻性地引入"期望均衡"的概念，试图通过制度的调整和建构找出符合期望均衡的策略行为方式，最终形成大学组织的良性运行秩序。此外，本研究运用博弈的理论和数学模型分析大学组织变革中的问题，提出了聚点均衡、走出困境、顾此及彼等大学组织良性运行秩序的一般策略模式，这些均可谓观点上的突破。

整体而言，本研究试图构建一个较为宏大的理论体系，虽然在缺少先例的前提下具有可行性，但是这种无法穷尽所有事实、理论的做法也带来研究行为的博弈困境。本研究面临的另外一个问题是视角和博弈分析范式较难统合。如何在三个视角下采取博弈的分析范式去发现、解决问题，一直是本书的难点。价值、结构、权力政治三个视角有着不同的学科分析方式，以博弈为联结点将几个视角统合起来并非易事，需要将博弈理论看作跨学科的平台。值得欣慰的是，视角中的动态关系要素完

结
语

全可以采用博弈的范式加以分析，如结构视角下的分工与协作的问题，权力政治视角下的联盟、谈判问题。参与主体利益关系的互动过程也正是博弈分析的焦点所在。本研究没有过多地关注不同视角下的基本假设前提，这可能也是研究存在的问题之一。然而，正如前面提到的"理性"观念一样，博弈论需要更多的实证论据来支持其观点，而不是理性。人们凭借着理性选择一些重要的策略，并在不确定的条件下制定复杂的决策，而当所有人都认为一个博弈不存在理性解的时候，博弈主体却可以重新解读理性。在此需要强调的是，研究的目的是提供有意义的知识，如果这项研究能够启发一些有意将博弈论用于其他学科研究的人的思考，那也就足够了。

附　　录

纳什均衡的正式定义

用 $G=\{S_1,\ \cdots,\ S_n;\ u_1,\ \cdots,\ u_n\}$ 代表策略式表述博弈。其中 S_i（$i=1,\ 2,\ \cdots,\ n$）表示每个人的策略空间；$u_i(s_1,\ \cdots,\ s_i,\ \cdots,\ s_n)$ 表示每个参与人的支付函数。

定义：有 n 个参与人的策略式表述博弈 $G=\{S_1,\ \cdots,\ S_n;\ u_1,\ \cdots,\ u_n\}$，策略组合 $(s_1^*,\ \cdots,\ s_i^*,\ \cdots,\ s_n^*)$ 是一个纳什均衡，如果对于每一个 i，s_i^* 是给定其他参与人选择 $s_{-i}^*=(s_1^*,\ \cdots,\ s_{i-1}^*,\ s_{i+1}^*,\ \cdots,\ s_n^*)$ 的情况下第 i 个参与人的最优策略，即：

$$u_i(s_i^*,\ s_{-i}^*)\geqslant u_i(s_i,\ s_{-i}^*),\ \forall s_i\in S_i,\ \forall i$$

考虑策略组合 $s'=(s_1',\ \cdots,\ s_i',\ \cdots,\ s_n')$，说 s' 不是一个纳什均衡等价于说至少对于某些 i 而言，s_i' 不是 i 的最优策略（给定 s_{-i}'），也就是说，至少存在一个 $s_i''\in S_i$，使得

$$u_i(s_i',\ s_{-i}') < u_i(s_i'',\ s_{-i}')$$

那么，可以称 $s'=(s_1',\ \cdots,\ s_i',\ \cdots,\ s_n')$ 是博弈的一个结果，同时至少存在某些参与人有积极性偏离这个结果。

参 考 文 献

中文文献

阿吉里斯. 1995. 个人和组织：互相协调的几个问题［M］//孙耀君. 西方管理学名著提要. 南昌：江西人民出版社.

阿诺德. 2002. 文化与无政府状态［M］. 韩敏中，译. 北京：生活·读书·新知三联书店.

艾萨克. 1987. 政治学：范围与方法［M］. 郑永年，等，译. 杭州：浙江人民出版社.

艾耶尔. 2005. 二十世纪哲学［M］. 李步楼，等，译. 上海：译文出版社.

安科拉，等. 2000. 组织行为与过程［M］. 孙非，译. 大连：东北财经大学出版社.

奥尔森. 1995. 集体行动的逻辑［M］. 陈郁，等，译. 上海：上海人民出版社.

奥兹门，克莱威尔. 2006. 教育的哲学基础［M］. 石中英，等，译. 北京：中国轻工业出版社.

澳门高等教育辅助办公室. 2012. 2011/2012 年度教职员及学生数字［EB/OL］. ［2012-12-13］. http：//www. gaes. gov. mo/.

澳门特别行政区统计暨普查局. 2012. 人口估计［EB/OL］. ［2013-03-15］. http：//www. dsec. gov. mo/.

白波，郭兴文. 2005. 博弈策略［M］. 台北：德威国际文化事业有限公司.

鲍曼，迪尔. 2005. 组织重构：艺术、选择及领导［M］. 3 版. 桑强，等，译. 北京：高等教育出版社.

比彻，特罗勒尔. 2008. 学术部落及其领地：知识探索与学科文化［M］. 唐跃勤，等，译. 北京：北京大学出版社.

毕宪顺. 2004. 高校学术权力与行政权力的耦合及机制创新［J］. 教育研究（9）：30-36.

波恩鲍姆. 2008. 高等教育的管理时尚［M］. 毛亚庆，等，译. 北京：北京师范大学出版社.

伯恩鲍姆. 2003. 大学运行模式：大学组织与领导的控制系统［M］. 别敦荣，

等，译.青岛：中国海洋大学出版社.

博德斯顿. 2006. 管理今日大学：为了活力、变革与卓越之战略 [M]. 王春春，等，译. 桂林：广西师范大学出版社.

博尔顿. 2010. 高等院校学术组织管理 [M]. 宋维红，译. 南京：江苏教育出版社.

博格斯. 2002. 知识分子与现代性的危机 [M]. 李俊，等，译. 南京：江苏人民出版社.

博克. 2001. 走出象牙塔：现代大学的社会责任 [M]. 徐小洲，等，译. 杭州：浙江教育出版社.

布劳，梅耶. 2001. 现代社会中的科层制 [M]. 马戎，等，译. 上海：学林出版社.

布鲁贝克. 2002. 高等教育哲学 [M]. 王承绪，等，译. 杭州：浙江教育出版社.

布鲁姆. 1994. 走向封闭的美国精神 [M]. 缪青，等，译. 北京：中国社会科学出版社.

布什. 1998. 当代西方教育管理模式 [M]. 强海燕，等，译. 南京：南京师范大学出版社.

陈伯璋. 2005. 新世纪高等教育政策与行政 [M]. 台北：高等教育文化事业有限公司.

陈德静. 2006. 高等教育发展中的公平与效率关系研究 [J]. 云南社会科学 (6)：44-47.

陈庆云. 2005. 比较利益人：公共管理研究的一种人性假设：兼评经济人假设的适用性 [J]. 中国行政管理 (6)：40-45.

陈向明. 2000. 质的研究方法与社会科学研究 [M]. 北京：教育科学出版社.

陈阳. 2001. 中国企业经营与博弈论之管理博弈 [M]. 北京：中国经济出版社.

陈玉琨，戚业国. 1999. 论我国高校内部管理的权力机制 [J]. 高等教育研究 (3)：38-41.

丹哈特. 2002. 公共组织理论 [M]. 项龙，刘俊生，译. 北京：华夏出版社.

登哈特 J V，登哈特 R B. 2004. 新公共服务：服务，而不是掌舵 [M]. 丁煌，译. 北京：中国人民大学出版社.

邓光平. 2005. 如何识读现代大学组织特性：罗伯特·伯恩鲍姆的大学组织结构观 [J]. 复旦教育论坛 (2)：64-67.

杜德斯达，沃马克. 2006. 美国公立大学的未来 [M]. 刘济良，译. 北京：北京大学出版社.

杜德斯达. 2005. 21 世纪的大学 [M]. 刘彤，等，译. 北京：北京大学出版社.

杜玛，斯赖德. 2006. 组织经济学：经济学分析方法在组织管理上的应用 [M]. 原磊，等，译. 北京：华夏出版社.

范德格拉夫. 2001. 学术权力：七国高等教育管理体制比较 [M]. 王承绪，等，译. 杭州：浙江教育出版社.

范如国，韩民春. 2006. 博弈论 [M]. 武昌：武汉大学出版社.

方文. 2002. 后学的养成、评价与资助 [J]. 中国社会科学 (3)：74-76.

菲佛，萨兰基克. 2006. 组织的外部控制：对组织资源依赖的分析 [M]. 闫蕊，译. 北京：东方出版社.

费埃德伯格. 2005. 权力与规则：组织行动的动力 [M]. 张月，等，译. 上海：上海人民出版社.

冯向东. 2005. 高等教育结构：博弈中的建构 [J]. 高等教育研究 (5)：1-5.

弗登博格，梯若尔. 2002. 博弈论 [M]. 黄涛，等，译. 北京：中国人民大学出版社.

弗莱克斯纳. 2001. 现代大学论：美英德大学研究 [M]. 徐辉，等，译. 杭州：浙江教育出版社.

富里迪. 2005. 知识分子都到哪里去了 [M]. 戴从容，译. 南京：江苏人民出版社.

甘布尔. 2003. 政治和命运 [M]. 胡晓进，罗珊珍，等，译. 南京：江苏人民出版社.

戈德法布. 2002. "民主"社会中的知识分子 [M]. 杨信彰，等，译. 沈阳：辽宁教育出版社.

郭为藩. 2006. 转变中的大学：传统、议题与前景 [M] 北京：北京大学出版社.

郭文龙. 2008. 需要·价值·利益 [J]. 广西青年干部学院学报 (5)：6-7.

哈贝马斯. 1999. 认识与兴趣 [M]. 郭官义，李黎，译. 上海：学林出版社.

哈贝马斯. 2004. 现代性的哲学话语 [M]. 曹卫东，等，译. 杭州：译林出版社.

哈佛燕京学社，三联书店. 2000. 公共理性与现代学术 [M]. 北京：生活·读书·新知三联书店.

郝云. 2007. 利益理论比较研究 [M]. 上海：复旦大学出版社.

贺国庆，等. 2003. 外国高等教育史 [M]. 北京：人民教育出版社.

赫希曼. 2003. 欲望与利益：资本主义走向胜利前的政治争论 [M]. 李新华，等，译. 上海：上海文艺出版社.

胡保利，赵惠莉. 2008. 冲突理论视野中高校学术权力与行政权力的关系 [J]. 黑龙江高教研究 (4)：1-5.

胡赤弟. 2005. 高等教育中的利益相关者分析 [J]. 教育研究 (3)：38-46.

胡仁东. 2007. 大学组织内部机构设置研究 [D]. 上海：华东师范大学.

胡塞尔. 2002. 生活世界现象学 [M]. 倪梁康，等，译. 上海：上海译文出版社.

华勒斯坦. 1997. 开放社会科学：重建社会科学报告书 [M]. 刘锋，译. 北京：生活·读书·新知三联书店.

华勒斯坦. 1999. 学科·知识·权力 [M]. 刘健芝，等，译. 北京：生活·读书·新知三联书店.

黄克武. 2000. 自由的所以然 [M]. 上海：上海书店出版社.

霍尔. 2003. 组织：结构、过程及结果 [M]. 张友星，等，译. 上海：上海财经大学出版社.

季诚钧. 2004. 大学组织属性与结构研究 [D]. 上海：华东师范大学.

季利根斯基. 1987. 需求、利益、价值 [J]. 现代外国哲学社会科学文摘（4）：55-57.

季利根斯基. 1987. 评《需要、利益、价值》[J]. 国外社会科学（6）：73-75.

加赛特. 2001. 大学的使命 [M]. 徐小洲，等，译. 杭州：浙江教育出版社.

贾莉莉. 2008. 基于学科的大学学术组织研究 [D]. 上海：华东师范大学.

焦新. 2002. "985 工程"：向着世界一流大学挺进 [EB/OL]. (2002-10-09) [2009-11-23]. http://www. edu. cn/gao_ jiao_ news_ 367/20060323/t20060323_ 61071. shtml.

金迪斯，鲍尔斯，等. 2005. 走向统一的社会科学：来自桑塔费学派的看法 [M]. 汪丁丁，等，译. 上海：上海人民出版社.

金顶兵. 2002. 大学组织结构及其对行为模式的影响 [D]. 北京：北京大学.

凯勒. 2005. 大学战略与规划：美国高等教育管理革命 [M]. 别敦荣，译. 青岛：中国海洋大学出版社.

凯利. 2007. 决策中的博弈 [M]. 李志斌，殷献民，译. 北京：北京大学出版社.

坎伯. 2002. 萨特 [M]. 李智，译. 北京：中华书局.

康德. 1964. 判断力批判：下卷 [M]. 宗白华，译. 北京：商务印书馆.

柯林伍德. 1999. 自然的观念 [M]. 吴国盛，等，译. 北京：华夏出版社.

科布. 2003. 后现代公共政策 [M]. 李际，等，译. 北京：社会科学文献出版社.

科顿姆. 2005. 教育为何是无用的 [M]. 仇蓓玲，等，译. 南京：江苏人民出版社.

科尔，盖德. 2008. 大学校长的多重生活：时间、地点与性格 [M]. 赵炬明，译. 桂林：广西师范大学出版社.

克尔. 2008. 大学之用 [M]. 高铦，等，译. 北京：北京大学出版社.

克尔. 1993. 大学的功用 [M]. 陈学飞，主译. 南昌：江西教育出版社.

克尔. 2001. 高等教育不能回避历史：21 世纪的问题 [M]. 王承绪，译. 杭州：浙江教育出版社.

克拉克. 1994. 高等教育系统 [M]. 王承绪，等，译. 杭州：杭州大学出版社.

克拉克. 2001. 高等教育新论：多学科的研究 [M]. 王承绪，等，译. 杭州：浙江大学出版社.

克雷普斯. 2006. 博弈论与经济模型 [M]. 邓方，译. 北京：商务印书馆.

克罗齐埃. 2002. 科层现象 [M]. 刘汉全，译. 上海：上海人民出版社.

寇东亮. 2006. 学术权力：中国语义、价值根据与实现路径 [J]. 高等教育研究（12）：16-21.

朗. 2001. 权力论 [M]. 陆震纶，郑明哲，译. 北京：中国社会科学出版社.

雷丁斯. 2008. 废墟中的大学 [M]. 郭军，等，译. 北京：北京大学出版社.

李朝晖. 2003. 论高等教育公平与效率 [J]. 江苏高教（3）：9-11.

李德顺. 2007. 价值论 [M]. 北京：中国人民大学出版社.

李风圣. 2000. 中国制度变迁的博弈分析：1956-1989 [D]. 北京：中国社会科学院.

李桂荣. 2007. 大学组织变革之经济理性 [M]. 北京：中国社会科学出版社.

李海萍，上官剑. 2007. 解构与重构：大学内部权力结构研究 [J]. 自然辩证法研究（9）：64-68.

李连科. 1999. 价值哲学引论 [M]. 北京：商务印书馆.

李曼. 2008. 基于场域理论的高校三维权力结构分析 [J]. 教学研究（3）：189-192.

李硕豪. 2007. 大学的组织政治学分析 [J]. 高教探索（2）：24-27.

廖湘阳. 2007. 高等教育系统权力的类型分析 [J]. 清华大学教育研究，28（6）：14-20.

林荣日. 2005. 论高校内部权力 [J]. 现代大学教育（2）：69-74.

林荣日. 2007. 制度变迁中的权力博弈：以转型期中国高等教育制度为研究重点 [M]. 上海：复旦大学出版社.

刘朝晖. 2007. 关于高校学术组织结构创新的思考 [J]. 辽宁教育研究（6）：27-29.

刘放桐. 2000. 新编现代西方哲学 [M] 北京：人民出版社.

柳永荣. 2009. 行政权力与学术权力：交叉还是全异：关于构建和谐大学的权力问题追问 [J]. 江苏高教（4）：14-17.

卢曼. 2005. 权力 [M]. 瞿铁鹏，译. 上海：上海人民出版社.

卢山冰. 2008. 利益相关者基本范式研究 [J]. 西北大学学报：哲学社会科学版（3）：76-80.

卢梭. 2007. 论人与人之间不平等的起因和基础 [M]. 李平沤，译. 北京：商务印书馆.

罗德斯. 2007. 创造未来：美国大学的作用 [M]. 王晓阳，等，译. 北京：清华大学出版社.

罗尔斯. 1988. 正义论 [M]. 何怀宏，等，译. 北京：中国社会科学出版社.

罗森兹威格. 2008. 大学与政治：美国研究型大学的政策、政治和校长领导 [M]. 王晨，译. 保定：河北大学出版社.

罗素. 2002. 权力论 [M]. 靳建国，译. 香港：中华书局（香港）有限公司.

罗索夫斯基. 1996. 美国校园文化：学生·教授·管理 ［M］. 谢宗仙，等，译. 济南：山东人民出版社.

罗卫东. 2007. 跨学科社会科学研究：理论创新的新路径 ［J］. 浙江社会科学 （2）：35-41.

马基雅维利. 1985. 君主论 ［M/OL］. 潘汉典，译. ［2015-05-12］. http：// www3. nccu. edu. tw/~kangchan/texts/Machiavelli_ Prince. doc.

迈尔森. 2001. 博弈论矛盾冲突分析 ［M］. 北京：中国经济出版社.

MARGARET P. et al. 2002. 教育管理：策略、质量与资源 ［M］. 陈垄，等，译. 香港：香港公开大学出版社.

MCCAIN R A. 2006. 赛局理论 ［M］. 陈建良，译. 台北：智胜文化事业有限公司.

MCSHANE S L, GLINOW M A V. 2009. 组织行为学 ［M］. 丁名勇，郑毅萍，译. 台北：麦格罗·希尔国际股份台湾分公司.

摩根. 2005. 组织 ［M］. 金马，译. 北京：清华大学出版社.

莫莉. 2008. 高等教育的质量与权力 ［M］. 罗慧芳，译. 北京：北京师范大学出版社.

墨菲，布鲁克纳. 2005. 芝加哥大学的理念 ［M］. 彭阳辉，译. 上海：上海人民出版社.

MORGAN G. 2001. 组织意象 ［M］. 戴文年，译. 台北：五南图书出版有限公司.

穆勒. 1936. 功用主义 ［M］. 唐钺，译. 上海：商务印书馆.

倪小恒，陈英霞. 2007. 高等教育体系的权力分配与大学组织结构 ［J］. 教育科学 （2）：67-72.

纽曼. 2001. 大学的理想 ［M］. 徐辉，等，译. 杭州：浙江教育出版社.

诺思. 1994. 经济史中的结构与变迁 ［M］. 陈郁，罗华平. 等，译. 上海：上海三联书店.

欧克肖特. 2003. 政治中的理性主义 ［M］. 张汝伦，译. 上海：上海译文出版社.

欧文斯. 2001. 教育组织行为学 ［M］. 窦卫霖，等，译. 上海：华东师范大学出版社.

潘懋元. 2003. 公平与效率：高等教育决策的依据 ［J］. 北京大学教育评论 （1）：54-57.

庞顿，吉尔. 2003. 政治学导论 ［M］. 张定淮，等，译. 北京：社会科学文献出版社.

彭新武. 2006. 管理哲学导论 ［M］. 北京：中国人民大学出版社.

祁型雨. 2006. 利益表达与整合：教育政策的决策模式研究 ［M］. 北京：人民出版社.

钱强. 2007. 大学发展内涵与价值取向探析 ［J］. 教育评论 （4）：21-23.

青木昌彦. 2001. 比较制度分析 ［M］. 周黎安，译. 上海：上海远东出版社.

曲绍卫，杨峰. 2007. 论大学组织制度及其竞争力价值 [J]. 教育研究（3）：41-45.

若雷，谢尔曼. 2006. 从战略到变革：高校战略规划实施 [M]. 周艳，等，译. 桂林：广西师范大学出版社.

萨缪尔森，诺德豪斯. 1999. 经济学 [M]. 萧琛，等，译. 北京：华夏出版社.

萨义德. 2002. 知识分子论 [M]. 单德兴，译. 北京：生活·读书·新知三联书店.

三好将夫. 2004. "全球化"、文化与大学 [M]//王逢振. 美国大学批判 [M]. 王义国，译. 天津：天津人民出版社.

SCOTT W R. 2002. 组织理论 [M]. 黄洋，等，译. 北京：华夏出版社.

矢野真和. 2006. 高等教育的经济分析与政策 [M]. 张晓鹏，等，译. 北京：北京大学出版社.

斯潘诺斯. 2006. 教育的终结 [M]. 王成兵，等，译. 南京：江苏人民出版社.

宋觉. 2008. 我国现代大学制度的价值取向与实现路径 [J]. 教育发展研究（9）：64-67.

宋伟. 2006. 存在与本质：研究型大学中的学术权力 [J]. 教育研究（3）：60-65.

宋伟. 2006. 论大学组织学术权力生成的逻辑 [J]. 高等教育研究（4）：44-48.

眭依凡. 2001. 论大学学术权力和行政权力的协调 [J]. 现代大学教育（4）：7-11.

孙喜亭. 1994. 论大学教育的文化价值 [J]. 高等教育研究（3）：11-15.

孙耀君. 1995. 西方管理学名著提要 [M]. 南昌：江西人民出版社.

唐耀华. 2006. 论大学精神的价值判断和价值导向 [J]. 学术论坛（10）：174-177.

田联进. 2006. 走向一流大学：不同的价值取向 [J]. 教育探究（4）：10-13.

涂锦. 2002. 高校人力资源管理的博弈分析 [J]. 数量经济技术经济研究（9）：50-53.

万钢. 2007. 百年同济，大学对社会的承诺 [EB/OL]. （2007-05-20）[2015-05-12]. http://sh.eastday.com/qtmt/20070520/u1a300079.html.

汪庆华，荀振芳. 2009. 组织文化的变迁与大学院校研究的制度设计 [J]. 河北师范大学学报：教育科学版，11（3）：113-118.

王逢振. 2004. 美国大学批判 [M]. 王义国，译. 天津：天津人民出版社.

王明辉. 2005. 何谓政治学 [M]. 北京：中国戏剧出版社.

王彦斌. 2008. 权力的逻辑：大学组织运行的社会学管窥 [D]. 武汉：华中师范大学.

王燕华. 2005. 我国高校学术权力与行政权力的协调制衡 [J]. 大学教育科学

（4）：20-23.

王英杰. 2007. 大学学术权力和行政权力冲突解析：一个文化的视角［J］. 北京大学教育评论, 5（1）：55-65.

王志彦. 2008. 中国大学学术组织结构与运行模式研究［D］. 大连：辽宁师范大学.

韦伯. 2005. 学术与政治［M］. 冯克利, 译. 北京：生活·读书·新知三联书店.

韦尔热. 2007. 中世纪大学［M］. 王晓辉, 译. 上海：上海人民出版社.

维特根斯坦. 2001. 哲学研究［M］. 陈嘉映, 译. 上海：上海人民出版社.

温家宝. 2010. 大学去行政化引关注, 总理为高校把"脉"［EB/OL］.（2010-02-10）［2010-08-12］. http：//news. xinhuanet. com/politics/2010-02/10/content_ 12963238. htm.

翁定军. 2005. 冲突的策略［D］. 上海：上海大学.

沃克, 马克. 2003. 利益相关者权力：21世纪企业战略新理念［M］. 赵宝华, 刘彦平, 译. 北京：经济管理出版社.

吴坚. 2005. 高校管理中学术权力与行政权力的协调［J］. 高等教育研究（8）：33-37.

吴国娟, 李昌新. 2007. 大学权力博弈探析［J］. 辽宁教育研究（1）：5-8.

吴丽萍. 2006. 我国高校学术权力与行政权力失衡的原因［J］. 江苏高教（1）：27-29.

吴志功. 1998. 现代大学组织结构设计［M］. 北京：北京师范大学出版社.

吴志良. 2009. 品味另一个澳门［N］. 澳门日报, 2009-12-30（8）.

锡克. 1984. 经济—利益—政治［M］. 王福民, 等, 译. 北京：中国社会科学出版社.

夏俐. 2008. 大学内部权力结构及调整［J］. 大学教育科学（3）：44-47.

夏托克. 2006. 成功大学的管理之道［M］. 范怡红, 等, 译. 北京：北京大学出版社.

肖斯特兰. 2000. 管理的两面性［M］. 赵康英, 译. 沈阳：辽宁教育出版社.

小林良彰. 1989. 公共选择［M］. 杨永超, 译. 北京：经济日报出版社.

谢安邦, 阎光才. 1998. 高校的权力结构与权力结构的调整：对我国高校管理体制改革方向的探索［J］. 高等教育研究（2）：20-24.

谢林. 2005. 微观动机与宏观行为［M］. 谢静, 等, 译. 北京：中国人民大学出版社.

谢林. 2006. 冲突的战略［M］. 赵华, 等, 译. 北京：华夏出版社.

谢识予. 2002. 经济博弈论［M］. 上海：复旦大学出版社.

谢炜. 2007. 中国公共政策执行中的利益分析［D］. 上海：华东师范大学.

辛敬良. 1988. 需要、利益、价值评价在历史进程中的作用［J］. 哲学动态（8）：8.

邢永杰. 2003. 基于博弈论的虚拟组织理论研究 [D]. 天津：天津大学.

熊丙奇. 2008. 警惕大学等级化趋势加剧 [EB/OL]. (2008-06-06) [2010-01-12]. http：//blog. sina. com. cn/s/blog_ 46cf477101009jsu. html~type=v5_ one&label=rela_ prevarticle.

徐显明. 2010. 大学理念论纲 [J]. 中国社会科学 (6)：36-43.

宜勇. 2005. 大学组织结构研究 [M]. 北京：高等教育出版社.

宜勇. 2005. 研究型大学的使命与组织结构的选择 [J]. 教育发展研究 (21)：30-33.

宜勇. 2009. 大学学科组织化研究：多学科的审视 [J]. 教育发展研究 (5)：45-55.

雅斯贝尔斯. 1988. 存在与超越：雅斯贝尔斯文集 [M]. 徐灵灵，等，译. 上海：上海三联书店.

雅斯贝尔斯. 2007. 大学之理念 [M]. 邱立波，译. 上海：上海人民出版社.

阎光才. 2000. 大学组织的管理特征探析 [J]. 高等教育研究 (4)：53-57.

阎光才. 2002. 识读大学：组织文化的视角 [M]. 北京：教育科学出版社.

杨东平. 2004. 教育公平是一个独立的发展目标：辨析教育的公平与效率 [J]. 教育研究 (7)：26-31.

杨耕. 2015. 价值、价值观与核心价值观 [J]. 北京师范大学学报：社会科学版 (1)：16-22.

杨国荣. 1998. 理性与价值 [M]. 上海：上海三联书店.

杨克瑞. 2007. 高校的政治权力分析 [J]. 高教探索 (6)：40-42.

杨宜勇. 2008. 公平与效率相辅相成 [J]. 理论参考 (1)：41-43.

杨玉良. 2009. 大学不能没有"精神围墙" [EB/OL]. [2010-04-16]. http：//culture.people. com. cn/GB/87423/9579023. html.

姚叶，廖湘阳. 2006. 高校行政权力与学术权力的冲突与整合：基于第三部门的视野 [J]. 江苏高教 (2)：31-33.

叶富春. 2004. 利益结构、行政发展及其相互关系 [M]. 北京：社会科学文献出版社.

叶隽. 2009. 作为现代大学精神尺度的"哲学之士" [J]. 读书 (7)：90-94.

叶澜. 1999. 教育研究方法论初探 [M]. 上海：上海教育出版社.

叶至诚. 2002. 高等教育发展的策略与愿景 [M]. 台北：扬智文化事业股份有限公司.

佚名. 2009. 关于"赞助费"：某某大学在利益斗争中的失败 [EB/OL]. [2009-06-12]. http：//blog. sina. com. cn/.

尹伊文. 2008. "制度决定论"的神话 [J]. 读书 (7)：25-33.

应飚. 2003. 我国高校人力资源配置过程的博弈分析 [D]. 杭州：浙江大学.

俞可平. 2005. 权力政治与公益政治 [M]. 北京：社会科学文献出版社.

袁琦，袁新娣. 2003. 高校内部管理权力的分析及调整 [J]. 辽宁教育研究 (6)：8-10.

张楚廷. 2007. 张楚廷教育文集：第 1 卷：高等教育哲学卷 [M]. 长沙：湖南教育出版社.

张德祥. 2002. 高等学校的学术权力与行政权力 [M]. 南京：南京师范大学出版社.

张红峰. 2011. 大学组织权力：语义辨析与重审 [J]. 现代大学教育 (1)：14-18.

张红峰. 2012. 大学内部权力博弈的模型分析与制度反思 [J]. 国家教育行政学院学报 (7)：21-26.

张红峰. 2014a. 回归 15 年澳门高教治理的回顾与展望 [J]. 中国高教研究 (12)：28-32.

张红峰. 2014b. 大学的自为与依附：澳门现代高等教育的发展历程研究 [J]. 高等教育研究，35 (12)：82-88.

张红峰. 2014c. 回归十五年澳门高等教育的回顾与展望 [J]. 广东社会科学 (6)：101-108.

张江河. 2003. 论利益与政治 [M]. 北京：北京大学出版社.

张康之. 2004. 公共行政："经济人"假设的适应性问题 [J]. 中山大学学报：社会科学版，44 (2)：12-17.

张梦薇. 2009. 跨学科研究：体制外的"舞蹈" [EB/OL]. (2009-06-29) [2010-05-16]. http://www.crpe.cn/06crpe/system/2009/06/29/015630256.shtml.

张维迎. 2004. 博弈论与信息经济学 [M]. 上海：上海人民出版社.

张学森，胡玉萍. 2003. 关于信念、价值和利益之关系的思考 [J]. 科学社会主义 (1)：32-34.

张幼铭等. 2002. 大学内部管理组织结构的思考 [J]. 中国高教研究 (5)：45-46.

章晓莉. 2008. 高校行政权力和学术权力博弈机制的探讨 [J]. 黑龙江高教研究 (7)：7-9.

赵汀阳. 2003. 博弈问题的哲学分析 [J]. 读书 (2)：76-85.

赵亚辉，张炜. 2009. 大学排行榜真有"潜规则"？ [EB/OL]. [2012-04-12]. http://edu.people.com.cn/GB/79457/9236770.html.

郑春光. 2002. 博弈、知识与教育 [D]. 上海：华东师范大学.

郑文. 2007. 高等教育权力理论的形成和发展 [J]. 教育研究 (6)：64-68.

郑祥福，洪伟. 2001. 科学的精神 [M]. 上海：上海三联书店.

郑晓齐，王绽蕊. 2008. 我国研究型大学基层学术组织的逻辑基础 [J]. 教育研究（3）：56-59.

郑欣. 2005. 乡村政治中的博弈生存：华北农村村民上访研究 ［M］. 北京：中国社会科学出版社.

中国校友会网. 2014. 2014 中国四星级大学揭晓 ［EB/OL］.（2014-01-30）［2014-07-20］. http://edu. sina. com. cn/gaokao/2010-01-06/1116232397. shtml.

周朝成. 2008. 当代大学中的跨学科研究：学科文化与组织的视阈 ［D］. 上海：华东师范大学.

周光礼. 2005. 重构高校治理结构：协调行政权力与学术权力 ［J］. 中国高等教育（19）：8-9.

周光礼. 2004. 问题重估与理论重构：大学"学术权力"与"行政权力"二元对立质疑 ［J］. 现代大学教育（4）：31-35.

周光迅，等. 2006. 哲学视野中的高等教育 ［M］. 青岛：中国海洋大学出版社.

周玲. 2006. 大学组织冲突研究：角色、权力与文化的视角 ［D］. 上海：华东师范大学.

周清明. 2009. 浅析现代大学制度的基层学术组织重构 ［J］. 高等教育研究（4）：34-37.

周作宇. 2000. 问题之源与方法之境 ［M］. 北京：教育科学出版社.

朱新梅. 2007. 知识与权力：高等教育政治学新论 ［M］. 北京：教育科学出版社.

庄子. 2009. 齐物论 ［M］//王德胜，宋洁. 庄子. 北京：北京出版社.

邹晓东，段丹. 2004. 现代大学学科组织结构创新 ［J］. 教育发展研究（5）：52-54.

英文文献

BALDRIDGE J V. 1971. Power and conflict in the university ［M］. New York：Wiley.

BARNETT R. 2000. Realizing the university in an age of supercomplexity ［M］. London：Open University Press.

BAZERMAN M, NEALE M A. 1992. Negotiating rationally ［M］. New York：The Free Press.

BECHER R A, KOGAN M. 1992. Process and structure in higher education ［M］. London：Routledge.

BECKERMAN W. 1992. Economic growth and the environment：whose growth? whose environment? ［J］. World Development, Elsevier, 20（4）：481-496.

BENDA J. 1969. The treason of the intellectuals ［M］. Aldington R, trans. New York：Norton.

BLASE J. 1991. The politics of life in schools ［M］. Newbury Park, CA：Sage .

BLAZEJEWSKI S, DOROW W. 2003. Managing organizational politics for radical change [J]. Journal of World Business, 38 (8) : 204.

BOLMAN L G, DEAL T E. 1984. Modern aproaches to understanding and managing organizations [M]. San Francisco: Jossey-Bass.

BOLTON A. 2000. Managing the academic unit: guides to good practice [M]. Buckingham: Open University Press.

BOURDIEU, P. 1989. The corporatism of the universal: the role of intellectuals in the modern world [J]. Telos, 81, Fall.

BURN I. 2003. The new vice-chancellor outlines the future [M]. Reading: University of Reading.

BUSH T. 2000. Action and theory in school management [M]. Milton Keynes: The Open University.

CAMPBELL A, GOOLD M. 1988. Adding value from corporate headquarters [J]. London Rusines School Journal, Summer.

CASTELLS M, HALL P. 1994. Technopoles of the world: the making of 21st century industrial complexes [M]. London: Routledge.

CHRISTIE R, GEIS F. 1970. Studies in Machiavellianism [M]. New York: Academic Press.

CLARK B R. 2008. On higher education: selected writings: 1956 – 2006 [M]. Baltimore : The Johns Hopkins University Press.

CLARKER J. 1998. Doing the right thing?: managerialism and social welfare [M] // ABBOTT P, MEERABEAU L. The sociology of the caring professions. London: UCL Press.

DENT E B, GOLDBERG S G. 1999. Challenging "resistance to change" [J]. Journal of Applied Behavioral Science (35) : 25-41.

DOUGHTY H A. 2010. Academic freedom revisited [J]. College Quarterly, 13 (1): 1-14.

EUROPEAN COMMISSION. 2008. The European Qualifications Framework (EQF) [R/OL]. [2011-2-26]. http://ec. europa. eu/education/lifelong-learning-policy/doc44_en. htm.

FISHER R, URY W. 1992. Getting to yes: negotiating an agreement without giving in [M]. 2nd ed. London: Random House Business Books.

FOUCAULT. 1972. The archaeology of knowledge [M] . Smith, trans. London and New York: Tavistock Publication.

FREEMAN R E. 1997. Strategic management: a stakeholder approach [M]. Boston: Pitman.

GANDZ J, VICTOR V M. 1980. The experience of workplace politics [J]. Academy of Management Journal (23): 234-249.

参考文献

GULATI R, SYTCH M. 2007. Dependence asymmetry and joint dependence in interorganizational relationships: effects of embeddedness on a manufacturer's performance in procurement relationships [J]. Administrative Science Quarterly, 52 (1): 32-69.

HITTMAN J A. 1993. TQM and CQI in postsecondary education [J]. Quality Progress (10): 77-88.

HOULE C O. 1989. Governing boards [M]. San Francisco: Jossey-Bass.

JAMES M G. OLSEN J P. 1976. Ambiguity and choice in organizations [M]. Bergen, Norway: Universitetsforlaget.

KANTER R M. 1983. The change master: innovations for productivity in the American corporation [M]. New York: Simon & Schuster.

KOCHAN, T A, OSTERMAN P. 1994. The mutual gains enterprise [M]. Boston: Harvard Business School Press.

KOTTER J P, SCHLESINGER L A. 1979. Choosing strategies for change [J]. Harvard Business Review (3-4): 106-114.

KROEBER A L, KlUCKHOHN C. 1952. Culture: a critical review of concepts and definitions [J]. Papers of the Peabody Museum of American Archeology and Ethnology, 47 (1): 54-67.

LAX D A, SEBENIUS J K. 1986. The Manager as negotiator [M]. New York: Free Press.

MARCY M B. 2008. Presidential power and the modern college leader [J]. Chronicle of Higher Education, 54 (34): 29-35.

MUZYKA R, ZESCHUK G. 2003. Managing multiple projects [J]. Game Developer (3): 34-42.

PARRY G. 1989. Marking and mediating the higher education boundary [M] // FULTON O. Access and institutional change. Milton Keynes: Society for Research into Higher Education and Open University Press.

PFEFFER J. 1992. Managing with power [M]. Boston: Harvard Business School Press.

POLLITT C. 1988. Bring consumers into performance measurement [J]. Policy and Politics, 16 (2): 77-88.

POSNER R A. 1976. Antitrust law: an economic prospectus [M]. Chicago: University of Chicago Press.

RHODES F T. 2001. The creation of the future: the role of the American university [M]. Ithaca, NY: Cornell University Press.

SARTRE. 1988. What is literature? and other essays [M]. Cambridge, MA: Harvard University Press.

SCHEIN E H. 1985. Organizational culture and leadership: a dynamic view [M]. San

Francisco : Jossey-Bass.

SCHWARTZMAN R. 1995. Are students customers? : the metaphoric mismatch between management and education [J]. Education, 116 (2).

SHATTOCK. 2002. Re-balancing modern concepts of university governance [J]. Higher Education Quarterly, 56 (3).

SILVERMAN D. 1998. the Theory of organization [M]. Aldershot: Grower.

SIMPSON B, BORCH C. 2005. Does power affect perception in social networks?: two arguments and experimental test [J]. Social Psychology Quarterly, 68 (3): 278-287.

SMITH H. 1988. The power of game [M]. New York: Random House.

STROUP H. 1966. Bureaucracy in higher education [M]. New York: Free Press.

TAYLOR M. 2013. Shared governance in the modern university [J]. Higher Education Quarterly, 67 (1): 80-94.

VICTOR B J. 1971. Power and conflict in the university [M]. New York: Wiley.

WALTON R E. 1965. A behavioral theory of labor negotiations [M]. New York: McGraw-Hill.

WEBER M. 1947. The theory of social and economic organization [M]. New York: Oxford University Press.

WHITEHEAD A N. 1971. Concept of nature [M]. Cambridge : The University Press.

WHITEHEAD A N. 1961. Adventures of ideas [M]. New York: The Free Press.

WHITEHEAD A N. 1966. Modes of thoughts [M]. New York: The Free Press.

WHITEHEAD A N. 1978. Process and reality [M]. New York: Macmillan.

WILKINSON J. 2000. The micropolitical dimensions of leadership in secondary schools [M]. Sheffield: Sheffield City Polytechnic.

WILLIAMS G L. 2002. The enterprising university: reform, excellence and equity [M]. Buckingham: Open University Press.

YOUN T I K, MURPHY P B. 1997. Organizational studies in higher education [M]. New York: Garland.

索　引

后　记

　　博士生的记忆离不开博士论文，每当念及此，总是能道出数不尽的感动与迷惑、甘苦和得失。有人说博士论文是一种传承，是绚烂的"学术"光环的奠基石，而我却宁愿将它看成意志的磨炼。

　　终于有一天，我慵懒地看着窗外，因为"包袱"的放下正是慵懒的开始。躺在床上，怀里依然揣着三本与博弈论有关的专著，在过去的几年中，我在这个理论的框架下终日冥思苦想，时而奋笔疾书。一切已经成为过去，我也可以怡然悠闲地躺在床上理一理散乱的思绪。记得写作前，我常常怀疑自己能否将博士论文这块学术生涯中的"里程碑"竖起，内心深处也时常幻想着一种虚假的满足。然而，当我在深夜里伴随着"幽人独往来，缥缈孤鸿影"，心境空明地敲打着键盘的时候，竟然愈来愈无法舍弃这种"孤独的意象"，也逐渐领悟到古人"悬梁苦读"的意蕴所在。埋头于大学组织和博弈论的研究文献之中，我在内心深处总是期望自己的笔触能够阐发一些新的思想，澄清一些观念，解决一些问题，甚至提出一些真知灼见，可是当真正动笔之时却又陷入"永不满足"的状态，一个又一个夜晚在这样反复的煎熬中度过。博士论文实际上就是人生的一种历练，只有当你完成博士论文写作之时，才能真正领悟到为什么这道坎是每一个博士生所必须经历的。写作时情绪的宣泄、对宏大研究框架的驾驭以及对每一个观点的领悟和把握都是一笔难得的财富，都能够使自己对学术生涯多一分淡定，对人生多一分从容。

　　掩卷长思，我衷心地感谢恩师谢安邦教授。2007年9月，我有幸成为"谢门"弟子中的一员，从此开始了三年有余的博士生涯。回首这段时光，导师对我的影响深远，他对于学术前沿敏锐的洞察力、严谨的治学风格和务实的思想常常令我惊叹不已，恨不能学其一二。幸运的是，

2008年年底，我随同导师来到澳门一所高等院校从事院校研究、规划研究，从而能够"零距离"地跟随导师学习、工作。其间导师言传身教，无时无刻不在启迪着我。在澳门的日子里，我几乎每一个白天和夜晚都能见到他忙碌的身影，这种精神也时常鞭策着我，使我不敢有半分懈怠。他常常告诫我，论文要做得精致，只有思路顺畅，才会越写越薄，写得越多，就说明思路还有不清晰的地方。每每想起导师的话语，我就深感汗颜，博士论文在截稿之时，仍有唇焦舌敝、东谈西说之感，而细究起来，文中的"絮叨"之处更多地是在澄清自己在思维上的模糊。与同门的其他师兄弟姐妹相比，我的博士生涯似乎多了一道风景，那就是能够和导师一起谈天说地，坐而论道，如秋水芙蕖，倚风自笑。人的成长需要契机和历练，那是在超越自我时所需要的推动力。尼采曾经说过："在创造中不断地提炼你自己，在每一步的提炼中，经纯化而脱尘，经升华而超越，最后达到一种旷漠冷定的境界。"我并不具备尼采所言"强者的孤独"，然而我竟然能够拥有与导师"如影随形"，饱饮"甘露琼浆"的际遇。他在开题、写作以及初稿形成时对我的精心指点，常常为我厘清陷于迷惑的思路，也激励我不断地求索。我同样要感谢师母，她的仁慈和善良着实令我感动，她在生活上对我的关心沁人肺腑……我深深地感到，只有不懈努力，才是报答导师和师母最好的方法！

感谢华东师范大学唐玉光教授、房剑森教授、李梅博士、戚业国教授、陆有铨教授、童康博士以及导师谢安邦教授精心的授课，是你们无私的奉献带我走进高等教育学专业的学术殿堂。同时，还要感谢薛天祥教授、戚业国教授、唐玉光教授、睢依凡教授、阎光才教授在论文开题时所提出的非常宝贵的意见和建议，使我得以将几位专家所阐述的精髓之处融入研究当中。在三年多的博士生涯中，与戚业国教授、阎光才教授、沈玉顺博士、韩映雄博士、侯定凯博士、李梅博士、徐国兴博士、童康博士、张东海博士、张中敏老师、岳英老师的交流让我受益匪浅。唐玉光教授赴澳门讲学之时，对拙作的指点仿佛"醍醐灌顶"，令我受益无穷。

博士一年级是一段令人难忘的时光，那时我不仅有幸聆听诸位老师精彩纷呈的授课，还结识了三个同窗"死党"。人常说，物以稀为贵，华东师范大学高等教育研究所2007级博士生是历年来招生最少的一届，正是因为如此，我们更加珍惜这段同学之谊。柴旭东的口若悬河、卢辉炬的大重无锋、褚雷的神思灵动都让我为之倾慕。在我博士论文迟迟不敢动笔之时，褚雷对我的鼓励激发了我前行的动力。当我远在澳门之时，三位同学帮我处理华师大的琐务，让我免去后顾之忧。同学时光的点点滴滴，我将铭记心中。与陈洁、黄新斌等同学共同上课的经历让我不能忘怀，也不能忘记全力同学为我们组织的"旖旎杭州"之行。难忘2007年10月在全国教育类博士生论坛上并肩作战的教育学院的诸位同学，他们让我明白了什么是亲切的回忆。

作为一名在职博士研究生，我要感谢江苏师范大学诸位领导、老师对我的支持和鼓励，也要感谢在学业、生活中经常给我关心和帮助的学友、挚友们，是你们使我的生活更加饱满而充实。博士毕业前后，我先后获得了华东师范大学优秀博士生培养基金以及中国高等教育学会高等教育学优秀博士论文奖。有了这些支持和鼓励，总是令人愉快的，它们也鞭策着我，使我在研究中不敢"怠慢"。衷心感谢"教育博士文库"的评委及教育科学出版社，作为一名研究教育的学者，我一直有个梦想，就是在神圣的教育殿堂上留下自己的足迹，今日的入选正是我寻梦的开始。

在澳门从事研究工作的日子温润而愉快，在这里我懂得了"和谐"的真谛，李向玉院长、殷磊副院长、陈伟翔秘书长、杨再淮校长、郑妙娴主任、李雁莲部长等堪称平易近人的典范，他们让我体会到中华文化的精髓所在！朱德新博士、郑云杰副主任对我论文进程和内容的关心常常令我鼓足前进的勇气，与刘懿德、陈志峰、Jon、Sammi、Rebecca、Freda、Alice、Christy等朋友相处，为我忙碌的生活增添了许多乐趣！Freda、Alice更是为我博士论文的英文摘要翻译费心出力，在此致以深深的谢意！还要感谢远在美国的老同学徐双梅博士，读博期间，她一直给我极大的鼓励和支持，为我提供很多资料，从她身上我学到很多很多！

如果说这本书凝聚着我读博三年来的心血，那么心血的背后则离不开妻子朱若凡女士的支持和鼓励。三年多的时光，一年多在上海，两年在澳门，很少能够回到家乡与家人团聚。是她为我撑起了一片蓝天，让我有一颗快乐的心和灵感的源泉！更让我感动的是，她还在我思路迷惘、缺少自信的时候，充当我另一个"导师"的角色，经常用她敏锐的逻辑思维、出色的口才为我解读困惑，正如其名字体现的那样，看似平凡，其实不凡！我的女儿张欣玥小朋友是我生存的动力，每当看到她那可爱的笑脸，烦恼和忧愁立刻荡然无存！我的母亲是一位平凡的女性，家人就是她生活的全部，她将全部的心思都放在了家庭的吃穿住行上，正是这万千琐事印证了她的伟大。2012 年 5 月 16 日，母亲因病辞世。走前的几天，我一直守在她的身边，病痛的折磨让她变得如此消瘦，眼神也失去了往日的神采，但我相信，母亲并不孤独，因为无论她走到哪里，她的儿子都会永远惦记着她，永远为她祈福。我的心永远刺痛而愉快着……家人所给予的爱是最无私的爱，这份爱不是感谢所能表达的，在此祝愿所有亲人身体健康、生活幸福！

我在乎生命中经历的酸甜苦辣，在乎人生中随处可见的真诚和感动。无论何时何地，我都感谢这段曾经走过的岁月，也许有一天，那永恒的记忆会伴随着我"闲来垂钓碧溪上，忽复乘舟梦日边"！这本书是在我博士学位论文的基础上修改而成的，它并不完美，但却是我学术生命中启程的航帆。

谨以此书，献给我的母亲！

2015 年 5 月 16 日于澳门

出 版 人　所广一
责任编辑　何　艺
版式设计　孙欢欢
责任校对　贾静芳
责任印制　叶小峰

图书在版编目（CIP）数据

大学组织变革中的博弈分析：利益、选择与均衡／
张红峰著 .—北京：教育科学出版社，2015.9
　（教育博士文库）
　ISBN 978-7-5041-9799-3

　Ⅰ.①大… Ⅱ.①张… Ⅲ.①高等学校—学校管理—
研究 Ⅳ.①G647

中国版本图书馆 CIP 数据核字（2015）第 221011 号

教育博士文库
大学组织变革中的博弈分析：利益、选择与均衡
DAXUE ZUZHI BIANGE ZHONG DE BOYI FENXI：LIYI、XUANZE YU JUNHENG

出版发行	教育科学出版社		
社　　址	北京·朝阳区安慧北里安园甲 9 号	市场部电话	010-64989009
邮　　编	100101	编辑部电话	010-64981167
传　　真	010-64891796	网　　址	http://www.esph.com.cn
经　　销	各地新华书店		
制　　作	北京大有艺彩图文设计有限公司		
印　　刷	保定市中画美凯印刷有限公司		
开　　本	169 毫米×239 毫米 16 开	版　　次	2015 年 9 月第 1 版
印　　张	18.25	印　　次	2015 年 9 月第 1 次印刷
字　　数	237 千	定　　价	45.00 元

如有印装质量问题，请到所购图书销售部门联系调换。